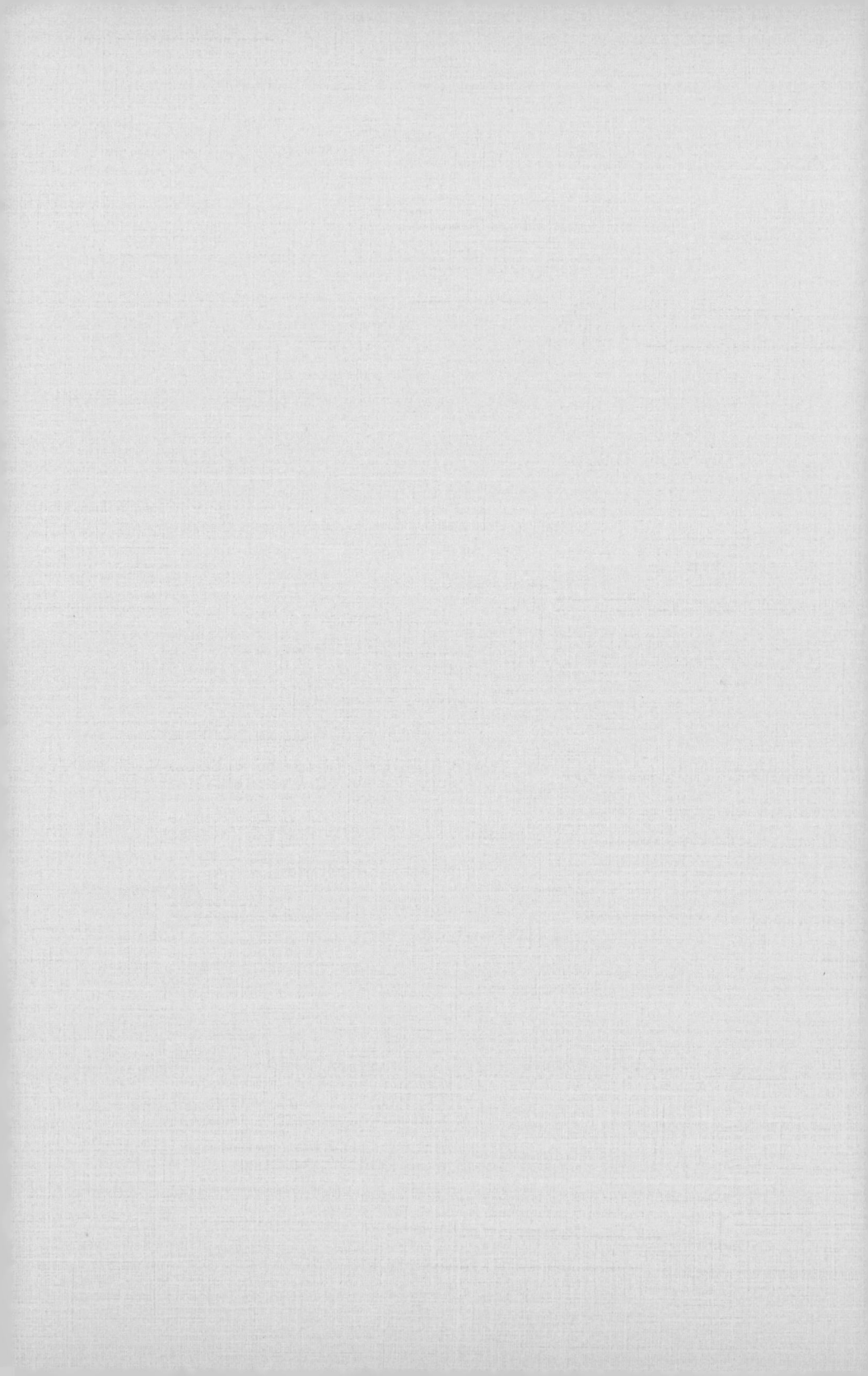

역리작명법
易理作名法

孫中山 著

역리작명법(易理作名法)

인 쇄 일 : 2016년 3월 26일
발 행 일 : 2016년 3월 29일
저　　자 : 손 중 산
발 행 처 : 도서출판 산마을
신고번호 : 제2014-000072호
주　　소 : 서울시 금천구 시흥대로104다길2(독산동)
전　　화 : (02) 866-9410
팩　　스 : (02) 855-9411
이 메 일 : sanchung54@naver.com

* 지적 재산권 보호법에 따라 무단복제복사 엄금함.
* 책값과 바코드는 표지 뒷면에 있습니다.

ⓒ 손중산, 2016, Printed in Korea

역리작명법

대법원이 선정한 인명용 한자 8,142자 전체 수록

易理作名法

孫中山 著

머리말

　사람은 누구나 태어나면서부터 이름을 갖게 된다. 이름은 그 사람을 대표하는 대명사(代名詞)로 평생 동안 함께하는 것이어서 그 무엇 보다 소중한 것이다. 자신을 대표하는 이름이 하루에도 수십 번씩 상대방에 의해 불리고 또한 자기 자신을 소개하는 일을 반복하면서 살아가고 있다. 이렇게 자신을 대표하는 이름에 대해서 좀 더 관심을 가지고 생각해 볼 필요가 있지 않겠는가. 각자가 태어 난 생년월일시(生年月日時)는 선천운(先天運)으로서 평생 바뀌지 않으므로 이것을 숙명(宿命)이라 하고, 이름은 태어난 후에 부르게 되므로 후천운(後天運) 또는 운명(運命)이라고 한다. 다시 말하면 이름은 자기의 소망(所望)을 담아 자기 뜻대로 지을 수 있다는 말이다.

　누구나 자기 이름만은 좋은 이름을 갖고 싶어 하고, 부모 역시 자기 자식의 이름을 잘 지어 주고 싶은 마음이야말로 인간의 본능(本能)일 것이다. 그럼에도 불구하고 많은 사람들이 작명(作名)에 대한 지식도 없이 자식의 이름을 함부로 짓거나 족보상의 항렬자(行列字)에 맞추느라 소중한 이름을 손상(損傷)시키고 있다. 가령 족보상에 있는 항렬(行列)

이 목숨 수(壽)자 라면 형제 전부를 같은 수(壽)자에 맞추어 맏이는 장수(長壽), 둘째는 영수(永壽), 셋째는 길수(吉壽) 등으로 이름을 짓고 있는 실정이다. 목숨 수(壽)자를 이름에 넣으면 아주 좋지 않는 불용문자(不用文字)인데도 불구하고, 단지 항렬(行列)이라는 이유 하나 만으로 거리낌 없이 쓰고 있는 실정이다.

수(壽)자는 요절(夭折)과 허약(虛弱)을 암시하고 있으므로 이름에 쓰면 매우 좋지 않다. 같은 형제일지라도 각자 타고 난 연월일시(年月日時)가 다르고, 그 사람에게 알맞은 이름이 따로 있는 법이다. 그러므로 이름을 지을 때는 반드시 그 사람의 타고 난 생년월일시(生年月日時)를 보고 사주(四柱)에 꼭 필요한 오행(五行)과 문자(文字)가 무엇인지를 먼저 파악하고 이름을 지어야 한다. 뜻 만 좋아도 안 되고, 사주(四柱)에 필요한 오행(五行)과 문자(文字)를 넣어 줌으로써 그 사람이 타고 난 사주(四柱)의 결점(缺點)을 보완(補完)할 수 있는 것이다. 나쁜 이름은 나쁜 운을 가져오기 쉽고, 늘 악담과 욕, 비방, 저주를 듣는 것과도 같으니 깊이 생각해 보아야 한다. 그러므로 이름을 잘 지어야만 건강하고 활기 찬 인생을 살 수 있는 것이다. 옛 성현(聖賢)들은 '자식을 낳으면 선정기명(先正其名)하라'고 하였다. 먼저 그 이름을 바르게 지어 주어야 비로소 부모(父母)의 도리를 다 하는 것이라고 했다. 이름은 한번 잘못 지으면 평생 후회하게 되고 다시 개명(改名)해야 하는 불편이 따른다. 요즘 전국법원(法院)에 이름을 개명(改名)하겠다는 신청이 부쩍 늘고 있다고 한다. 70년대 후반까지만 해도 전국적으로 한 해 6천여 건이던 것이, 80년대에는 8천여 건이었다. 모르긴 해도 2000년대 이후로는 한해 수십만 건이 넘을 것으로 추산되고 있다. 특히 대법원(大法院)에서 각자의 이름은 각자가 관리할 수 있다는 법 취지에서 개인의 의사를 존중하여 개명허가(改名許可)를 확대 실시한 것도 하나의 이유이다. 자기 이름은 자기가 관리하는 것, 나쁘다고 하니 고쳐 주는 것이 도리라는 관대한 법관이 있는 반면, 이름에 대한 사회적 신뢰가 무시되면 사회적 신용유지(信用維持)가 어렵다는 관점에서 개명(改名)에 까다로운 법관도 있다. 변동사회(變動社會)의 한 단면이므로 개명(改名) 러시는 당분간 계속될 전망이다.

하기야 유명인사(有名人士)들 중에 이름이 나쁘다는 이유로 개명(改名)한 인사들이 많다. 초대 대통령을 지낸 이승만(李承晩)박사는 원래 이승용(李承龍)이었으나 용(龍)자가 좋지 않다고 해서 이승만(李承晩)으로 개명(改名)하였고, 또 삼성(三星)그룹의 창업자(創業者)인 이병철(李秉喆)씨 역시 원래 이병길(李秉吉)이었으나 길(吉)자가 좋지 않다고 해서 이병철(李秉喆)로 개명하였으며, 김구(金九)선생은 어릴 적에는 김창수(金昌洙)였다. 특히 김대중(金大中) 전 대통령은 고향인 목포(木浦)에서 국회의원(國會議員)에 출마하였으나 세 번이나 낙선하여 친구의 권유로 본래의 이름인 김대중(金大仲)을 김대중(金大中)으로 개명한 뒤 강원도 인제에서 보결선거에 당선되었다고 한다.

흔히 묻기를 나쁜 이름을 개명(改名)한다고 해서 정말 새 이름의 덕을 보느냐고 하지만, 필자(筆者)의 다년간(多年間)에 걸친 경험으로 미루어 볼 때, 이름이 사주(四柱)에 맞추어 잘 지어 졌다면 반드시 새 이름의 덕을 본다고 단언하고 싶다. 일본의 저명(著名)한 성명대가(姓名大家)인 오자끼(雄崎)도 사람은 이름대로 산다고 하며, 4개월 후부터 새 이름의 덕을 본다고 주장하고 있다.

필자(筆者)는 그 동안 수많은 사람들의 이름을 감정(鑑定)해 본 결과, 이름대로 산다는 확신을 갖게 되었다. 그러므로 한번 쯤 자기 이름에 대하여 깊이 생각해 봄이 좋겠다.
일반인들은 작명에 대한 지식이 없다고 하더라도 소위 전문가(專門家)라는 분들이 함부로 작명(作名)하고 개명(改名)하는 것을 보고 안타까운 심정을 금할 수 없다. 요는 누가 이름을 짓느냐가 중요하다. 옛말에 "장님에게 길을 묻지 말고 길을 아는 사람에게 길을 물어라"는 말이 있다.

이름은 한번 잘못 지으면 평생 후회하게 되고 다시 개명(改名)해야 하는 불편이 따른다. 시중(市中)에 나와 있는 대부분의 작명서(作名書)들이 한결같이 수리(數理)와 오행(五行)에 맞추어 이름을 짓고 있는데, 만약 두 사람의 이름이 똑 같은 수리(數理)와 오행(五行)이라면, 두 사람은 똑 같은 이름의 영향력을 받는다는 논리(論理)가 성립된다.

이에 저자(著者)는 이러한 모순을 제거하고 본인의 사주(四柱)와 "띠"에 맞추어 짓게 한 것이다. 30여 년간 연구한 저자의 역리작명법(易理作名法)으로는 두 사람의 이름이 똑 같아도 "띠"가 다르면 운명이 완전히 다른 괘상(卦象)이 나온다. 좋은 이름은 수리(數理)와 오행(五行)은 물론이고, 주역팔괘(周易八卦)에 맞추어 지어야 한다.

주역(周易)을 전혀 모르는 일반 독자들도 누구나 이 책을 쉽게 활용할 수 있도록 자세하게 해설(解說)을 하였기 때문에 이 책을 만나는 순간 눈이 활짝 열릴 것이다. 그 사람의 이름이 길명(吉名)인지 혹은 흉명(凶名)인지 그 자리에서 바로 판단할 수 있다.

대법원(大法院)은 2015년 1월 1일부터 시행된 인명용한자(人名用漢字)를 기존 5,761자에서 8,142자로 늘리는 개정안을 발표하였다. 인명용 한자를 추가해달라는 민원이 쇄도하고 있어 인명용 한자를 많이 늘리게 된 것이라고 한다. 따라서 대법원(大法院)이 선정한 인명용 한자 8,142자 전체를 본서에 수록하였다.

2016年　月
著者 孫 中 山 識

차례

머리말 ─────────────────────── 4
차례 ──────────────────────── 10

제1장. 좋은 이름이란/15

1. 좋은 뜻이 담겨 있어야 한다 ─────────── 16
2. 수리(數理)가 좋아야 한다 ──────────── 16
3. 오행배치(五行配置)가 좋아야 한다 ──────── 17
4. 혐오감(嫌惡感)이 없어야 한다 ────────── 17
5. 음양배치(陰陽配置)가 맞을 것 ────────── 18
6. 사주(四柱)에 맞추어 짓는다 ──────────── 18
7. 불용문자(不用文字)는 쓰지 말 것 ───────── 18
8. 부르기가 쉽고 발음(發音)이 좋아야 한다 ───── 19

제2장. 음(陰)과 양(陽)/21

1. 음수(陰數)와 양수(陽數) ─────────── 22
2. 음양배치(陰陽配置)의 길흉(吉凶) ──────── 22

제3장. 오행(五行)/25

1. 상생원리(相生原理) ─────────────── 26
2. 상극원리(相剋原理) ─────────────── 26
3. 수리오행(數理五行) ─────────────── 27
4. 음령오행(音靈五行) ─────────────── 32

제4장. 사주구성(四柱構成)/33

1. 년주(年柱) ─────────────────── 34
2. 월주(月柱) ─────────────────── 34

3. 일주(日柱) ―――――――――――――― 36
4. 시주(時柱) ―――――――――――――― 37
5. 일간(日干)의 강약(强弱) ――――――――― 39
6. 희신(喜神)과 기신(忌神) ――――――――― 40

제5장. 작명(作名)의 격(格)/41
1. 원형이정(元亨利貞) ―――――――――― 42
 (1). 원격(元格) ―――――――――――― 42
 (2). 형격(亨格) ―――――――――――― 43
 (3). 이격(利格) ―――――――――――― 43
 (4). 정격(貞格) ―――――――――――― 44
2. 성명(姓名)의 격(格) ――――――――――― 45
 (1). 1성(姓), 2명(名)의 격(格) ―――――― 45
 (2). 1성(姓), 1명(名)의 격(格) ―――――― 46
 (3). 2성(姓), 2명(名)의 격(格) ―――――― 47
 (4). 2성(姓), 1명(名)의 격(格) ―――――― 48

제6장. 자획계산법(字劃計算法)/49
1. 한문(漢文) 자획계산법(字劃計算法) ――――― 50
2. 한글 자획계산법(字劃計算法) ―――――― 51
3. 숫자(數字)의 계산법(計算法) ――――――― 52

제7장. 성명수리(姓名數理)의 길흉(吉凶)/55

제8장. 오행배치(五行配置)의 길흉(吉凶)/83

제9장. 불용문자(不用文字)/91

제10장. 생왕정국표(生旺定局表) 찾는 법/101
生旺定局表 (생왕정국표) ------------------------------- 104

제11장. 역리대상(易理大象) 보는 법/107

제12장. 작명법(作名法)의 순서(順序)/111
1. 수리(數理)의 선택 ------------------------- 112
2. 작명법(作名法)의 실습(實習) ------------------ 115
3. 사주(四柱)의 오행분석(五行分析) -------------- 116

제13장. 각성(各姓)의 길격수리(吉格數理)/125
(1) 2획 성(姓)의 길격 수리 ------------------- 126
(2) 3획 성(姓)의 길격 수리 ------------------- 126
(3) 4획 성(姓)의 길격 수리 ------------------- 127
(4) 5획 성(姓)의 길격 수리 ------------------- 128
(5) 6획 성(姓)의 길격 수리 ------------------- 128
(6) 7획 성(姓)의 길격 수리 ------------------- 129
(7) 8획 성(姓)의 길격 수리 ------------------- 130
(8) 9획 성(姓)의 길격 수리 ------------------- 130
(9) 10획 성(姓)의 길격 수리 ------------------ 131
(10) 11획 성(姓)의 길격 수리 ----------------- 132
(11) 12획 성(姓)의 길격 수리 ----------------- 132
(12) 13획 성(姓)의 길격 수리 ----------------- 133
(13) 14획 성(姓)의 길격 수리 ----------------- 133
(14) 15획 성(姓)의 길격 수리 ----------------- 134
(15) 16획 성(姓)의 길격 수리 ----------------- 135
(16) 17획 성(姓)의 길격 수리 ----------------- 135
(17) 18획 성(姓)의 길격 수리 ----------------- 136

(18) 19획 성(姓)의 길격 수리 ------------------ 136
　(19) 20획 성(姓)의 길격 수리 ------------------ 136
　(20) 22획 성(姓)의 길격 수리 ------------------ 137
　(21) 25획 성(姓)의 길격 수리 ------------------ 137
　(22) 31획 성(姓)의 길격 수리 ------------------ 137
*. 대법원 선정 인명용(人名用) 한자(漢字) ------- 138
*. 오행별(五行別) 인명용 한자 ----------------- 140

제14장. 역리대상(易理大象)/159

　姓數 1, 9, 17 ----------------------------- 160
　姓數 2, 10, 18 ---------------------------- 184
　姓數 3, 11, 19 ---------------------------- 208
　姓數 4, 12, 20 ---------------------------- 232
　姓數 5, 13, 21 ---------------------------- 256
　姓數 6, 14, 22 ---------------------------- 280
　姓數 7, 15, 23 ---------------------------- 304
　姓數 8, 16, 24 ---------------------------- 328

제15장. 상호(商號) 짓는 법/353

제16장. 아호(雅號) 짓는 법/359

부 록 (附 錄) :
　1. 성명수리 영동운(性名數理靈動運) /364
　2. 인명용 한자자전(漢字字典) /370
　3. 대법원 선정 인명용 한자 8,142자 /453

제1장. 좋은 이름이란

제1장
좋은
이름이란

제1장. 좋은 이름이란

1. 좋은 뜻이 담겨 있어야 한다

이름에 쓰는 글자는 좋은 뜻을 내포(內包)하고 있어야 하고 또 남에게 혐오감(嫌惡感)을 주거나 듣기에 거부감을 주지 말아야 한다. 그리고 본인의 신념(信念)이 잘 나타나고 희망(希望)과 염원(念願)을 담고 있어야 한다. 만약 뜻이 없고 무의미(無意味)하면 인생을 허송세월하는 것과 같다.

한글과 영어(英語)는 단순한 표음문자(表音文字)이지만, 한문(漢文)은 표의문자(表意文字)이므로 글자 하나하나에 뜻(意)이 내포되어 있기 때문에 글자의 뜻을 헤아려서 사용하여야 한다.

대법원(大法院)에서 선정한 인명용 한자(人名用 漢字) 8,142자(字) 중에는 이름에 도저히 쓸 수 없는 한자(漢字)를 포함하고 있다. 예를 들면 간사할 간(姦), 개 견(犬), 뼈 골(骨), 귀신 귀(鬼), 망할 망(亡), 멸할 멸(滅), 배반할 반(叛), 죽을 사(死), 죽일 살(殺), 짐승 수(獸) 등이다.

2. 수리(數理)가 좋아야 한다

작명(作名)하는데 있어 가장 중요한 요건(要件)으로서 아무리 이름이 좋고 뜻이 좋아도 수리(數理)에 맞지 않으면 불합격(不合格)이 된다. 좋은 수리(數理)란 1, 3, 5, 6, 7, 8,

11, 13, 15, 16, 17. 18, 21 (단, 여자일 경우는 불리), 23(단, 여자일 경우 불리), 24, 25, 29, 31, 32, 33(단, 여자일 경우 불리), 35, 37, 38, 39(단, 여자일 경우 불리), 41, 45, 47, 48, 52, 57, 61, 63, 65, 67, 68, 73, 78, 81등의 수(數)는 좋으나, 그 외(外)의 수(數)는 사용하면 안 된다. 다음에 나오는 제7장 성명수리(姓名數理)의 길흉(吉凶)을 참고하기 바란다.

3. 오행배치(五行配置)가 좋아야 한다

이름을 지을 때는 수리(數理)가 좋아야 함은 물론, 오행(五行)에도 맞추어야 한다. 오행(五行)에는 수리오행(數理五行)과 음령오행(音靈五行)이 있다. 수리오행(數理五行)을 삼원오행(三元五行)이라고도 하는데 이는 숫자에 오행(五行)을 붙이는 것을 말하고, 음령오행(音靈五行)은 소리에 따라 붙이는 오행(五行)을 말한다. 자세한 설명은 제3장 오행(五行)란에서 설명한다.

4. 혐오감(嫌惡感)이 없어야 한다

이름을 부를 때 다른 사람에게 주는 느낌이 이상한 뜻이 되거나 나쁜 상상(想像)을 하게 되는 이름은 평생 동안 놀림감이 된다. 특히 초등학교 학생이거나 중학교 학생인 경우 급우(級友)들이 놀리므로 학교 가기를 꺼린다. 어른이 되어도 사회생활을 하는데 있어 많은 애로가 따른다.

5. 음양배치(陰陽配置)가 맞을 것

이름은 반드시 음양(陰陽)이 조화(調和)를 이루어야 한다. 이름 전체가 음(陰)만 있거나 양(陽)만으로 구성되면 대단히 나쁘다. 다시 말하면 순음(純陰)이거나 순양(純陽)이면 대흉(大凶)하고 음양(陰陽)이 배합되면 대단히 좋다.

6. 사주(四柱)에 맞추어 짓는다

이름을 지을 때는 먼저 주인공의 사주(四柱)부터 구성하고 사주에 필요한 오행(五行)과 글자를 파악해야 한다. 가령 갑목일간(甲木日干)이 여름철에 태어났는데 사주의 간지(干支)에 화(火)가 많으면 수(水)가 제일 급하다. 그러므로 이름을 지을 때는 가급적 수 오행(水五行)을 넣어야 하고 또 물 수(水)변인 한자를 골라 써야 한다. 또 사주에 목(木)이 필요하면 나무 木변인 한자를 써야 하고, 화(火)가 필요한 사주는 화(火)변이나 일(日)변인 한자를 골라 써야 한다. 그리고 토(土)가 필요하면 토(土)변을, 금(金)이 필요하면 금(金)변이나 옥(玉)변을 써야 한다. 여기에서 말하는 옥(玉)변은 왕(王)변을 말한다. 왕(王)변은 4획이지만 자획계산법(字劃計算法)상 5획으로 계산하는 이유는 본래 옥(玉)의 간자(簡字)이기 때문이다.

7. 불용문자(不用文字)는 쓰지 말 것

흉한 글자는 나쁜 운을 가져오기 쉽고, 늘 악담과 욕, 비방을 듣는 것과도 같으니 쓰지 말아야 한다. 마치 마귀를 부르는 부적을 붙이고 다니는 것과 같으니 쓰지 않는 것이 좋겠다. 이러한 글자들은 측자파자의 법칙상 함부로 쓰면 매우 흉한데 실지로 오랜 세월 동안 증명된 것이므로 쓰지 않는 것이 좋다.

8. 부르기가 쉽고 발음(發音)이 좋아야 한다

아무리 잘 지은 이름이라 하더라도 부르기가 어렵고 불러서 이상한 뜻이 되거나 이상한 느낌을 연상하게 하면 평생 동안 놀림감이 되고 거부감을 주게 된다. 예를 들어 고민중(高玟重), 김치국(金治國), 이사철(李士哲), 조진배(趙珍培), 고장란(高長蘭), 성병균(成炳均), 나죽자(羅竹子), 피칠갑(皮七甲), 임신중(林信仲))등과 같이 거부감을 주는 이름은 조심해야 한다.

제2장
음(陰)과 양(陽)

제2장. 음(陰)과 양(陽)

1. 음수(陰數)와 양수(陽數)

    양수(陽數)…… 1 3 5 7 9 11 13 15 17 19
    음수(陰數)…… 2 4 6 8 10 12 14 16 18 20

2. 음양배치(陰陽配置)의 길흉(吉凶)

  이름을 지을 때는 성(姓)의 획수(劃數)와 이름의 각 획수(劃數)가 음양(陰陽)의 조화(調和)를 이루어야 한다.
  짝수인 2, 4, 6, 8, 10 등은 음(陰)이고, 홀수인 1, 3, 5, 7, 9 등은 양(陽)이다.
  따라서 이름의 성(姓)과 이름의 각 획수가 모두 陽이거나, 모두가 陰이 되면 대흉(大凶)하다.
  陰陽陽, 陰陰陽, 陰陽陰, 陽陰陰, 陽陽陰, 陽陰陽 등은 陰陽의 배치가 조화를 이루므로 크게 발전하는 배치이지만 반대로 성명(姓名) 세 글자가 모두 짝수이거나, 모두 홀수인 경우에는 순음(純陰), 순양(純陽)이 되어 파란곡절이 심하고, 일평생 불행한 일이 끊이지 않는다.

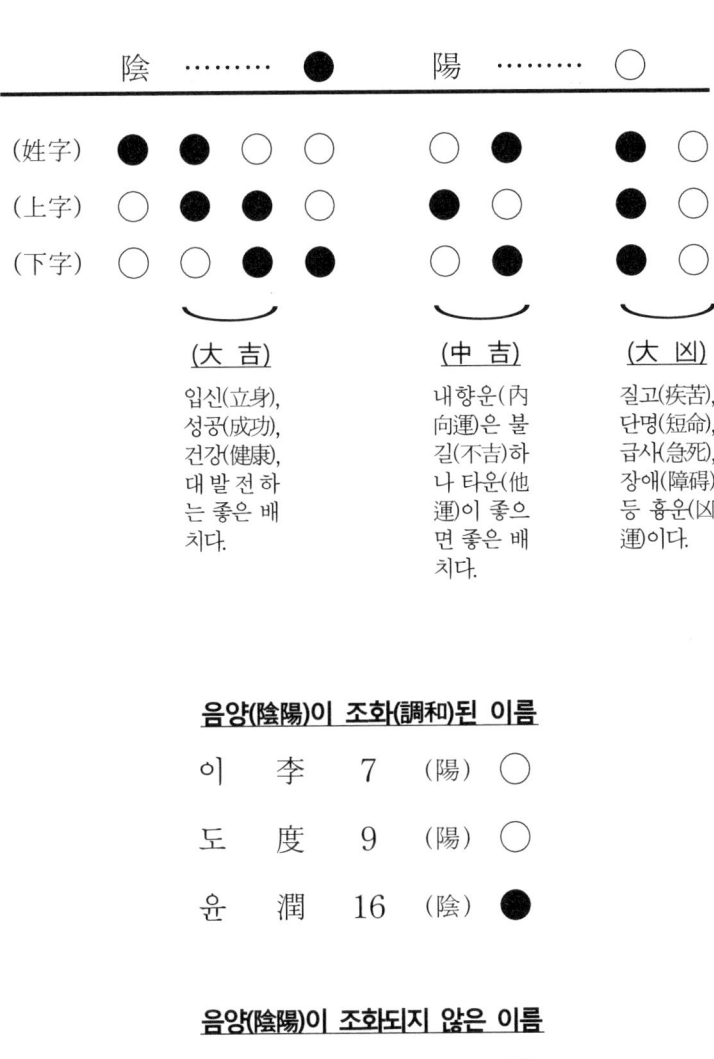

음양(陰陽)이 조화(調和)된 이름

이	李	7	(陽)	○
도	度	9	(陽)	○
윤	潤	16	(陰)	●

음양(陰陽)이 조화되지 않은 이름

배	裵	14	(陰)	●
준	峻	10	(陰)	●
호	昊	8	(陰)	●

제3장 오행

제3장. 오행(五行)

1. 상생원리(相生原理)

　상생(相生)이란 목생화(木生火), 화생토(火生土), 토생금(土生金), 금생수(金生水), 수생목(水生木)을 말한다. 상생(相生)은 서로 생(生)하고 의지하기 때문에 다정(多情)하고 유정(有情)한 관계이다. 이름은 반드시 오행(五行)상 상생(相生)이어야 하고 한자라도 상극(相剋)하게 되면 그 이름은 불합격(不合格)이 된다.

상생(相生)된 이름의 예(音靈五行)

　　　(水)　ㅂ　朴

　　　(金)　ㅈ　正

　　　(土)　ㅎ　熙

2. 상극원리(相剋原理)

　상극(相剋)이란 서로 싸우고 지배(支配)한다는 뜻이다. 싸움은 승리의 수단이요, 승리는 지배가 목적이다. 상극(相剋)은 목화토금수(木火土金水)의 상생질서(相生秩序)를 파괴하고 한 자리를 뛰어 넘어 목극토(木剋土), 토극수(土剋水), 수극화(水剋火), 화극금(火剋金), 금극목(金剋木)으로

서로 대립하고 대결하는 관계로서 무정(無情)한 관계이다.

상극(相剋)된 이름의 예(音靈五行)

(土) ㅎ 洪

(木) ㄱ 吉

(火) ㄷ 童

3. 수리오행(數理五行)

　수(數)는 1에서 10까지의 수(數)를 기본수(基本數)라 한다. 본래 1에서 5까지의 수(數)를 생수(生數)라 하고, 6에서 10까지의 수(數)를 성수(成數)라 한다. 1에서 5를 합친 수(數)가 6이 되고, 2와 5를 합친 수(數)가 7이 되며, 3과 5를 합친 수(數)가 8이 되고, 4와 5를 합친 수(數)가 9가 된다.
　또 5와 5를 합친 수(數)가 10이 되는데 이와 같이 생수(生數)에다 5를 합친 수가 성수(成數)가 된다. 즉 생수(生數)와 성수(成數)를 합친 수(數)를 기본수(基本數)라 한다.
　기본수(基本數)는 1, 2, 3, 4, 5, 6, 7, 8, 9, 10까지의 수(數)를 말하는데 이것은 십간(十干)의 순서대로 배열(配列)되어 있다. 즉 1은 甲, 2는 乙, 3은 丙, 4는 丁, 5는 戊, 6은 己, 7은 庚, 8은 辛, 9는 壬, 10은 癸로 배치(配置)되어 있다.

甲은 陽木, 乙은 陰木, 丙은 陽火, 丁은 陰火, 戊는 陽土, 己는 陰土, 庚은 陽金, 辛은 陰金, 壬은 陽水, 癸는 陰水이다. 이와 같이 수(數)에 따라 陰陽과 五行이 구분된다. 五行을 陰과 陽으로 나누면 열(10)개가 된다.

그 열(10)개로 나누어진 五行을 글자로 구체화한 것이 십간(十干)이다.

(1). 甲, 乙 木

우주만유(宇宙萬有)는 음(陰)과 양(陽)으로부터 창조되었다. 양(陽)은 기(氣)요, 음(陰)은 체(体)이다. 木은 양목(陽木)과 음목(陰木)으로 구분된다. 만물(萬物)을 발생시키는 기(氣)를 상징하는 양목(陽木)인 甲木과 甲木 의 생기(生氣)와 씨앗에서 발생한 생물(生物)을 을목(乙木)이라 한다.

乙은 글자 모양대로 생물(生物)이 지상(地上)으로 뾰족하게 나타나고 용솟음치듯이 굽어져 자라나는 모습이다. 즉 甲은 乙을 탄생시키는 생기(生氣)요, 乙은 甲의 생기(生氣)에 의해서 탄생한 생물(生物)이다.

(2). 丙, 丁 火

땅 위에 발생한 乙木을 추위에 상하지 않게 따사로이 보살피고 무럭무럭 자라게 하려면 火의 원동력인 태양(太陽)의 빛과 열(熱)이 필요하다. 그 뜨거운 성장(成長)의 운기(運氣)를 丙이라 하며, 丙의 운기에 의해서 확산되어 성장한 만물의 형상이 丁이다. 丁은 성장을 촉진하는 열기(熱氣)

에 의해서 힘차고 무성하게 자라난 만물을 상징한다. 木은 어린 소년(少年)으로서 미성년인데 반해서 火는 성장한 청년이요, 장정(壯丁)이다.

(3). 戊, 己 土

土는 陰과 陽이 하나가 되어서 제 2의 생명을 잉태하고 부화(孵化)하는 태기(胎氣)요, 태아(胎兒)이다. 태기는 아버지의 정자(精子)에 의해서 나타난다. 아버지의 정자를 받아서 생명을 잉태하고 부화하는 것은 어머니의 자궁(子宮)이요, 난자(卵子)이다. 그래서 戊는 생명을 잉태하는 태기(胎氣)요, 己는 잉태해서 부화되는 태아(胎兒)이다.

(4). 庚, 辛 金

　오곡백과(五穀百果)는 戊己土에서 열매가 발생하고 성장한다. 사람의 태아는 열 달이 되면 만삭(滿朔)의 몸이 되듯이, 모든 태아와 열매는 일정기간 성장하면 성숙(成熟)되어 모체(母體)에서 분만이 되고 분리된다.

　그 자라난 열매를 완전히 성숙시키는 결실의 작용과 물체가 庚辛金이다.

　庚金은 성숙시키는 운기(運氣)요, 辛金은 그 운기에 의해서 알차게 성숙한 오곡백과요 열매이다. 金은 성숙(成熟)과 더불어 거두는 것이다. 庚은 익히는 숙기(熟氣)인 동시에 거두는 수기(收氣)이듯이 거두어진 열매들은 하나같이 수물(收物)이다. 辛은 빵이자 돈이며 경제(經濟)이자 부(富)를 상징한다.

(5). 壬, 癸 水

　거두어들인 오곡(五穀)은 저장을 잘 해야 한다. 곡물을 변치 않게 저장하려면 싹이 트지 않도록 냉장을 해야 한다. 냉장은 한기(寒氣)만이 가능하다. 그 무서운 한기(寒氣)가 壬水요, 그 한기에 의해서 잘 저장된 냉물(冷物)이 癸水이다. 壬은 갈무리 시키는 운기이고, 癸는 갈무리된 물체(物體)이다.

* <u>오행별(五行別) 수리(數理)</u>

  木 …… 1, 2
  火 …… 3, 4
  土 …… 5, 6
  金 …… 7, 8
  水 …… 9, 10

단, 10수(數)이상은 10 단위로 제(除)하고 나머지 끝 단위로 계산한다.

  1, 11, 21, 31, 41, 51 등은 …… 木
  2, 12, 22, 32, 42, 52 등은 …… 木
  3, 13, 23, 33, 43, 53 등은 …… 火
  4, 14, 24, 34, 44, 54 등은 …… 火
  5, 15, 25, 35, 45, 55 등은 …… 土
  6, 16, 26, 36, 46, 56 등은 …… 土
  7, 17, 27, 37, 47, 57 등은 …… 金
  8, 18, 28, 38, 48, 58 등은 …… 金
  9, 19, 29, 39, 49, 59 등은 …… 水
  10, 20, 30, 40, 50, 60 등은 …… 水

4. 음령오행(音靈五行)

　음령오행(音靈五行)은 한자(漢字)와는 관계없이 우리 말 발음(發音)으로 구분하는데 한글의 자음(子音)에 따라 오행(五行)을 구분(區分)하는 것을 말한다.

　　　　　木 …… ㄱ, ㅋ　　(가, 카)
　　　　　火 …… ㄴ, ㄷ, ㄹ, ㅌ　(나, 다, 라, 타)
　　　　　土 …… ㅇ, ㅎ　　(아, 하)
　　　　　金 …… ㅅ, ㅈ, ㅊ　(사, 자, 차)
　　　　　水 …… ㅁ, ㅂ, ㅍ　(마, 바, 파)

　예를 들어 홍길동(洪吉童)을 음령오행(音靈五行)으로 표기(表記)하여 보면 홍의 ㅎ (土), 길의 ㄱ (木), 동의 ㄷ (火)이 된다. 이와 같이 자음(子音)으로 구분한다. 즉 홍길동의 음령오행(音靈五行)은 土-木-火이다.

　　　　　ㄱ, ㅋ …… 어금니 소리 (牙音)
　　　　　ㄴ, ㄷ, ㄹ, ㅌ …… 혀 소리 (舌音)
　　　　　ㅇ, ㅎ …… 목구멍 소리 (喉音)
　　　　　ㅅ, ㅈ, ㅊ …… 앞니 소리 (齒音)
　　　　　ㅁ, ㅂ, ㅍ …… 입술 소리 (脣音)

제4장. 사주구성

제4장
사주구성

제4장. 사주구성(四柱構成)

　이름을 지을 때는 반드시 태어 난 사주(四柱)에 맞추어 지어야 한다. 왜냐하면 태어 난 사주(四柱)에 필요한 음양(陰陽)과 오행(五行)을 이름에 보완(補完)해 줌으로서 건강하고 활기 찬 인생을 살 수 있기 때문이다. 따라서 이름을 지을 때는 반드시 먼저 주인공의 사주(四柱)를 알아야 한다.
　사주(四柱)는 년주(年柱)와 월주(月柱), 일주(日柱)와 시주(時柱)의 네 기둥으로 구성된다. 천간(天干)과 지지(地支)를 합하여 여덟 자이므로 사주팔자(四柱八字)라고 부른다. 사주(四柱)를 세우려면 만세력(萬歲曆)을 보아야 한다. 만세력은 백년간의 태세(太歲)를 기분으로 편성함으로써 백세력(百歲曆) 또는 천세력(千歲歷)이라고도 한다.

1. 년주(年柱)

　일년(一年)은 정월(正月) 1일부터~12월 말일(末日)까지를 말하지만 사주(四柱)를 구성할 때는 입춘(立春)을 기준하므로 사주(四柱)상의 일년(一年)은 입춘(立春)에서 시작하여 다음 해의 입춘(立春)전 까지를 말한다. 만일 음력 12월에 입춘(立春)이 들어오면 태세(太歲)가 바뀌게 되고 그 때부터 새 해가 시작된다.

2. 월주(月柱)

　태어난 달(月)의 간지(干支)를 월주(月柱)라고 한다. 월주

(月柱)는 절기(節氣)를 기준으로 하며 이것을 월건(月建)이라고도 한다.

입춘(立春)의 월지(月支)는 인(寅)이다. 인(寅)은 정월(正月)에 해당한다. 12월이라 해도 입춘(立春)이 들면 인월(寅月)이 된다. 구정(舊正)이 지나도 입춘(立春)이 들지 않으면 인월(寅月)이 될 수 없다.

일년은 인월(寅月)로 부터 시작하여 묘월(卯月), 진월(辰月), 사월(巳月), 오월(午月), 미월(未月), 신월(申月), 유월(酉月), 술월(戌月), 해월(亥月), 자월(子月), 축월(丑月)이 된다. 십이지(十二支)의 월지(月支)는 항상 불변(不變)이지만 월간(月干)은 해 마다 바뀐다. 일년(1年)은 12개월이고 간지(干支)는 60갑자(甲子)이므로 5년 마다 월간(月干)은 동일하게 반복된다.

같은 인월(寅月)이지만 갑기년(甲己年)에는 병인(丙寅)이 되고, 을경년(乙庚年)에는 무인(戊寅)이 된다. 또 병신년(丙申年)에는 경인(庚寅)이 되고, 정임년(丁壬年)에는 임인(壬寅)이 되며, 무계년(戊癸年)에는 갑인(甲寅)이 된다. 즉 태세(太歲)의 천간(天干)이 간합(干合)이 되어 바뀌는 오행(五行)을 생(生)해 주는 오행(五行)이 월간(月干)이 된다.

윤달(閏月)이 되면 어떻게 바뀌는가?

윤달(閏月)이라 해도 30일이 지나면 자동적으로 절기(節氣)가 바뀌므로 윤달(閏月)이라 해서 절기(節氣)에 차이가 없으며 윤달(閏月)을 가릴 필요는 없다. 월주(月柱)는 만세력(萬歲曆)에 월별(月別)로 간지(干支)가 나타나 있으므로 그대로 인용(引用)하면 된다.

3. 일주(日柱)

일주(日柱)는 출생(出生)한 날의 일진(日辰)을 말한다. 태어 난 날이 갑자일(甲子日)이면 갑자(甲子)가 일주(日柱)가 되고, 을축일(乙丑日)에 태어났으면 일주(日柱)는 을축(乙丑)이 된다. 하루의 시작은 자시(子時)부터 시작하여 해시(亥時)에서 끝난다. 자시(子時)는 밤 11시 30분부터~01시 30분까지를 말한다. 가령 갑자일(甲子日) 밤 11시 30분이 지났으면 다음 날인 을축일(乙丑日)로 일주(日柱)가 자동적으로 바뀐다는 것을 명심하기 바란다.

아직도 시중(市中)의 철학자들이 자시(子時)를 밤 11시부터~01시로 보고 있는데 이것은 크게 잘못된 것이다. 당초 대한제국(大韓帝國)은 1908년 4월에 우리나라 표준시(標準時)를 정하는 표준자오선(標準子午線)을 127도 30분으로 정하였으나 일제(日帝) 강점기(強占期)인 1912년 1월 1일 조선총독부(朝鮮總督府)는 일본의 표준자오선(標準子午線)인 135도선을 강제로 쓰게 한데서 시작된 것이다.

동경(東經) 135도선은 우리 영토 밖인 울릉도 동쪽 350km 지점을 통과하고 있다. 그러므로 우리나라의 표준자오선(標準子午線)은 127도 30분선이므로 다시 고쳐 써야 한다.

4. 시주(時柱)

태어난 시(時)의 간지(干支)는 출생한 시각(時刻)을 기준하여 정한다.

자시생(子時生)은 자(子)가 시지(時支)가 되고, 축시생(丑時生)은 축(丑)이 시지(時支)가 된다. 시지(時支)는 변함이 없지만 시간(時干)은 일간(日干)에 따라 바뀐다. 갑기일(甲己日) 즉 갑일(甲日)이나 기일(己日)에는 갑자시(甲子時)로부터 시작하여 을축시(乙丑時), 병인시(丙寅時), 정묘시(丁卯時) 순으로 진행된다.

을경일(乙庚日) 즉 일진(日辰)이 을일(乙日)이나 경일(庚日)에는 병자시(丙子時)로부터 시작하여 정축시(丁丑時), 무인시(戊寅時), 기묘시(己卯時) 순으로 진행된다. 아래 시간지조견표(時干支早見表)를 참조하면 된다.

時干支 早見表

日干 時刻	甲己	乙庚	丙辛	丁壬	戊癸
밤 11:30~01:29	甲子	丙子	戊子	庚子	壬子
01:30~03:29	乙丑	丁丑	己丑	辛丑	癸丑
03:30~05:29	丙寅	戊寅	庚寅	壬寅	甲寅
05:30~07:29	丁卯	己卯	辛卯	癸卯	乙卯
07:30~09:29	戊辰	庚辰	壬辰	甲辰	丙辰
09:30~11:29	己巳	辛巳	癸巳	乙巳	丁巳
낮 11:30~1:29	庚午	壬午	甲午	丙午	戊午
1:30~3:29	辛未	癸未	乙未	丁未	己未
3:30~5:29	壬申	甲申	丙申	戊申	庚申
5:30~7:29	癸酉	乙酉	丁酉	己酉	辛酉
7:30~9:29	甲戌	丙戌	戊戌	庚戌	壬戌
9:30~11:29	乙亥	丁亥	己亥	辛亥	癸亥

5. 일간(日干)의 강약(強弱)

　작명이나 상호를 지을 때는 반드시 주인공의 사주에 맞추어 지어야 한다.

　그런데 많은 작명가들이 타고 난 사주를 무시하고 오직 획수와 오행에만 취중하고 있는데 이는 대단히 위험하다. 작명이나 개명을 하고나서 오히려 불행한 일을 당하는 경우가 많다.

　따라서 일간(日干)을 중심으로 三干, 四支의 상생(相生)과 상극(相剋)을 면밀히 대조하여 日干의 強弱을 판단하여야 한다.

　만약 日干을 생조(生助)하는 五行이 強하면 덜고 弱하면 부조(扶助)하여야 한다.

　日干의 強弱을 판단하는 기준은 月支가 가장 중요하다. 月支는 계절을 의미하므로 우주 내에 존재하는 모든 생물은 계절의 변화를 무시할 수 없다.

　月支는 四柱의 주체로서 약 30%의 세력을 가지고 있으므로 月支와 대조하여 日干의 強弱은 月支에서 결정된다고 보아도 틀림이 없다.

　그러므로 五行의 과다(過多)로서 日干의 강약을 판단하지 말고 月支와 대조하여 日干의 강약을 판단하여야 한다.

　가령 四柱 내에 火五行이 많아도 丑月에 태어나면 火氣가 쇠약하므로 火五行이 희신(喜神)이 된다.

6. 희신(喜神)과 기신(忌神)

　喜神이란 日干을 중심으로 꼭 필요한 五行을 말한다. 身弱四柱는 日干을 도와주는 五行이 필요하다. 예를 들어 木 日干이 약하면 日干을 생조(生助)하는 水와 木이 喜神이 된다.

　身强四柱는 日干을 설기(泄氣)하거나 日干을 극제(剋制)하는 五行이 喜神이 된다. 예를 들어 木 日干이 水, 木이 많아 强하면 木을 설기하는 火가 필요하고, 木을 극제하는 土, 金이 필요하다.

　반대로 木 日干이 强한데 사주 내에 木이 많거나, 日干이 弱한데 日干을 극설하는 五行이 많으면 기신(忌神)이 된다

　그러므로 작명을 하거나 상호를 지을 때는 반드시 日干의 强弱에 따라 喜神을 찾아 이름이나 상호에 넣어야 좋은 이름과 상호가 된다.

제5장
작명의 격

제5장. 작명(作名)의 격(格)

1. 원형이정(元亨利貞)

 이름에는 사격(四格)이 있는데 원격(元格), 형격(亨格), 이격(利格), 정격(貞格)을 말한다. 성명학(姓名學)에는 천인지(天人地)의 삼재(三才)만을 다룬 작명법이 있고, 사격(四格) 즉 원리이정(元亨利貞)을 사용하는 작명법이 있다. 필자는 수십 년간 검정되고 통용되어 온 원형이정(元亨利貞)의 사격(四格)위주로 설명한다.

(1). 원격(元格)

 이름의 상하(上下)를 모두 합친 수(數)를 말한다. 그러나 이름이 외자 일 경우에는 이름자 하나의 획수(劃數)를 원격(元格)으로 한다. 원격(元格)은 초년운(初年運)으로서 1세에서 36세까지 영향을 미친다.

```
朴    6

正    5   ┄┄┄┄┐
              │   18 (元格)
熙   13   ┄┄┄┄┘
```

(2). 형격(亨格)

　이름이 2자 이면 성수(姓數)와 이름의 위에 있는 글자의 수(數)를 합친 수가 형격(亨格)이 된다. 만일 2자 성(姓)이면 성(姓) 2자의 합친 수와 이름자의 위 글자의 획수를 합친 수(數)가 형격(亨格)이 된다. 그리고 1성(姓)에 이름이 하나이면 1성(姓)과 1명(名)을 합친 수가 형격(亨格)이 된다. 형격은 중년운(中年運)으로서 37세부터 56세까지의 운을 본다.

```
朴    6  ┄┄┄┄┐
              │  11 (亨格)
正    5  ┄┄┄┄┘

熙   13
```

(3). 이격(利格)

　이격(利格)은 성수(姓數)와 이름의 아래 글자를 합친 수를 말한다. 만일 2자성(姓)이면 성(姓) 두 글자의 획수와 이름의 아래 글자의 획수를 합친 수가 이격(利格)이 된다. 그리고 이름이 외자 일 때는 성(姓)이 한 자이던, 두 자이던 간에 성수(姓數)만의 획수를 이격(利格)이라 한다. 이격(利格)은 배우자(配偶者)의 운(運)으로 적용한다.

```
朴    6    ┄┄┄┄┐
                │
正    5         ├ 19 (利格)
                │
熙   13    ┄┄┄┄┘
```

(4). 정격(貞格)

　정격(貞格)은 성수(姓數)와 이름의 합수(合數)를 모두 합친 수이다. 다시 말하면 성(姓)이 한 자이건, 두 자이건, 또 이름이 한자 이 건, 두 자 이건 간에 성(姓)과 이름의 수를 모두 합친 획수를 말한다. 정격(貞格)은 노년(老年)으로 57세 이후의 운세이다.

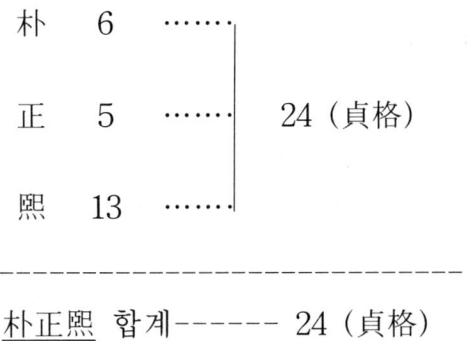

```
朴    6    ┄┄┄┄┐
                │
正    5    ┄┄┄┄├ 24 (貞格)
                │
熙   13    ┄┄┄┄┘
```

―――――――――――――――――

　朴正熙 합계 ―――― 24 (貞格)

2. 성명(姓名)의 격(格)
(1). 1성(姓), 2명(名)의 격(格):

```
----------------------------------------
                        (太極數) : 1
  (土)    홍(洪)    ┌─10─┐   10+1=11    (木)
                   22    │
  (木)    길(吉)  (利格)  6        16(亨格)  (土)
                        │
  (火)    동(童)    └─12─┘   18(元格)    (金)
----------------------------------------
(音靈五行)   洪吉童  =  28 (貞格)    (數理五行)
```

元格 …… 18 (吉)
亨格 …… 16 (吉)
利格 …… 22 (凶)
貞格 …… 28 (凶)

원격(元格) … 이름의 상하(上下)를 합친 수(數)로서 초년기(初年期)의 운세   (예: 길동(吉童)
형격(亨格) … 성(姓)과 이름의 상자(上字)를 합친 수(數)로서 청년기(靑年期)의 운세
           (예: 홍길(洪吉)
이격(利格) … 성수(姓數)와 이름의 하자(下字)를 합친 수(數)로서 배우자(配偶者)의 운세를 본다.   (예: 홍동(洪童)

정격(貞格) … 성(姓)과 이름의 상하자(上下字) 모두를 합친 수(數)로서 말년운(末年運)의 운세(運勢)   (예: 홍길동(洪吉童)

(2). 1성(姓), 1명(名)의 격(格):

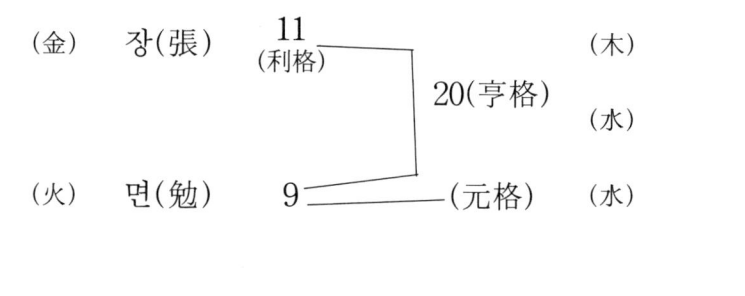

(音靈五行)   = 20 (貞格)   (數理五行)

元格 … 9 (凶)
亨格 … 20 (凶)
利格 … 11 (吉)
貞格 … 20 (凶)

(3). 2성(姓), 2명(名)의 격(格):

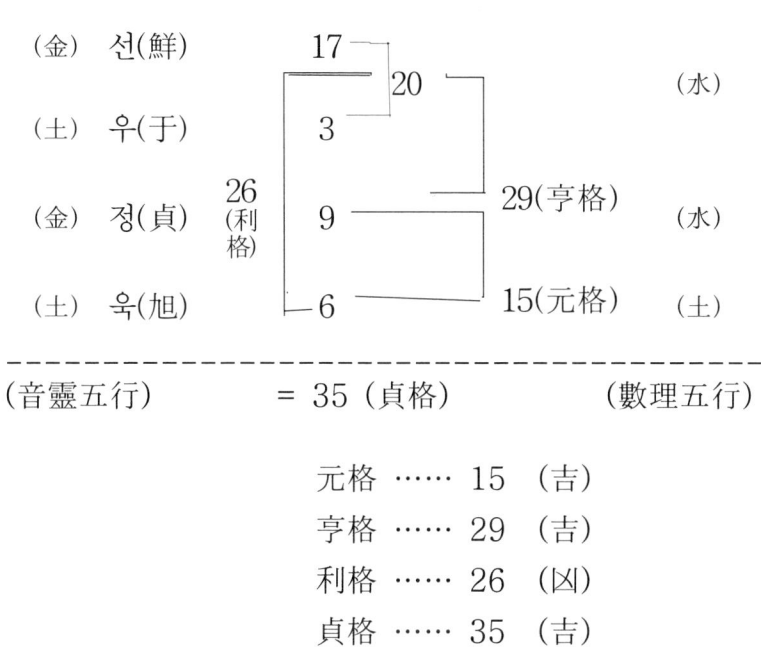

(音靈五行)　　　= 35 (貞格)　　　(數理五行)

元格 …… 15　(吉)
亨格 …… 29　(吉)
利格 …… 26　(凶)
貞格 …… 35　(吉)

(4). 2성(姓), 1명(名)의 격(格):

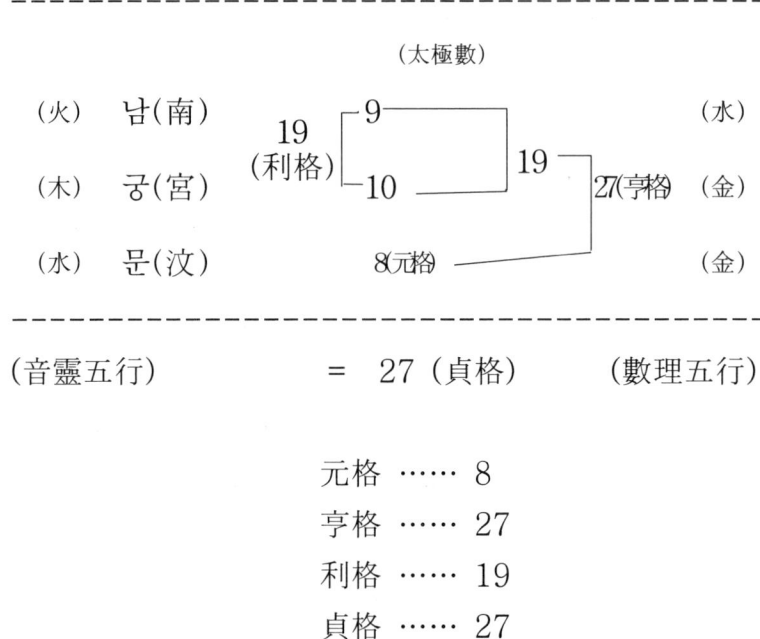

(音靈五行)　　　　　＝　27（貞格）　　　（數理五行）

　　　　　　　　　　元格 …… 8
　　　　　　　　　　亨格 …… 27
　　　　　　　　　　利格 …… 19
　　　　　　　　　　貞格 …… 27

제6장. 자획계산법

제6장
자획계산법

제6장. 자획계산법(字劃計算法)

1. 한문(漢文) 자획계산법(字劃計算法)

아래 예시(例示)한 역상(易象)은 본래의 글자를 간략(簡略)하게 줄여서 쓰는 간자(簡字)로서 자획(字劃)을 계산할 때는 반드시 본래의 글자(易理)대로 계산해야 한다. 예를 들면 삼수변(氵)은 3획이지만 본래의 글자인 수(水)는 4획이므로 4획으로 계산한다. 또 왕(王)자는 4획이지만 본래 구슬 옥(玉)자의 약자(略字)이므로 5획으로 계산해야 한다.

역상(易象)		역리(易理)	
氵 (삼수변)	3획 …	水	4획으로 계산할 것
忄 (심방변)	3획 …	心	4획
扌 (재방변)	3획 …	手	4획
⺾ (초두머리변)	4획 …	艸	6획
犭 (개사슴록변)	3획 …	犬	4획
王 (구슬옥변)	4획 …	玉	5획
月 (달월변)	4획 …	肉	6획
阝 (좌부방) 左	3획 …	阜	8획 (隣)
阝 (우부방) 右	3획 …	邑	7획 (鄭)
辶 (책받침착)	4획 …	辵	7획
耂 (늙을로변)	4획 …	老	6획
礻 (보일시변)	5획 …	衣	6획

2. 한글 자획계산법(字劃計算法)

한글은 14개의 자음(子音)과 10개의 모음(母音)으로 구성되어 있다.

자음(子音) … ㄱ, ㄴ, ㄷ, ㄹ, ㅁ, ㅂ, ㅅ, ㅇ, ㅈ, ㅊ, ㅋ, ㅌ, ㅍ, ㅎ

모음(母音) … ㅏ, ㅑ, ㅓ, ㅕ, ㅗ, ㅛ, ㅜ, ㅠ, ㅡ, ㅣ

한글은 한문과는 달리 부수(部首)를 가릴 필요가 없다. 그러므로 자음(子音)의 획수와 모음(母音)의 획수를 합쳐서 계산하면 된다.

* 자음(子音)의 획수(劃數)

ㄱ	ㄴ	ㄷ	ㄹ	ㅁ	ㅂ	ㅅ	ㅇ	ㅈ	ㅊ	ㅋ	ㅌ	ㅍ	ㅎ
1	1	2	3	3	4	2	1	3	4	2	3	4	3

* 모음(母音)의 획수(劃數)

ㅏ	ㅑ	ㅓ	ㅕ	ㅗ	ㅛ	ㅜ	ㅠ	ㅡ	ㅣ
2	3	2	3	2	3	2	3	1	1

3. 숫자(數字)의 계산법(計算法)

숫자는 단순히 그 숫자의 획수(劃數)보다 그 숫자가 내포(內包)하고 있는 뜻을 해석해야 한다. 예를 들어 9(九)는, 쓸 때의 획수는 2획이지만 9획으로 계산한다.

마찬가지로 六(6)은, 쓸 때의 획수는 4획이지만 6획으로 계산한다.

一	二	三	四	五	六	七	八	九	十	百	千	萬	億	兆
1	2	3	4	5	6	7	8	9	10	6	3	15	15	6

* 틀리기 쉬운 글자의 획수(劃數)

5획 --- 世, 巧

6획 --- 臣, 亥, 印

7획 --- 成, 廷

8획 --- 亞, 協, 武

9획 --- 泰, 表, 染, 致, 飛

10획 --- 育, 馬, 芽, 酒, 哲

11획 --- 胡, 梁, 偉, 紫, 貫, 胤

12획 --- 盛, 能, 傑, 淵, 博, 卿

13획 --- 琴, 裕, 路, 鼎

14획 --- 夢, 實, 華, 壽, 慈, 碧, 與
15획 --- 養, 興, 寬, 郵
16획 --- 燕, 龍, 龜, 道, 導
17획 --- 燦, 隆, 鄕, 鴻, 聯
18획 --- 翼, 豊, 爵, 繡
19획 --- 關, 贊, 繩
20획 --- 瓊, 羅

　위와 같이 틀리 기 쉬운 한자(漢字)가 많으므로 자기가 아무리 잘 알고 있는 글자라고 하더라도 반드시 옥편(玉篇)을 찾아서 확인하여야 한다.

제7장. 성명수리(姓名數理)의 길흉(吉凶)

제7장
성명수리의 길흉

제7장. 성명수리(姓名數理)의 길흉(吉凶)

다음에 열거(列擧)하는 수리(數理)는 1에서 81까지의 수(數)를 설명한 것이다. 각 수리(數理)마다 길흉(吉凶)이 다르고 뜻이 다르다.

수(數)의 합수(合數)가 원격(元格)이던, 형격(亨格), 이격(利格), 정격(貞格)이던 간에 모두 해당된다. 그러므로 이름의 사격(四格)에는 흉수(凶數)를 피하고, 길수(吉數)를 가려서 사용해야 한다.

1. 시생격(始生格)

만물의 시작을 의미하는 기본수(基本數)로서 자주 독립의 정신이 강하고 지도력과 친화력이 있어 영수적 인물(領袖的人物)이 되며 최고의 영예와 명리를 빛낸다. 비록 처음에는 상당한 고생과 난관이 있으나 출중한 예지와 분발심으로서 만난을 극복하고 목적을 달성시켜 최대의 성과를 획득한다.

2. 분리격(分離格)

비록 재주와 향발심(向發心)은 있으나 만사가 분열되어 중심을 세우지 못하고 좌왕우왕하게 된다. 더욱이 환경이 좋지 않아 육친무덕(六親無德)하고 가정 불행을 면치 못하고 방황하게 되며 때로는 일신을 의지할 곳 없는 불행을 가져온다. 만약 수리(數理)와 오행(五行)이 상극되면 병고에 시달리거나 심지어 단명 혹은 중년에 좌절된다.

3. 복수격(福壽格)

음양이 화합하여 입신출세를 암시한다. 지모(智謀)가 출중하고 성격이 영리하여 도량이 큰 인물이 된다. 특히 남녀를 막론하고 자기가 처한 환경을 극복하고 지도적 인물이 된다. 천하에 대 행운을 초래하는 부귀공명과 진취적인 기상으로 대업을 이루고 권세와 위엄을 사해(四海)에 떨친다.

4. 파멸격(破滅格)

매사가 뜻대로 되지 않고 진퇴(進退)의 자유가 없고 독립의 기력이 부족하여 역경에 처할수록 천신만고를 면치 못한다. 위인이 재주와 역량은 있으나 확고한 중심이 없으므로 매사 실패하거나 비참한 역경을 면치 못한다. 특히 가족간의 이별, 조실부모, 부부 생사이별, 혹은 병고나 변사(變死)하게 되는 대 흉수(大凶數)이다.

5. 성공격(成功格)

본성이 온후독실(溫厚篤實)하고 확고한 신념으로 매사

뜻대로 이루어진다. 비록 처음은 곤고(困苦)하나 능히 극복하여 대지대업(大志大業)을 완수한다. 또한 도덕과 문장이 일세에 높아 뭇 사람의 존경을 받게 되고 선배와 친지들의 총애를 얻어 부귀공명을 얻게 되고 위대한 인물이 되어 가운을 부흥시킨다.

6. 풍후격(豊厚格)

자성(資性)이 온화하고 지덕용(智德勇)을 겸비하여 능히 큰일을 완수하고 풍성한 복지(福祉)를 받는다. 확고부동의 신념을 가지고 조업(祖業)과 사회적 큰일을 계승하고 성취하여 착실히 발전시키고 명성과 재리(財利)가 풍족하다. 본래 천부적인 미덕이 있어 설사 중년기에 신고(辛苦)가 있을지라도 능히 이를 극복하여 말년에는 대길하리라.

7. 발달격(發達格)

심신이 건전하여 독립정신이 강하고 만난을 극복하여 목적을 달성한다. 그러나 지나치게 자기의 고집을 세워 내외 불화를 조성하고 독단하므로 남의 비방을 받기 쉽다. 그러므로 고집을 버리고 아량을 베풀면 사회적으로 상당한 발전이 있으리라. 여자는 남성적인 기질이 있기 쉬우나 건강에는 좋은 수이다.

8. 건강격(健康格)

만난을 극복하고 초지(初志)를 관철시켜 일신의 운기를 확고히 하고 사회적 병리를 획득한다. 비록 처음 시작할 때에는 난관이 있겠으나 강건한 의지와 진취적인 기상으로 능히 대업을 성취하여 길상(吉祥)을 초래 한다.

9. 궁박격(窮迫格)

영특한 재지(才智)와 민첩한 활동력으로 능히 대지대업을 완수하고 명성과 부귀를 얻는다. 그러나 대개 중도에 좌절하는 수가 많다. 특히 혈족의 비애가 크고 조실부모하며, 고향을 떠나 타향에서 고생하고, 부부이별 혹은 자녀의 근심 등이 따른다. 여자는 고과(孤寡) 혹은 창기(娼妓), 병난(病難) 등 역경에 빠진다.

10. 단명격(短命格)

새로운 계획은 잘 세우지만 매사가 시작은 있고 끝을 보지 못하니 불의의 장애가 많으며, 실패와 곤고(困苦)가 있고 불행을 면치 못한다. 특히 육친의 덕이 없고 일찍이 부모를 하직하여 타향의 풍상을 겪는다. 여자인 경우에는 대체로 박명한 신세로서 예기(藝妓), 첩의 팔자이다. 따라서 심신의 허약과 가정적 불행을 피치 못한다.

11. 흥가격(興家格)

　본성이 정직하고 자력갱생(自力更生)하고 진취적 발전을 하게 된다. 뜻한바 대로 소원을 성취하고 사회적으로도 상당한 위치를 독점하여 사람들의 신임을 받아 부귀공명을 이룬다. 사람에 따라서는 중년까지 다소 고생이 있을지라도 후반생부터 만년까지는 반드시 성공하여 안락한 생활을 하는 대길수(大吉數)이다.

12. 파괴격(破壞格)

　비록 재주가 비상하다 하나 자립하지 못하고 대성난망(大成難望)이라 허사가 된다. 무리하게 발신하려고 하나 도리어 실패하고 만다. 가족과도 이별하고, 부부이별, 자녀망실 혹은 병난(病難), 재난 등 비애가 많으며 또한 뜻밖의 재액이 일어난다. 여자는 과부나 다름없는 부부생활을 하게 된다.

13. 지달격(智達格)

　지모재략(智謀才略)이 출중하여 능히 대세를 파악하고 임기응변의 수완으로 어떠한 난관이라도 교묘히 돌파한다. 인내심이 강하여 시종일관 노력으로 입신양명한다. 특히 지혜가 충만하여 문예(文藝), 기예(技藝) 방면에 탁월한 재능이 있다. 그러나 너무나 이상적이고 이지적이 되어 소인(小人)이 될까 두렵다.

14. 파괴격(破壞格)

 만약 선천적으로 큰 그릇이면 능히 대업을 완성하나 소인이면 위난(危難)과 부침(浮沈)속에서 살아간다. 특히 기(氣)가 약한 사람이거나 여자인 경우에는 가정 운을 파괴하고 부부 생사이별, 조실부모하여 타향에서 고생하거나, 자녀의 우환 등 매사가 뜻대로 되지 않고 자포자기하고 신명(身命)을 상하거나 빈곤, 비관 끝에 자살자도 있다.

15. 복수격(福壽格)

 비록 처음 출발은 어렵다 하더라도 능히 이를 극복하고 자립대성(自立大成)하여 뜻과 같이 되지 않는 것이 없다. 상하의 총애와 도움을 받아 홍업을 이루고 부귀와 명성을 얻게 된다. 특히 탁월한 식견으로 영도자로서 추대 받는 최대 고귀한 운기를 형성하는 대길수이다. 즉 왕후장상(王侯將相)의 운격(運格)이다.

16. 덕망격(德望格)

 재주와 의리가 깊고 넓은 덕성이 있어 능히 중망(衆望)을 모아 영수(領袖)의 운기를 초래한다. 특히 여자는 온화장대하고 내조가 커서 오복을 초래하는 대 길운이다. 그러나 자비심이 없고 오만방자한 사람은 도리어 흉패를 초래한다. 그리고 음양배치가 순음(純陰)인 경우는 여자로 인한 피해가 크다.

17. 강건격(剛健格)

만난을 능히 극복하고 초지를 관철시키고자 끊임없는 노력을 한다. 그리하여 큰일을 성취케 하고 창업의 공을 세워 양명사해(揚名四海)하며 사람의 존경을 받는다. 대체로 전반(前半)에 고생하고 후반생은 명성과 권위가 널리 빛난다. 그러나 형격(亨格)이나 정격(貞格)에 17수(數)가 있으면 무리한 자아고집(自我固執)이 있으면 화목하지 못한다.

18. 발달격(發達格)

비록 처음에는 고난이 있겠으나 의지가 굳세고 철석같아 만난을 극복하고 초지(初志)를 관철시켜 홍업(弘業)을 완성한다. 권세와 명리가 있어 비상한 발전과 아울러 대성을 성취하여 사회적으로 상당한 지위를 획득하고 만인의 존경을 받는다. 그러나 쓸데없는 자아(自我) 중심적 고집은 하지마라. 그렇지 않으면 조난(遭難)을 당한다.

19a. 병악운(病惡運) (남자인 경우)

실력이 있고 현명한 대인으로서 명리(名利)와 대업을 이루어 권세를 얻지만 의외의 파란곡절로서 실패와 비운을 면치 못한다. 육친무덕하고 조실부모하거나 혹은 타향에서 고생하며 병난(病難), 부부이별, 가정불화, 자녀망실 심하면 살상과 형별, 조난, 횡사 등 대흉수이다.

19b. 고과격(孤寡格) (여자인 경우)

현명한 재주와 임기응변이 능하여 사회적으로 점차 발전하는 기상이나 의외의 파란과 고난의 시련을 가져오고 만다. 일시적으로 성공하나 중도에 실패하므로 특히 육친무덕하고 조실부모 혹은 이별, 고독, 가정불화가 거듭되는 최대 흉수이다. 여자는 과부, 무자(無子) 등 특히 월경불순, 대하증, 불임증 등이 있다.

20. 단수격(短壽格)

심신의 허약과 육친 무덕하여 조실부모하거나 타향신고하며 부부이별(夫婦離別), 자녀방실(子女亡失) 그렇지 않으면 자신이 단명(短命), 질고(疾苦) 등 평생 불행에 빠져 심하면 자살, 피살, 횡액에 떨어져 중년에 세상을 하직하게 된다. 단, 여성은 고과(孤寡) 신세로 남편이 축첩(蓄妾)하게 되는 운명이다.

21a. 두령격(頭領格) (남자인 경우)

지략(智略)이 출중하여 능히 독립적으로 대업을 일으키고 공명(功名)을 내외에 전파하여 부귀영달한다. 심신이 건전하고 매사에 솔선수범하여 만인의 신망을 얻고 명성을 빛내는 대길수이다. 단, 시기심과 자존심은 강하다.

21b. 자립격(自立格) 여자인 경우

여자의 원격(元格)과 형격(亨格)에 21수(數)가 있으면 자립심이 강하여 고과신세(孤寡身勢)를 면키 어렵다. 만약 부부유정이면 무자(無子)요, 자식이 있으면 고과(孤寡)운이다. 그렇지 않으면 자신이 쓰러지거나 생사이별, 또는 무능한 남편을 만나 부득이 직장생활을 하게 된다. 이격(利格)이나 정격(貞格)에 있으면 재취(再娶)남성과 결혼하게 된다. 미용사 혹은 간호사, 기술직이나 교육정도에 따라 사회사업가 또는 교육, 종교가 등으로 진출(進出)할 수 있다.

22. 박약격(薄弱格)

특히 건강에 좋지 않는 흉수(凶數)이다. 가정불화가 빈발(頻發)하여 부부 생사이별의 비애를 가져온다. 또한 육친이 무덕하여 평생을 고독한 환경에 번민하게 된다. 때로는 비명횡사(非命橫死)하거나 비관 끝에 자살하는 등 중도에서 요절(夭折)하는 대 흉수이다. 여자의 경우에는 형식적인 부부생활을 유도하게 된다.

23. 혁신운(革新運)

성품이 영특하고 지덕(智德)을 겸비하여 천부적으로 우두머리의 소질을 갖추고 있다. 전반생(前半生)에는 다소 고생은 하나 중장년 시절부터 대성에 도달하는 최대 길수이다. 그러나 여자에 있어서는 자존심이 강하고 독립심이 강하여 사회활동을 유도하여 자립하게 함으로 성공은 하나 가정생활에 있어서는 고과신세(孤寡身勢)를 면치 못한다. 재혼하게 되는 이름이다.

24. 축재격(蓄財格)

비록 시발점(始發点)에 있어 다소 고생이 많겠으나 불굴의 노력으로 재복(財福)의 혜택이 있어 대업을 완수하고 공명영달하며 그 재물을 자손에게까지 전하고 명망이 높은 대 길운이다. 처음에는 고생하지만 한탄하지 마라. 격(格)에 따라서는 부귀와 명리가 사해(四海)에 빛난다. 순음배치(純陰配置)는 흉하니 주의하라.

25. 건창격(健暢格)

성품이 영민하고 지모(智謀)가 출중하고 귀중한 재능을 갖추고 있어 초지(初志)를 관철하여 안락한 생활을 하리라. 그러나 말조심하고 자기의 고집과 편벽(偏僻)을 삼가라. 그렇지 않으면 사회적으로 융화(融和)가 안 되어 지장을 초래하므로 이 점을 유의하여 화순유덕(和順柔德)하면 가히 대업을 이루리라. 특히 문학, 기예(技藝) 방면에 탁월한 소질이 있다.

26. 변괴격(變怪格)

일종의 영웅수(英雄數)로서 위대한 발전과 공과(功過)를 얻으나 대개는 일시적이요 신운(身運)이 풍전등화(風前燈火) 같도다. 어릴 적에 조실편친(早失片親)하거나 고향을 떠나 살게 되고, 부부 생사이별, 자녀망실(子女亡失), 심하면 살상(殺傷), 형벌(刑罰), 조난(遭難), 재화(災禍), 단명(短命) 등 대 흉수이다.

27. 중절격(中折格)

일시적으로 부귀영화를 누리는 사람도 있으나 자존심이 강하고 권모술수가 능하므로 남의 비난과 공격을 받아 실패하게 되고 결국에는 비참한 신세를 면하지 못한다. 중도 실패와 조실부모 혹은 객지생활을 하게 되고 부부 생사이별, 자녀를 잃게 되며 내외가 불화(不和)하는 수이다.

28. 조난격(遭難格)

파란과 변동이 많으므로 비난과 비방이 많다. 매사가 중도에 좌절되고 마치 일엽편주(一葉片舟)가 만경창파(萬頃蒼波)에 조난(遭難)을 당하는 것과 같다. 살상(殺傷)과 자살(自殺), 불구(不具), 형액(刑厄) 등의 대 파동을 면치 못한다. 가정적으로는 조실부모하거나, 부부 생사이별, 자녀우환 심지어는 신명(身命)의 상해를 받는 대 흉수이다.

29. 공명격(功名格)

위인이 출중하여 능히 대사를 성취하며 사회적으로 상당한 신임을 얻으며 명예와 재복(財福)을 얻는다. 때로는 불평불만이 있다 할지라도 중장년(中壯年)부터 재운이 있고 부귀 공명하여 평생 안락한 생활을 보내게 된다. 단, 여자는 공명심과 허영심 등의 행동을 조심하여야 한다.

30. 부침격(浮沈格)

성패(成敗)와 유전(流轉)을 암시하며 속성속패의 운기를 가져온다. 항상 새로운 계획을 세우며 대체로 이상(理想)은 크나 일정한 기반을 세우지 못하고 동분서주한다. 특히 주거(住居)와 직장의 변동이 심하고, 사업실패, 부부의 생사이별, 가정불화, 자녀망실 등의 흉수이다. 일확천금의 꿈을 버리면 자립할 수 있다.

31. 개척격(開拓格)

사람됨이 영민(英敏)하여 뜻이 견고하며 굳은 신념으로 대업을 이루는 기초를 세워 훌륭한 인물이 될 수 있다. 특히 온화 편정한 성격으로 학문과 예술방면에 대발전이 있으므로 학위(學位)를 얻는 수가 많다. 여자의 이름에 31수(數)가 있으면 재운(財運)이 있는 대 길수이다.

32. 요행격(僥倖格)

뜻밖의 요행수가 생겨 파죽지세(破竹之勢)로 행운이 밀려온다. 천성이 온화하고 인자하여 남을 위하므로 만인의 존경을 받는다.

그러나 대업을 이루려면 때를 기다려야 한다. 대기만성(大器晩成)으로 귀인의 도움을 받아 대성하게 된다. 단, 남녀 모두 애정의 번뇌가 있을 수이다.

33. 왕성격(旺盛格)

사람됨이 현출하여 소년시절부터 두각을 나타내며 가슴속에 대망을 꿈꾸며 자라나 능히 대업을 달성하여 만인의 존경을 받게 된다. 만일 격에 맞지 않거나 사주와 맞지 않으면 일시적으로는 성공하나 나중에는 전락한다. 여자는 독신자인 경우 성공하나 부부생활에는 고과(孤寡)신세를 면치 못한다.

34. 파란격(波瀾格)

파란과 변동의 대 흉수이므로 의외의 큰 고통이 있고 만사가 뜻대로 되지 않는다. 조실부모하게 되고 부부의 생사이별, 불구, 자녀망실, 형상(刑傷), 단명(短命) 등의 불행한 악운에 빠진다. 초 중년에 좋았던 사람은 말년은 대흉하다.

35. 평안격(平安格)

자기 분수에 맞는 천직(天職)을 가지고 성실하게 일관하여 노력하게 된다. 특히 이웃과 서로 도우며 평생 안락한 생활을 하는 대 길수이다. 특히 문학과 예술방면에 진출하면 유망한 인물이 되며 평생 안일한 생활을 하게 된다. 여성에 있어서는 만인의 경애(敬愛)를 받는 대 길수이다.

36. 시비격(是非格)

의리와 인정이 넘치고 정의감이 투철하여 살신성인(殺身成仁)의 표본이 되지만 무모한 계획과 행동으로 시시비비(是是非非)를 초래하여 진퇴양난의 함정에 빠지게 되므로 부부이별 특히 타향에서 고생하게 되고 형상(刑傷) 등 불행해지기 쉬운 흉수이다. 여성은 외적활동을 함으로써 성공은 하나 고과(孤寡)를 면치 못한다.

37. 주공격(奏功格)

담대하고 과단성이 충실하며 근면하여 아무리 어려운 일이라도 능히 처리하는 인물이며 자기 본분을 발휘하여 대업을 달성시켜 그 명성이 사해(四海)에 전파되는 대 행운의 수이다. 그러나 매사를 독립 단행하므로 고립지장(孤立之將)의 수이니 화순(和順)한 마음으로 노력하면 더욱 대길하리라.

38. 문예격(文藝格)

　영민한 재주와 두뇌로 특히 문학, 예술방면에 소질이 있으나 너무 사색적(思索的)이므로 활동적 역량이 부족하여 중망(衆望)을 얻지 못하고 목적을 달성키 어렵다. 이 점만 보완하면 훌륭히 대성할 수 있다. 그러나 문예, 기술방면은 반드시 대성한다.

39. 장수격(長壽格)

　재난이 변하여 복덕(福德)으로 화(化)하는 대 길수로서 만사를 잘 처리하여 큰 성공을 이룬다. 또한 재운이 있어 부귀와 번영을 자손만대에 전하는 길상(吉祥)의 운격이다. 단, 여성에 있어서는 고과(孤寡)의 비운(悲運)에 빠지기 쉬우니 주의하라. 대개 여자는 부잣집 미망인(未亡人)이 많다.

40. 변화격(變化格)

　임기응변의 재간이 있으나 운기가 허(虛)하여 의존할 수 없어 결과가 없다. 자기 분수를 지키는 사람은 일상 편안할 수 있으나 덕망이 없는 자는 남의 비난과 공격으로 파란만 장하고, 형벌을 받거나 단명, 고독, 가정불화를 가져오는 흉수이다. 승도(僧道), 종교가, 의사는 길하다.

41. 정도격(正道格)

위인이 준수하고 영민하며 건전한 심신과 화순한 성격으로 대업을 완수하는 대 길상의 수이다. 특히 식견(識見)이 높아 만인의 사표(師表)가 되어 지도적인 사람이 되며 만인이 우러러 보는 대 길수이다.

42. 고행격(苦行格)

행인이 밤중에 비를 만나 진퇴를 고민하는 외로운 상이다. 매사 되는 일이 없어 실의에 빠지고 또한 가정적으로는 이별과 불구, 형벌, 조난, 병약, 정신이상을 초래하기 쉽다. 단, 일심전념하여 초지를 관철하면 후일에 성공을 이루지만 그렇지 않으면 대 참패한다.

43. 산재격(散財格)

의심이 많고 진실과 허상을 구별치 못하여 때로 화를 자초(自招)한다. 더욱이 우후낙화(雨後落花)를 상징하므로 큰 일은 수행치 못하고 허송세월을 하게 된다. 겉으로 보기에는 행복한 것 같지만 실은 신고(辛苦)가 많고 때로는 정신의 착란으로 천금을 잃고도 정신을 차리지 못해 신명(身命)을 상한다.

44. 파멸격(破滅格)

호사다마격(好事多魔格)으로 소원하던 일이 잘 이루어지지 않는다. 과대망상으로 망신만 당한다. 비록 뜻을 세우지만 공과(功過)를 얻지 못하고 고민하게 된다. 특히 심약자(心弱者)나 부녀자는 대개 중도 실패하게 되고 미로에서 방황하게 된다. 혹 문학, 예술방면에 진출하면 이름을 얻을 수 있다.

45. 순조격(順調格)

천하를 경륜시킬 재치와 덕망은 능히 대업을 성취하여 사해(四海)에 명성과 명예를 빛낸다. 특히 선각적(先覺的) 선견지명은 만인의 사표(師表)가 되어 지도적 인물이 된다. 또한 부귀 번영하는 대성하는 운수이다.

46. 비애격(悲哀格)

유능하고 재치가 있지만 세상이 이를 알지 못한다. 정력의 결핍과 박약비애의 암시는 실패 곤고하게 되고 만사가 뜻대로 되지 않으니 계획이 다 수포로 돌아간다. 그러나 고통을 겪고 나서 대성공하는 수도 있다.

47. 전개격(展開格)

개화결실(開花結實)의 상이다. 만사에 능숙하고 지략이 출중하므로 대업을 성취하고 명예를 영원히 전하게 된다. 또한 매사가 해결되어 공과(功果)를 이룬다. 따라서 천부의 호운을 맞이하여 만인의 존경을 받는다. 그리하여 나이 40 전에 이름을 떨친다.

48. 영달격(榮達格)

사통팔달(四通八達)의 선각자(先覺者)로서 천하의 모든 일을 통솔하고 만인을 지도하여 커다란 덕을 인간사회에 베푸는 큰 그릇이다. 때로는 세속의 번뇌를 멀리하고 백운간(白雲間)에 학(鶴)과 벗 삼아 여유롭게 지내는 신선(神仙)이다. 그렇지 않으면 평생 동안 하는 일마다 허사로다.

49. 상반격(相半格)

비범한 재주로 한때 자수성가하여 사업을 경영하지만 어려울 때를 대비하지 못하여 결국 실패의 고배(苦杯)를 마시고 신음하게 된다. 대체로 전반생에 고생하면 후반생은 안락하다. 그러므로 길흉이 엇갈린다.

50. 성패격(成敗格)

 덕성이 있는 사람은 대업을 성취하나 그렇지 않으면 만년(晚年)에 크게 실패하여 풍전등화(風前燈火)와 같다. 특히 무능한 자는 자립할 수가 없다. 때로는 무용한 인물이 되어 불행하게 된다. 여성은 고과(孤寡)하고 단명(短命)의 수로서 평생 신고(辛苦)한다.

51. 성쇠격(盛衰格)

 진출(進出)의 기상이 강건하고 위인이 정직하고 성실하다. 비록 초년에는 고생이 있으나 불굴의 노력으로 반드시 성운(盛運)을 초래한다. 그러나 말년에는 불안전하다.

52. 약진격(躍進格)

 무(無)에서 유(有)를 창조하는 선견지명(先見之明)이 있어 정확히 세상일을 통달한다. 아무리 어려운 일이라 할지라도 능히 이를 극복하고 관찰, 발전시켜 명리(名利)를 얻는다. 요컨대 선견지명의 명사(名士)요 혹은 대 학자, 대 정치가, 대 사업가, 철학가 등을 배출한다.

53. 장애격(障碍格)

 부옥빈인(富屋貧人)이라 대궐 같은 집에 살지만 가난하고, 겉으로는 부자같이 보이지만 내부로는 비어 있으니 장애와 곡절이 많다. 한번 흉운(凶運)에 빠지면 패가망신(敗家亡身)의 액을 당한다. 특히 전반생(前半生)이 길하면 후반생(後半生)에는 크게 고생한다.

54. 파괴격(破壞格)

비록 재주는 있으나 사람됨이 간교(奸巧)하여 화를 자처하거나 혹은 무위도식하여 파란이 많다. 심하면 불구, 질고, 형벌, 횡사, 단명 등을 면치 못한다. 전반기에 행복한 사람도 있으나 대체로 고생한다.

55. 윤회격(輪廻格)

강유(强柔)를 나타내는 것으로 의지가 강한 사람은 능히 만난을 극복하여 대성한다. 그러나 약한 사람은 시종 여일하지 못하여 성패가 많다. 심지어는 병약하고 이별, 고생, 액난을 뜻한다. 대체로 길흉이 반반(半半)이다.

56. 파망격(破亡格)

음양(陰陽)이 교차하는 수로서 의욕은 대단하나 매사가 뜻대로 되지 않고 재액(災厄)이 거듭 온다. 또한 실천력이 부족하여 초지(初志)를 관철하지 못하고 매사가 용두사미(龍頭蛇尾)격이다. 특히 만년(晚年)에 최대의 흉액을 초래하여 패가망신(敗家亡身)하게 된다.

57. 강건격(剛健格)

　한곡회춘(寒谷回春)의 상이다. 만물을 수렴(收斂)하는 결정수로서 매사가 뜻대로 되며 실천적 인물이다. 사람됨이 영민하여 능히 만난을 극복하며 대사를 성취하고 목적을 달성한다. 특히 신규사업을 기도하고 초지일관하여 명리(名利)를 얻는다. 단, 때로는 무리하게 추진하여 큰 곤란을 당하기 쉬우니 주의하라.

58. 후복격(後福格)

　고진감래(苦盡甘來)의 상이다. 창의력이 왕성하고 발명가의 소질이 있다. 그러나 너무 서둘러서 자기의 뜻을 실현하려고 돌진하므로 때로는 대 실패하게 된다. 특히 발명적 재간이 있어 신규사업을 기도하여 백난을 극복하고 완성 성취한다.

59. 역난격(逆難格)

　매사 완성을 못하고 전락하는 수로서 위인이 경거망동하므로 가산(家産)을 망실(亡失)하고 의기소침하여 일생동안 고생한다. 특히 인내심과 용기가 없으며 재능도 부족하므로 실의에 빠지고 역난(逆難)을 피하지 못한다.

60. 불안격(不安格)

만경창파(萬頃蒼波)에 일엽편주(一葉片舟) 격으로 일생 동안 고생이 끊이지 않는다. 또 무모한 계획을 세워 실패와 좌절, 곤고(困苦), 형벌, 살상, 병난 혹은 화액 중에 신명을 상하고 만다.

61. 명리격(名利格)

무궁무진함을 암시하므로 항상 실패하지 않는 수이다. 천신만고 끝에 최대의 성과를 얻어 대업을 성취하고 가운이 점차로 발전한다. 단, 성공 후에 가정불화나 형제간에 반목과 외면을 삼가라.

62. 탄식격(歎息格)

서로 등지는 분열수로서 내외불화를 암시한다. 사회적 신망을 상실하고 점차 쇠패한다. 특히 내외적으로 시비쟁론(是非爭論)을 일으켜 불화하고 파란곡절이 많다.

63. 발신격(發伸格)

수화기제(水火旣濟)의 현증수(現證數)이다. 위인이 현출하여 명리를 달성하고 매사에 부자유함이 없이 안락한 생활을 한다. 특히 만물이 발신하는 격이므로 새로운 운세를 가져온다. 능히 중망(衆望)을 얻어 부귀영화를 자손대대(子

孫代代)로 물려주는 최대의 길수이다.

64. 멸이격(滅離格)

가을의 풀이 서리를 만난 격으로 만물이 시드는 형국이다. 천리 허공에 구름이 가득 끼어 있다. 부부이별, 자녀망실, 골육상쟁, 병난, 비명횡사 등 액운이 뒤 따른다.

65. 번영격(繁榮格)

순풍(順風)에 돛을 달고 항해하니 매사 뜻대로 된다. 가산(家産)이 부흥하고 부귀영화를 누린다.

66. 간난격(艱難格)

망망대해에 일엽편주(一葉片舟)로 풍랑(風浪)을 만난 격이라 신고(辛苦)가 심하다. 서로 공을 다투다가 두 사람이 다 물에 빠지니 과욕(過慾)을 버리는 것이 좋다.

67. 통달격(通達格)

인생만사가 뜻대로 되니 이루지 못할 것이 없도다. 소년득시(少年得時)하여 자수성가(自手成家)하고 재운이 따르게 된다.

68. 발명격(發明格)

상통하달(上通下達)하여 큰 뜻을 세우고 인내로써 대업을 성취하니 부귀쌍전(富貴雙全)한다.

69. 궁박격(窮迫格)

고목이 풍상으로 흔들리니 가지가 끊어지지 않을 수 없다. 만사가 침체되니 되는 일이 없도다. 일찍이 객지에 나가 유랑생활을 하게 된다.

70. 적막격(寂寞格)

어두운 밤에 도적을 만나 위험에 처한다. 심하면 불구(不具) 또는 단명(短命)한다. 그리고 고향과는 인연이 없다.

71. 견실격(堅實格)

초년 운은 없으나 천신만고 끝에 중 말년에는 행운이 도래한다. 만년(晚年)에는 부귀영화를 누린다.

72. 상반격(相半格)

흉한 일이 더 많고 길한 일은 적다. 초년에는 고생이 많으나 중년에는 매사 뜻대로 성취되어 말년까지 안락한 생활을 한다.

73. 평복격(平福格)

한곡회춘(寒谷回春)격으로 대사(大事)는 이루기 힘드나 적은 일은 성취된다. 자수성가(自手成家)하여 의식주(衣食住)가 풍족하다.

75. 안길격(安吉格)

온유(溫柔)한 덕성으로 주위를 살피니 만인이 따른다. 자수성가하여 재복이 있으니 적소성대(積少成大)한다.

76. 불화격(不和格)

평지풍파로 되는 일이 없다. 모두가 떠나가니 자기 고집 때문이다. 내외가 불화하니 가정풍파가 심하다.

77. 상반격(相半格)

의지는 강하나 인내심이 부족하여 중도에 실패한다. 여자는 남편을 극하니 가정이 불안하다. 초년에 고생이 많은 사람은 말년에는 행복하리라.

78. 상반격(相半格)

봉학무소(鳳鶴無巢)상으로 새가 들어갈 집이 없는 형국이다. 대사(大事)는 성취하지 못하나 소사(小事)는 성취한다. 큰 뜻은 가졌으나 매사 실패한다.

79. 불신격(不伸格)

새가 날개를 상하였으니 어찌 창공(蒼空)을 날 수 있겠는가. 혼자 자립할 수 없고 남의 도움을 받아야 한다. 욕심을 버리고 분수를 지킴이 최상이다.

80. 은둔격(隱遁格)

망동(妄動)하여 실패하는 상(象)으로 경거망동하면 필패(必敗)한다. 또 종말(終末)을 뜻하는 것으로 극단적인 행동은 삼가야 한다. 그러나 순신제가(修身齊家)하면 말년에는 안락한 생활이 보장된다.

81. 환희격(歡喜格)

초목(草木)의 회춘지상(回春之象)으로 만물이 시작되는 최대 길상(吉祥)의 수이다. 독립적인 이념을 실천하여 대업을 완수한다. 비록 처음은 상당한 신고(辛苦)와 난관이 있겠으나 만난을 극복하고 목적을 달성시켜 최대의 성과를 획득한다.

※ 81 수(數)는 다시 1로 시작되는 기본수(基本數)이다. 그러므로 앞쪽에 있는 1. 시생격(始生格)을 찾아 읽으면 된다.

제8장. 오행배치(五行配置)의 길흉(吉凶)

제8장
오행배치의 길흉

제8장. 오행배치(五行配置)의 길흉(吉凶)

(木 部)

五 行	解 說	吉凶
木 木 木	입신출세격(立身出世格)	吉
木 木 火	명지지달격(明智智達格)	吉
木 木 土	안태영화격(安泰榮華格)	吉
木 木 金	고난신고격(苦難辛苦格)	凶
木 木 水	성공발전격(成功發展格)	吉

木 火 木	춘산화개격(春山花開格)	吉
木 火 火	고목봉춘격(枯木逢春格)	吉
木 火 土	대지대업격(大志大業格)	吉
木 火 金	평지풍파격(平地風波格)	凶
木 火 水	선부후빈격(先富後貧格)	凶

木 土 木	사고무친격(四顧無親格)	凶
木 土 火	골육상쟁격(骨肉相爭格)	凶
木 土 土	속성속패격(速成速敗格)	凶
木 土 金	패가망신격(敗家亡身格)	凶
木 土 水	고목낙엽격(枯木落葉格)	凶

木 金 木	골육상쟁격(骨肉相爭格)	凶
木 金 火	독좌탄식격(獨坐歎息格)	凶
木 金 土	초실후득격(初失後得格)	凶
木 金 金	불화쟁론격(不和爭論格)	凶
木 金 水	만사불성격(萬事不成格)	凶

木 水 木	부귀쌍전격(富貴雙全格)	吉
木 水 火	속성속패격(速成速敗格)	凶
木 水 土	조기만패격(早起晚敗格)	凶
木 水 金	어변용성격(魚變龍成格)	吉
木 水 水	대부대귀격(大富大貴格)	吉

(火 部)

火 木 木	부귀안태격(富貴安泰格)	吉
火 木 火	용득봉운격(龍得逢運格)	吉
火 木 土	만화방창격(萬化方暢格)	吉
火 木 金	선고후파격(先苦後破格)	凶
火 木 水	자수성가격(自手成家格)	吉

火 火 木	일취월장격(日就月將格)	吉
火 火 火	개화봉우격(開花逢雨格)	凶
火 火 土	미려강산격(美麗江山格)	吉
火 火 金	유두무미격(有頭無尾格)	凶
火 火 水	평지풍파격(平地風波格)	凶

火 土 木	선길후고격(先吉後苦格)	凶
火 土 火	욱일승천격(旭日昇天格)	吉
火 土 土	만화방창격(萬花芳暢格)	吉
火 土 金	화류장춘격(花柳長春格)	吉
火 土 水	대해편주격(大海片舟格)	凶

火 金 木	개화풍란격(開花風亂格)	凶
火 金 火	무주공산격(無主空山格)	凶
火 金 土	선고후길격(先苦後吉格)	凶
火 金 金	사고무친격(四顧無親格	凶
火 金 水	개화무실격(開花無實格)	凶

火 水 木	의외재난격(意外災難格)	凶
火 水 火	추풍낙엽격(秋風落葉格)	凶
火 水 土	금의야행격(錦衣夜行格)	凶
火 水 金	설상가상격(雪上加霜格)	凶
火 水 水	병난신고격(病難辛苦格)	凶

(土 部)

土 木 木	허명무실격(虛名無實格)	凶
土 木 火	설중지월격(雪中之月格)	凶
土 木 土	고목낙엽격(枯木落葉格)	凶
土 木 金	소사난성격(小事難成格)	凶
土 木 水	유두무미격(有頭無尾格)	凶

土	火	木	일광춘성격(日光春成格)	吉
土	火	火	춘일방창격(春日芳暢格)	吉
土	火	土	입신출세격(立身出世格)	吉
土	火	金	고난자초격(苦難自招格)	凶
土	火	水	진퇴양난격(進退兩難格)	凶

土	土	木	선고후패격(先苦後敗格)	凶
土	土	火	금상첨화격(錦上添花格)	吉
土	土	土	일경일고격(一慶一苦格)	半吉
土	土	金	한곡회춘격(寒谷回春格)	吉
土	土	水	사고무친격(四顧無親格)	凶

土	金	木	봉학상익격(鳳鶴傷翼格)	凶
土	金	火	골육상쟁격(骨肉相爭格)	凶
土	金	土	일광춘풍격(日光春風格)	吉
土	金	金	한곡회춘격(寒谷回春格)	吉
土	金	水	금상첨화격(錦上添花格)	吉

土	水	木	노력무공격(勞力無功格)	凶
土	水	火	풍파절목격(風波折木格)	凶
土	水	土	패가망신격(敗家亡身格)	凶
土	水	金	선빈후고격(先貧後苦格)	凶
土	水	水	일장춘몽격(一場春夢格)	凶

(金 部)

金	木	木	추풍낙엽격(秋風落葉格)	凶
金	木	火	한산공가격(寒山空家格)	凶
金	木	土	심신과로격(心身過勞格)	凶
金	木	金	유전실패격(流轉失敗格)	凶
金	木	水	고통난면격(苦痛難免格)	凶

金	火	木	욕구불만격(欲求不滿格)	凶
金	火	火	병고신음격(病苦呻吟格)	凶
金	火	土	도로무공격(徒勞無功格)	凶
金	火	金	조기만패격(早起晩敗格)	凶
金	火	水	무주공산격(無主空山格)	凶

金	土	木	평지풍파격(平地風波格)	凶
金	土	火	고목봉춘격(枯木逢春格)	吉
金	土	土	입신출세격(立身出世格)	吉
金	土	金	의외득재격(意外得財格)	吉
金	土	水	재변재난격(災變災難格)	凶

金	金	木	평생병고격 (平生病苦格)	凶
金	金	火	패가망신격 (敗家亡身格)	凶
金	金	土	대지대업격 (大志大業格)	吉
金	金	金	고독재난격 (孤獨災難格)	凶
金	金	水	발전향상격 (發展向上格)	吉

金	水	木	발전성공격(發展成功格)	吉
金	水	火	선무공덕격(善無功德格)	凶
金	水	土	불의재난격(不意災難格)	凶
金	水	金	부귀공명격(富貴功名格)	吉
金	水	水	발전평안격(發展平安格)	吉

(水 部)

水	木	木	만화방창격(萬花芳暢格)	吉
水	木	火	입신출세격(立身出世格)	吉
水	木	土	망망대해격(茫茫大海格)	凶
水	木	金	일길일흉격(一吉一凶格)	半吉
水	木	水	청풍명월격(淸風明月格)	吉

水	火	木	병난신고격(病難辛苦格)	凶
水	火	火	일엽편주격(一葉片舟格)	凶
水	火	土	선빈후곤격(先貧後困格)	凶
水	火	金	심신피로격(心身疲勞格)	凶
水	火	水	선무공덕격(善無功德格)	凶

水	土	木	풍전등화격(風前燈火格)	凶
水	土	火	낙마실족격(落馬失足格)	凶
水	土	土	강상풍파격(江上風波格)	凶
水	土	金	선고후안격(先苦後安格)	半吉
水	土	水	병난신고격(病難辛苦格)	凶

水	金	木	암야행인격(暗夜行人格)	凶
水	金	火	개화광풍격(開花狂風格)	凶
水	金	土	발전성공격(發展成功格)	吉
水	金	金	순풍순성격(順風順成格)	吉
水	金	水	어변용성격(魚變龍成格)	吉

水	水	木	만경창화격(萬頃暢花格)	吉
水	水	火	고독단명격(孤獨短命格)	凶
水	水	土	백모불성격(百謀不成格)	凶
水	水	金	춘일방창격(春日芳暢格)	吉
水	水	水	평지풍파격(平地風波格)	凶

제9장. 불용문자(不用文字)

제9장
불용문자

제9장. 불용문자(不用文字)

아래 열거하는 글자들은 측자, 파자의 법칙상 함부로 쓰면 매우 흉한데 실제 오랜 세월동안 증명된 것이므로 이름에 쓰지 않는 것이 좋다. 가, 나, 다 순으로 표시하였으니 참고하기 바란다. 즉 나쁜 글자는 나쁜 운을 가져오기 쉽고, 늘 불안(不安)하고 번뇌(煩惱)가 따르게 되므로 깊이 생각해 봄이 좋겠다.

강(江)… 홀아비, 과부가 많고 화류계에 진출하게 된다.
개(介)… 부부 운이 불길하며, 홀아비나 과부가 되기 쉽다.
결(決)… 재난과 병고로 고독하고 단명하다.
경(京)… 고집이 많고 독단적이며 주위에 적(敵)이 많다.
경(卿)… 남자는 괜찮으나 여자가 쓰는 경우 이성으로 인한 고민이 많고 부부 운이 지독하게 나쁘다.
경(庚)… 부모형제의 덕이 없고 수술을 많이 하게 되며 부부 운도 나쁘다.
계(桂)… 부부 운이 좋지 않으며 항상 고독하다.
계(系)… 부부이별 수 있고 재난이 많고 고독하다.
곤(坤)… 실패와 좌절을 하게 된다.
광(鑛)… 되는 일이 없으니 매사에 실패하고 단명하다.
광(光)… 성격이 거칠고 타협을 모르며 눈이 밝지 못하다.
구(九)… 九는 공망(空亡)의 수로서 되는 일이 없고 조난(遭難)을 당하기 쉽다.

구(龜)… 단명(短命)을 암시하고 병고(病苦)에 시달린다.

국(菊), 금(琴), 금(錦)… 과부가 많고 화류계(花柳界) 여자가 많다.

국(國)… 신체부상, 매사에 실패하게 되며 관재구설수가 따른다.

귀(貴)… 가정불화가 심하다.

극(極)… 인덕이 없고 가난하게 살 팔자이다.

근(根)… 부모의 덕이 없으며 자녀 덕도 없다. 또한 신체가 허약하다.

금(今)… 주거변동과 직장변동이 많으며 부부와 자녀 운도 나쁘다.

길(吉)… 이중인격자(二重人格者)로서 성격이 모가 나고 이성관계로 인한 고통이 많다. 또한 평생 외로운 인생이다.

남(男)… 부모덕이 없고 부부 운도 불길하며 고난이 많다.

남(南)… 불행한 사람이 많고 중, 점쟁이, 무당이 많다.

대(大)… 성격이 난폭하고 불운한 사람이 많다.

덕(德)… 박복한 사람이 많고 불행하다.

도(桃)… 불길하고 불행한 사람이 많다.

돌(乭)… 의리는 있으나 사리(事理) 분별이 어렵고 고통과 고난이 많다.

동(東)… 고지식하고 실패가 많으며 좌절을 많이 하게 된다.

동(冬)… 사업이 부진하고 매사 잘 풀리지 않는다.

동(童)… 욕심이 많고 어리석은 사람이 많다.

란(蘭)… 부부와 자녀 운이 좋지 않고 단명(短命)하기 쉽다.

량(良)… 불행하고 고독한 사람이 많다.
로(魯)… 사람됨이 어리석고 주색(酒色)을 좋아한다.
료(了)… 모든 사물의 종말(終末)을 의미하므로 좋지 않다.
마(馬)… 어리석고 가난하다.
만(萬)… 고난과 고통이 많고 부부와 자녀 운도 나쁘다.
만(滿)… 중년이후에 크게 실패하는 운이며 패가망신한다.
말(末)… 부부 운이 불길하며 자녀운도 좋지 않다.
매(梅)… 과부, 무당이 되는 여자가 많다.
명(命)… 신체허약하고 부모, 형제, 자녀의 운도 불길하다.
명(明)… 여성은 남편 덕이 없고 남녀 모두 불운하다.
무(武)… 부부와 자녀 운이 대단히 나쁘다.
묵(默)… 평생 고통이 많고 신체허약하다. 말년에는 재운도 없다.
문(文)… 부부이별, 고독하고 육친의 덕이 없다.
미(美)… 팔자가 기박하고 부부이별한다.
민(敏)… 건강하지 못하고 불행하며, 단명한 사람이 많다.
법(法)… 재난이 많고 가난하며, 단명한 사람이 많다.
병(炳), 병(柄), 병(丙), 병(秉)… 신체허약하고 고난과 고통이 많으며, 불의의 재난을 잘 당한다.
보(寶)… 사업의 실패와 부부 운이 매우 나쁘다.
복(福)… 욕심이 많고 부부 운이 나쁘고 신체허약한 사람이 많다. 또한 여자인 경우 과부나 화류계 여자가 많다.
봉(峯)… 고난과 고통이 많으며 중, 무당, 점쟁이가 많다.
봉(鳳)… 자만심이 대단하고 고독하며 건강이 좋지 못하다. 여자인 경우 고독하고 과부가 많다.

부(富)… 오히려 가난해지고 욕심과 허욕이 많다.

분(分), 분(粉), 분(芬)… 부부 운이 매우 나쁘며 무당, 과부, 고독한 여자가 대단히 많다.

사(四)… 단명, 조난, 흉운 을 당하는 수가 많다.

산(山)… 평생 인생길이 험난하고 불운하며 중, 점쟁이가 많다.

삼(三)… 분쟁이 많고 분열과 이합집산(離合集散)이 많다.

상(霜)… 인정이 없고 독하며 외로운 팔자이다.

생(生)… 구사일생(九死一生)이라서 인생행로가 파란만장하게 된다.

석(錫)… 부부 운이 불길하고 재물의 낭비가 많으며 신체부상이나 수술을 많이 한다.

석(石)… 재물을 모으기가 매우 어렵고 부부 운도 불길하다.

성(星)… 단명하게 되고 매사 실패가 많다.

송(松)… 박복한 사람이 많고, 건강도 좋지 않다.

수(壽)… 오히려 단명하고 실패가 많으며 신체가 허약하다.

수(洙)… 좌절과 실패가 많고 신체허약하다.

숙(淑)… 부부 운이 불길하고 본인과 자녀의 건강이 좋지 않다.

순(順)… 남편이 쉽게 실패하고 좌절하게 된다. 부부이별 수도 있다.

승(勝)… 실패와 부부간에 파란이 많다.

시(時)… 일시적인 성공은 있다 해도 파란이 많고 기복

(起伏)이 많다.

식(植)… 부모덕 없고 신체허약하며 자식운도 매우 나쁘게 된다.

실(實)… 고독하고 매사 되는 일이 없으며 과부나 홀아비가 많다.

심(心)… 부부 운이 불길하고 신체도 허약하며 고독, 과부, 화류계 여자가 많다.

암(岩)… 일평생 불운하며 고난, 고통이 많고, 중, 박수, 점쟁이가 많다.

애(愛)… 부부 이별, 과부, 불운한 여자가 많고 특히 이성을 일찍 알며, 애정의 번뇌와 고통이 끊이지 않는다.

여(女)… 고독한 여자가 많고 과부나 화류계에 종사한다.

역(烈)… 부모덕이 없고 신체부상, 허약, 고난, 고통, 단명하기 쉽다.

연(連),연(蓮)… 부부와 자녀 운이 좋지 않으며 여자는 과부가 많다.

영(英)… 남자는 괜찮으나 특히 여자인 경우 자만심이 많고 부부 운이 불길하며 성격도 거칠은 여자가 많다.

영(泳)… 대개 부부 운이 불길하고 고난과 고통이 많다.

영(榮)… 발전이 적고, 재난이 많다.

예(禮)… 부부 운이 매우 나쁘며 여자는 고독한 팔자로서 과부가 많다.

오(五)… 주위에 적이 많고 고독하게 되며 모든 일을 스스로 해결해야 한다.

옥(玉), 임(任)… 머리는 좋으나 허약하고 부부 운이 불길하다.

옥(沃)… 신체가 허약하거나 부상을 잘 입고 혈육이 손상당하며 재물의 손실도 많다.

외(外)… 부모형제의 덕이 없고 부부 운도 대단히 불길하며 재물의 낭비가 많다.

용(龍)… 자만심이 많고 오만하며 주색을 지나치게 좋아하여 이성관계가 복잡하다.

우(雨)… 시비, 구설, 관재수가 많고 일평생 고난이 그치지 않는다.

운(雲)… 매사가 허무하며 일평생 불운하고 중, 박수, 점쟁이가 잘 된다.

운(雲)… 안정이 되지 않고 뜨내기 신세이다.

원(遠)… 인생행로가 험난하고 고달프다.

월(月)… 화류계, 고독, 과부, 무당, 부부 운이 매우 나쁜 여자가 많다.

은(銀)… 부부와 자녀, 재물, 건강 운이 지독하게 나쁘게 되며, 고난, 고통도 매우 많다.

은(殷)… 부부이별, 고독하고 육친무덕하며 건강도 좋지 않다.

이(二), 이(伊)… 부모덕이 없고 고난이 많으며, 부부 운도 매우 나쁘고 신체도 허약하다.

인(仁)… 건강하지 못하고 질병에 시달린다.

일(日)… 부모를 극하고 부부 운이 불길하며 주위에 적이 많다.

자(子)… 신체 허약하고 부부 운이 나쁘고 자녀가 불행해진다.

장(長)… 허영과 낭비가 많고, 단명을 유도한다.

재(載), 재(栽), 재(哉), 재(裁)… 신체허약하고 고난, 고통이 많고 특히 이사와 직장변경을 많이 하게 된다.

재(在)… 부부 운이 나쁘며 신체허약하고 관재구설수가 잘 생기며 단명하게 유도한다.

재(宰)… 신체 허약하고 부상, 수술, 구설, 관재구설수가 많다.

점(點)… 부모덕이 없고 신체허약하며 부부 운도 불길하고 고난, 고통이 많다.

점(占)… 부부와 자녀 운이 나쁘며 과부나 점쟁이가 많다.

주(柱)… 부부이별, 고독, 육친무덕하다.

주(珠)… 신체허약하고 부부 운이 매우 나쁘며 애정의 번뇌가 많다.

중(仲)… 중도에 좌절과 실패가 많고 특히 시비, 구설, 관재수가 많다.

진(進)… 고난과 고통이 많고, 발전이 없다.

진(鎭)… 부모덕이 없고 중년에 큰 재난을 당하는 수가 매우 많다.

진(珍)… 부부이별, 고독, 부모형제 덕이 없다.

진(眞)… 재난이 많고, 불행하며 고독하다.

창(昌)… 고달프고 실패가 많지만 문학, 언론, 법조계에 진출하게 된다.

　천(川)… 고독하고 가난하다.

　천(天)… 부모덕이 없고 천박하며 첩을 두거나 재혼하는 사람이 많다.

　철(鐵)… 불행하고 단명하다.

　춘(春), 추(秋)… 주색을 좋아하고 화류계 여자가 매우 많으며 특히 남녀가 초혼(初婚)으로 끝나는 경우가 매우 드물다.

　칠(七)… 의지가 강하고 박력은 있으나 관재와 구설수가 많다.

　태(兌)… 큰 재난을 당하는 수가 많으며 하루아침에 공든 탑이 무너진다.

　팔(八)… 인내력은 있으나 고통이 너무 많이 따른다.

　평(平)… 건강하지 못하고, 조난을 당한다.

　풍(豊)… 부부이별, 고독, 육친무덕하다.

　하(夏)… 주색을 좋아하고 화류계 여자가 많으며 특히 다리 불구자가 많다.

　학(鶴)… 짝이 없고 외롭게 살아가는 인생이며 부부이별 또는 사별한다.

　해(海)… 인생행로가 파란만장하고 부부와 자녀 운이 굉장히 나쁘다.

　행(幸)… 인생행로가 고달프고 모든 것이 수포로 돌아간다.

　향(香), 홍(紅), 희(熹), 희(嬉), 희(僖)… 부부 운이 최고로 나쁘며 과부나 화류계 여자가 된다.

　호(鎬)… 냄비란 뜻으로 인품이 천박하게 되거나 재물을 모으기가 힘들다.

　호(好)… 비관을 잘 하고 재난이 많다.

　호(虎)… 자만심이 대단하고 천방지축이며, 단명함을 뜻한다.

　화(華)… 부부 운이 나쁘고 여자는 화류계 여자가 많다.

　화(花)… 부부와 자녀 운이 대단히 나쁘고 고독, 과부, 무당, 화류계 여자가 많다.

　훈(勳)… 매사가 뜻대로 되는 일이 거의 없고 괴로움이 많다.

　휘(輝)… 변화가 많고, 성격이 강렬하며, 불행하다.

　희(熙)… 남자는 괜찮으나, 여자일 경우는 과부가 대단히 많고 부부와 자녀 운이 대단히 불길하다.

　희(姬)… 남편대신 스스로 벌어 먹고 산다.

　다음에 열거하는 글자들은 장남(長男)이나 장녀(長女)만 쓸 수 있고 차남(次男)이나 차녀(次女) 이하는 절대 쓰지 않아야 한다. 왜냐하면 하극상(下剋上)의 원리가 적용되어 형이나 언니가 일찍 죽게 되거나 고난과 실패가 많으며, 본인이 장남, 장녀 노릇을 하게 된다.

　일(一), 갑(甲), 백(伯), 맹(孟), 곤(昆), 원(元), 종(宗), 선(先), 윤(胤), 대(大), 태(泰), 홍(弘), 덕(德), 석(碩), 석(奭), 보(甫)는 모두 첫째, 맏이, 으뜸, 크다는 뜻이기 때문에 장남(長男)이나 장녀(長女)만 써야한다.

제10장
생왕정국표
찾는 법

제10장. 생왕정국표(生旺定局表) 찾는 법

1. 먼저, 제14장의 역리대상(易理大象)에서 본인의 성수(姓數)에 해당하는 란(欄)을 찾는다. 가령 朴씨 성(姓)이라면 6획 란(欄)을 찾고, 李씨 성(姓)은 7획 란(欄)을 찾아야 한다. 그리고 해당 란(欄)의 성수(姓數)밑에 있는 이름의 합수(合數)와 성(姓)과 이름의 총수(總數)가 자기의 성명(姓名)에 해당하는지를 확인한다.

2. 다음에는 육효(六爻) 중에서 세(世)에 해당하는 지지(地支)가 무엇인지 찾는다. 세(世)는 본인에 해당하고, 응(應)은 상대방을 뜻한다. 세(世)는 본인에 해당하므로 중요하다. 가령 세(世)가 묘(卯)라면 제13장에 있는 생왕정국표(生旺定局表)의 세(世)란에서 묘(卯)를 찾는다.

3. 세왕정국표(世旺定局表)에서 묘(卯)를 찾은 뒤, 묘(卯) 줄의 아래로 내려가면서 자기의 띠(年支)가 합격(合格)에 해당하는지, 혹은 불합격(不合格)인지 혹은 약운(弱運)인지를 대조한다.
　만일 합격(合格)에 해당하면 좋은 이름이고, 불합격(不合格)이면 이름에 쓰면 안 된다. 그리고 약운(弱運)에 해당하면 좀 불리(不利)하나 써도 무방하다. 비록 불합격에 해당

할지라도 해설(解說)이 좋으면 쓸 수 있다.

4. 가령 성(姓)이 박(朴)씨라면 6획이 되는데, 만일 이름의 합(合)이 18획이면, 성(姓) 6획과 이름의 18획을 합치면 총 24획이 된다. 이것을 역리대상(易理大象)에서 찾아보면 세(世)가 묘(卯)라는 것을 쉽게 알 수 있다. 여기에 해당하는 대의(大意)를 읽어 보면 명예(名譽), 고귀(高貴), 존영(尊榮), 성공(成功), 발전(發展), 명리(名利), 희망(希望)이라고 적혀 있을 것이다. 다시 말하면 6획인 박(朴)씨는 이름의 합(合)이 18획, 성(姓)과 이름의 합(合)이 24획인 경우 좋은 수리(數理)임을 알 수 있다.

5. 작명(作名)할 때나 개명(改名)할 때에는 생왕정국표(生旺定局表)에서 합격(合格)인지, 불합격(不合格)인지 혹은 약운(弱運)인지를 반드시 가려야 한다. 또한 역리대상(易理大象)의 해설(解說)을 잘 읽어 보아야 한다.

生旺定局表 (생왕정국표)

	甲	乙	丙	丁	戊	己	庚	辛	壬	癸
世	寅	卯	午	巳	辰戌	丑未	申	酉	子	亥
合格 (浴은 弱運)	亥	午	寅	酉	寅	酉	巳	子	申	卯
	子	巳	卯	申	卯	申	午	亥	酉	寅
	丑	辰	辰	未	辰	未	未	戌	戌	丑
	寅	卯	巳	午	巳	午	申	酉	亥	子
	卯	寅	午	巳	午	巳	酉	申	子	亥
不合格	辰	丑	未	辰	未	辰	戌	未	丑	戌
	巳	子	申	卯	申	卯	亥	午	寅	酉
	午	亥	酉	寅	酉	寅	子	巳	卯	申
	未	戌	戌	丑	戌	丑	丑	辰	辰	未
弱運	申	酉	亥	子	亥	子	寅	卯	巳	午
	酉	申	子	亥	子	亥	卯	寅	午	巳
	戌	未	丑	戌	丑	戌	辰	丑	未	辰

生旺定局表 (생왕정구표)

運格	大意					
長生	福壽	福壽	建康	成功	發展	幸福	揚名
沐浴	敗惑	流轉	移動	迷惑	破緣	陰亂	失敗
冠帶	名譽	高貴	尊榮	成功	發展	名利	希望
臨官建祿	豊盛	溫順	高尚	名聲	財祿	豊裕	貴人
帝旺	權威	旺盛	大盛	領首	英名	尊貴	名望
衰	老退	溫柔	淸淡	薄弱	破緣	衰退	遂落
病	虛弱	過勞	受苦	病弱	篤實	無力	無力
死	停止	辛苦	挫折	病厄	離別	敗北	不運
墓	暗昧	離鄕	辛苦	移動	失敗	孤寂	不明
絶	破散	浮沈	離別	破家	亡身	變轉	無常
胎	新規	變動	溫建	硏究	發明	更新	晚成
養	發伸	六親	分離	離鄕	辛苦	先困	後達

제11장. 역리대상(易理大象) 보는 법

제11장
역리대상
보는 법

제11장. 역리대상(易理大象) 보는 법

1. 역리대상(易理大象)에는 합격자(合格者)와 불합격자(不合格者)로 구분해서 해설(解說)하고 있다. 이름의 수리오행(數理五行)과 음령오행(音靈五行)이 좋으면 합격자(合格者)란을 읽고, 수리오행(數理五行)과 음령오행(音靈五行)이 좋지 않으면 불합격(不合格)란을 읽으면 된다.

2. 불합격자(不合格者)일지라도 해설(解說)을 읽어 보면 이름에 써도 무방(無妨)한 경우가 있으므로 잘 살펴보아야 한다.

3. 요결란(要訣欄)도 중요하므로 참고하기 바란다. 박정희(朴正熙) 전 대통령의 이름을 예로 들어보자. 성(姓)인 朴은 6획이고, 이름의 상자(上字)인 正은 5획, 하자(下字)인 熙는 13획이므로 이름의 합수(合數)는 18이 되고, 성수(姓數) 6과 이름의 합(合) 18을 합치면 총 24가 된다.
해당란을 찾아보면 이타자리격(利他自利格)이라고 써 있을 것이다.

요결란(要訣欄)에 보면 "손화위관(孫化爲官)하니 원유고목(園有枯木)하고 야초남적(夜招南賊)하리라" 하고 써 있다. 이것을 풀이해 보면 손효(孫爻)에 관귀(官鬼)가 발동(發動)하니 밤에 초대(招待)되어 남쪽의 적(賊)에게 피살(被殺)된다는 것을 암시(暗示)하고 있다. 이 얼마나 무서운 예고(豫告)란 말인가? 이름의 영동력(靈動力)이 이렇게 정확하다는 것을 실감하게 한다.

또 해설란(解說欄)을 읽어 보면 대귀지인(大貴之人)이요 대도정사(大道正士)로서 법도(法度)와 풍속(風俗)을 능히 바꿀 수 있는 대인(大人)이라 했다. 일국(一國)의 대통령(大統領)으로 예정된 이름이라 아니 할 수 없다

또 자유당(自由黨) 말기에 국회의장(國會議長)이었던 이기붕(李起鵬)씨는 부통령(副統領)에 당선되었으나 부정선거(不正選擧)로 인한 4. 19혁명으로 뜻을 이루지 못하고 가족 네 사람 모두 함께 자살(自殺)하였다. 이 사건으로 인하여 당시 이승만(李承晩)대통령은 결국 하야(下野)하게 되고 하와이로 망명(亡命)하였다.

주인공인 이기붕(李起鵬)씨는 성(姓)인 李는 7획이고, 起는 10획, 鵬은 19획으로 사격(四格)중 이격(利格)과 정격(貞格)의 수리(數理)가 좋지 않다. 역리대상(易理大象)에는 합격자(合格者), 불합격자(不合格者)로 구분되는데 이기붕(李起鵬)이란 이름은 불합격자(不合格者)에 해당하므로 해설을 읽어보면 "처(妻)가 방자(放恣)하여 권세(權勢)를 잡겠

다고 하다가 도리어 치욕(恥辱)을 당하게 되고, 일시영화(一時榮華)라도 종필패가(終必敗家)한다고 기술하고 있다. 한때 영화롭게 살다가도 마지막에는 반드시 패가(敗家)하리라"고 예고하고 있다.

그리고 간혹 신문기사(新聞記事)를 보면 많은 사람을 죽인 기사(記事)가 심심찮게 나오는데 필자가 궁금해서 역리대상(易理大象)에서 찾아보면 흉악범(凶惡犯)이라고 써 있는 것을 보고 스스로 놀라곤 한다. 필자는 모 신문사에 "사람은 누구나 이름대로 산다. 부르는 이름이 그 사람의 운명을 좌우한다." 라는 기사를 쓴 적이 있다. 그 동안 많은 사람들의 이름을 감정해 본 결과 사람은 이름대로 산다는 것을 확인할 수 있었다.

그러므로 이름에 대해서 한번 쯤 깊이 생각해 봄이 좋겠다. 흉(凶)한 이름은 나쁜 운을 가져오기 쉽고 늘 악담과 비방을 듣는 것과도 같다. 일반인들은 작명(作名)에 대한 지식이 없다고 하더라도 소위 전문가라는 분들이 함부로 작명(作名)하고 개명(改名)하는 것을 보고 안타까운 심정을 금할 수 없다.

요는 누가 이름을 짓느냐가 중요하다. 옛말에 "장님에게 길을 묻지 말고 길을 아는 사람에게 길을 물어라"는 말이 있다. 한번 쯤 음미(吟味)해 볼만한 말이다.

제12장. 작명법(作名法)의 순서(順序)

제12장
작명법의 순서

제12장. 작명법(作名法)의 순서(順序)

1. 수리(數理)의 선택

한글과 영어는 표상문자(表象文字)이므로 한 자, 한 자의 뜻이 없지만, 한자(漢字)는 표의문자(表意文字)로서 글자 한 자, 한 자의 뜻이 내포(內包)되어 있다.

그러므로 한글 이름은 음(音)이 좋고 부르기 좋으면 되지만, 한자(漢字)이름은 글자의 뜻이 좋아야 하고 남이 들었을 때 거부감이 없어야 한다.

또한 이름에 쓸 수 있는 글자라 하더라도 수리(數理)에 맞추어야 하고 원형리정(元亨利貞)의 사격(四格)에 맞추어야 한다. 수리(數理)는 1획에서 81획까지 있는데 그 중에는 길수(吉數)와 흉수(凶數)가 있다.

따라서 사격(四格)에 맞는 글자를 선택하려면 쉬운 일이 아니다. 성수(姓數)에 맞는 이름의 획수(劃數)를 골라 쓰기란 쉬운 일이 아니므로 아예 성수(姓數)별로 이름의 상자수(上字數)와 하자수(下字數)를 정리하여 쓰기에 편하도록 하였다.

예를 들면 7획에 해당하는 성(姓)은 李, 吳, 呂, 辛, 宋, 池, 成, 余, 車, 延 등이 있는데 한 가지만 예를 들면 성(姓) 7획과, 이름의 상자(上字) 9획, 이름의 하자(下字) 16획의 획수는 수리(數理)상으로나 오행(五行)상으로 알맞은 길수(吉數)이다.

이름의 상자(上字) 9획에 해당하는 글자를 여러 개 뽑아 놓고, 다음에는 이름의 하자(下字) 16획에 해당하는 글자를 골라 놓고 나서 위 글자와 아래의 글자를 서로 연결해서 발음(發音)과 오행(五行)에 맞추어 보고 적당하다고 판단되는 글자를 선택하면 된다. 가령 성(姓)이 李씨라면 음령오행(音靈五行)상 土가 되므로 土 오행(五行)과 상생(相生)하는 오행은 火, 土, 金이므로 9획 글자 중에서 火 오행에 해당하는 글자를 뽑아 보면 南, 柳, 亮, 玲, 度, 泰 등이 있고, 土 오행에 해당하는 글자는 兪, 禹, 垠, 映, 昱, 勇, 玩, 姬, 河, 炯, 炫, 泫, 등이 있다. 그리고 金 오행에 속하는 글자는 信, 宣, 相, 性, 沼, 俊, 姝, 貞, 政, 祉, 昭, 治, 昶, 省 등이 있다.
그 다음에 16획 글자를 뽑아야 하는데 역시 오행(五行)에 맞춰야 하므로 이름 상자(上字)와 상생(相生)하는 오행(五行)의 글자를 뽑아야 한다.
木 오행에 해당하는 16획 글자는 潔, 曌, 瑾 등이 있고 火 오행에 해당하는 16획 글자는 龍, 錄, 潾, 燉, 道 등이 있다. 土 오행에 해당하는 16획 글자는 燕, 燁, 潤, 運, 學, 衡, 憲, 澔, 憙 등이 있고 金 오행에 해당하는 16획 글자를 나열

하면 錫, 樹, 陳, 靜, 澈 등이 있으며 마지막으로 水 오행에 해당하는 16획 글자는 潽, 穆, 儐 등이 있다.

이것을 오행(五行)별로 구분해서 종이 위에 써 놓는다. 다음에는 성(姓)과 이름의 상하자(上下字)를 이리 저리 맞추어 마음에 드는 글자와 연결시킨다.

예를 들면 남자인 경우 이도엽(李度燁)으로 하고, 여자인 경우 이신형(李信衡) 등으로 하면 수리오행(數理五行)에도 맞고, 음령오행(音靈五行)에도 맞는다. 왜냐하면 이도엽(李度燁)은 음령오행(音靈五行)상 이(李)는 土, 도(度)는 火, 엽(燁)은 土가 되므로 土火土는 상생관계이므로 좋은 배치가 되어 합격(合格)이다. 이와 같은 요령으로 작명(作名) 혹은 개명(改名)하면 된다. (ㅇㅎ은 土, ㄴㄷㄹㅌ은 火)

이름은 수리오행(數理五行)이나 음령오행(音靈五行)이나 간에 반드시 오행(五行)이 상생(相生)되어야 하고 상극(相剋)이 되면 불합격(不合格)이 된다. 상생(相生)은 木生火, 火生土, 土生金, 金生水, 水生木을 말한다.

상극(相剋)은 木剋土, 土剋水, 水剋火, 火剋金, 金剋木 등을 말한다. 다시 말하면 木은 火를 生하고, 水의 生을 받고, 木과 木은 비화(比和)로써 상생(相生)의 관계이다. 그러나 金은 木을 剋하고, 木은 土를 剋하므로 이름에 쓸 수 없다. 극(剋)이란 이길 극(剋)으로 金은 木을 이긴다는 뜻이 된다.

그러므로 오행(五行)은 반드시 상생(相生)관계를 이루어야 좋은 배치가 되는데 성(姓)자가 아래로 내려가며 생(生)하거나, 아래 글자가 위의 성(姓)자를 생(生)하면 되고, 또 이름의 상자(上字)가 이름의 아래 글자(下字)를 생(生)하거나, 이름의 하자(下字)가 이름의 상자(上字)를 생(生)하면 좋은 배치가 된다.

2. 작명법(作名法)의 실습(實習)

성(姓) 이(李)씨라면 7획이 되므로 본서 제12장 1. 수리(數理)의 선택 란에서 좋은 수리(數理)를 찾는다.

姓數 7획, 이름의 上字 9획, 이름의 下字 16획을 선택한 경우의 작명법을 예를 들면 다음과 같다

	(土)	李	(7획)
(金)	(土)	(火)	(9획)
信	禹	南	
相	映	度	
性	玩	泰	
俊	炫		

(水)	(金)	(土)	(火)	(木)	(16획)
穆	樹	燁	燉	暻	
謨	陳	曄	道	瑾	
儐		運	錄		
		憲			
		衡			

찬명(撰名)의 예:

音靈五行   (數理)   (數理五行)

3. 사주(四柱)의 오행분석(五行分析)

이름이나 상호를 지을 때는 반드시 주인공의 四柱에 맞추어 지어야 한다.

타고 난 四柱는 평생 바뀌지 않으므로 선천운(先天運)이라 하고, 이름은 태어난 뒤에 짓는 것 이므로 후천운(後天運)이라 한다.

이름은 듣기 좋고, 부르기만 좋아도 안 되고, 四柱에 필요한 五行을 이름에 넣어 줌으로서 四柱의 결함(缺陷)을 보완(補完)하게 되어 비로소 건강하고 성공하는 좋은 이름이 된다.
　그러나 시중(市中)에 나와 있는 대개의 작명(作名) 책들이 오직 수리(數理)와 五行에만 치중(置重)하고 있으며 타고난 四柱를 무시하고 있다.
　주인공의 타고난 사주를 무시하고 작명하거나 상호를 짓는다는 것은 오히려 이름 때문에 재앙을 불러들이는 것이 되므로 신중하게 고려하여야 한다.
　만약 사주 내에 火氣가 많아 조열한 사주인데 이름에 다시 火氣를 넣어 작명하게 된다면 그 주인공은 건강할 수 없고 심지어 단명하게 되며, 상상할 수 없는 피해와 재난이 뒤따르게 된다.
　사주구성을 보면 신강사주(身强四柱)가 있고, 신약사주(身弱四柱)가 있다.
　신강사주는 四柱의 주인공인 일간(日干)이 강왕(强旺)한 사주를 말하고, 신약사주는 日干이 허약한 사주를 말한다.
　四柱는 신강사주이어야 합격이 되고, 능히 사회활동을 할 수 있는 능력자로 본다. 그러므로 이름이나 상호를 지을 때는 반드시 四柱가 신강한지, 신약한지를 먼저 분석하여야 한다.
　따라서 日干이 강하면 日干의 기운을 억제(抑制)하는 五行을 이름에 넣어야하고, 반대로 日干이 허약(虛弱)하면 日干을 생부(生扶)하는 五行을 이름에 넣어야 한다.

즉 日干의 궁극적인 목표는 五行의 중화(中和)를 도모하고, 수평(水平)을 유지하려는 노력이다.

태어난 四柱는 평생 불변이므로 四柱에 꼭 필요한 五行을 이름에 넣어 줌으로써 이름의 덕을 보는 것이다. 필자는 사주를 50%, 이름을 50%로 본다.

그 만큼 이름의 영향력이 크다는 뜻이다. 그래서 사람은 이름대로 산다고 주장하는 것이다.

四柱는 숙명(宿命)이므로 싫다고 해서 인위적(人爲的)으로 변경할 수 없지만, 이름은 자기의 소망대로 지을 수가 있다.

다음에 사주구성(四柱構成)을 五行에 대입(代入)시켜 신강사주와 신약사주를 분석하기로 한다.

먼저 十天干과 十二地支를 五行에 배속(配屬)하면 다음과 같다.

十天干……甲 乙 丙 丁 戊 己 庚 辛 壬 癸
五 行……木 木 火 火 土 土 金 金 水 水

十二地支…子 丑 寅 卯 辰 巳 午 未 申 酉 戌 亥
五   行…水 土 木 木 土 火 火 土 金 金 土 水

사주분석(四柱分析)의 예:

(예 1) 2014년 음력 8월 20일 오후 2시 12분생 (男命)

丁	丁	癸	甲
未	亥	酉	午
火	火	水	木
土	水	金	火

1. 日干이 丁火인데 酉月, 가을철에 태어나 실령(失令)하고, 또한 日支에 亥水가 있으며 月干에도 癸水가 투출(透出)하여 身弱四柱이다. 日干이 丙이나 丁日이면 巳午未 火旺節에 태어나야 득령(得令)하게 되고 득기(得氣)하게 된다.

이 四柱는 日干을 극제(剋制)하는 金氣와 水氣가 많아 身弱하므로 日干을 生助하는 火氣와 木氣를 喜神으로 삼아 이름이나 상호에 넣어야 한다.

2. 月支는 계절을 의미하므로 어머니로부터 태어날 때 어느 계절에 태어났는가를 주목해야 한다. 月支는 30%의 강력한 기운을 가지고 있다.

따라서 日干이 月支에 得令했는가 혹은 失令했는가를 면밀히 살펴 身强, 身弱을 판단하는 기준으로 삼아야 한다.

그러나 月支에서 得令하였다고 모두 신강사주가 되는 것이 아니다. 비록 月支에서 得令하여도 四柱에 日干을 극제

(剋制)하는 五行이 많으면 신약사주가 될 수 있기 때문이다.

3. 甲木, 乙木 日干은 木旺節인 寅卯辰月, 춘절(春節)에 생하여야 좋고, 丙火, 丁火 日干은 巳午未 火旺節이 좋으며, 庚金, 辛金 日干은 申酉戌, 金旺節이 得氣하여 좋고, 壬水, 癸水 日干은 亥子丑, 水旺節에 태어나야 日干이 得氣하여 强旺해진다.

그 이유는 나무(木)가 봄철에 싹이 돋아나고 가지가 뻗어 나가며, 여름철에는 갈증을 느껴 水分이 있어야 생존하고, 가을철에는 낙엽이 떨어지는 계절이라 불리하고, 겨울철에는 앙상한 가지만 남게 되므로 초라하게 된다.

따라서 木日干은 寅卯辰月의 봄철에 태어나야 建祿, 帝旺 地가 되어 30%의 기운을 얻게 되는 것이다

4. 이 四柱의 주인공이 이름을 짓거나, 상호를 지을 때에는 반드시 火氣와 木氣를 넣어줌으로써 사주의 결함을 보완하게 된다.

5. 작명의 예 : 아래의 이름에는 火氣를 넣기 위해 빛날 엽(燁)자와 밝을 준(晙)자를 넣어 작명한 것이다.

이름은 수리(數理)에도 맞추어야 하는데 吳씨는 7획 姓이므로 성수(姓數)에 맞는 수리(數理)를 택하여야 함은 물론이다.　　　　　(제12장 1. 수리의 선택 참조)

(土) 吳 오 (7)　　　(土) 吳 오 (7)
(金) 俊 준 (9)　　　(金) 㕛 준 (11)
(土) 燁 엽 (16)　　　(金) 瑞 서 (14)

예 2. 1961년 음력 11월 25일 오전6시 30분생(女命)

丁　己　庚　辛
卯　亥　子　丑
火　土　金　金
木　水　水　土

 1. 己日干이 子月, 한냉절(寒冷節)에 생하여 失令하고, 地支에 亥子丑 三合水局을 이루었으며, 天干에 庚辛金이 투간(透干)하여 地支에 있는 旺水를 더욱 생조(生助)하고 있으므로 身太弱四柱이다.

 2. 戊土, 己土日干은 반드시 여름철에 태어나야 生氣를 얻게 되는데 추운계절에는 土가 꽁꽁 얼어붙어 있기 때문에 身强, 身弱을 불문하고 火氣가 시급하다. 따라서 이름을 짓거나 상호를 지을 때는 子月生이므로 火氣와 四柱 내에 水氣가 많아 표류(漂流)하게 되므로 土氣로서 제방(堤防)을 쌓아야 한다.

3. 원래 土氣는 水火가 공존(共存)해야 生土가 되는데 만약 水氣만 있고, 火氣가 없으면 死土가 되고, 반대로 火氣는 있는데 水氣가 없으면 역시 死土로서 土氣의 성능(性能)을 발휘할 수 없다.

4. 작명의 예: 우선 시급한 것이 火氣이므로 火氣와 四柱 내에 水氣가 많으므로 土氣를 넣어 작명하여야 한다.

(水) 朴 박 (6)　　(水) 朴 박 (6)
(金) 叙 서 (9)　　(金) 祉 지 (9)
(土) ㉠映 영 (9)　　(土) ㉠炫 현 (9)

예 3. 1966년 음력 4월 3일 오후 4시 14분생 (女命)

丙　辛　癸　丙
申　巳　巳　午
火　金　水　火
金　火　火　火

1. 辛金 日干이 巳月, 火旺節에 생하여 失令하였는데 地支에도 火氣가 성다(盛多)하고, 天干에 丙火가 2개 투출하여 身弱四柱이다.

辛日干이 火多하므로 종격(從格)으로 보기 쉬우나, 辛日干이 時支에 있는 申金에 뿌리를 내리고 있으므로 종격이 되지 않는다.

2. 火氣가 많아 身弱하므로 水氣로서 火氣를 억제(抑制)하여야 한다. 따라서 本命의 이름에는 반드시 水氣와 水氣를 생하는 金氣를 넣어 주어야 한다.

3. 작명의 예:

(木) 金 김   (8)   (木) 金 김   (8)
(火) 度 도   (9)   (水) 玟 민   (9)
(土) 沈 연   (8)   (金) 周 주   (7)

4. 김도연(金度沈)의 경우 연(沈)이 <u>물 흐를 연</u>자이므로 이름자체에 물이 들어가 있으나, 김민주(金玟周)의 경우 글자에 물이 없어도 ㅁ, ㅂ, ㅍ은 음령오행(音靈五行)상 水가 되므로 좋고, 또한 ㅅ, ㅈ, ㅊ은 음령오행(音靈五行)상 金이 되므로 역시 좋다.

제13장. 각성의 길격수리

제13장
각성의
길격수리

(1) 2획 성(姓)의 길격 수리

(丁,卜,乃)

數	理		五	行		備 考
2	9	14	火	木	火	여자 불리
2	19	4	火	木	火	여자 불리
2	4	11	火	土	土	
2	9	4	火	木	火	
2	14	9	火	土	火	여자 불리
2	4	9	火	土	火	
2	14	19	火	土	火	여자 불리
2	19	14	火	木	火	여자 불리
2	3	13	火	土	土	
2	13	22	火	土	土	
2	14	21	火	土	土	여자 불리
2	11	5	火	火	土	
2	9	6	火	木	土	

(2) 3획 성(姓)의 길격 수리

(千,弓,大,凡,于,干,子)

數	理		五	行		備 考
3	10	22	火	火	木	
3	18	14	火	木	木	여자 불리
3	20	12	火	火	木	여자 불리
3	12	26	火	土	金	
3	20	15	火	火	土	여자 불리
3	3	12	火	土	土	
3	8	5	火	木	火	

	數　　理		五　　行			備　　考
3	21	14	火	火	土	
3	13	22	火	土	土	
3	8	21	火	木	水	
3	8	13	火	木	木	여자 불리
3	2	13	火	土	土	

(3) 4획 성(姓)의 길격 수리

(尹,文,元,卞,方,王,孔,毛,片,水,公,天,太,化,夫)

數　　理			五　　行			備　　考
4	9	2	土	火	木	
4	9	12	土	火	木	여자 불리
4	19	12	土	火	木	여자 불리
4	19	14	土	火	火	여자 불리
4	1	12	土	土	火	
4	21	27	土	土	金	
4	3	14	土	金	金	여자 불리
4	4	13	土	金	金	여자 불리
4	9	4	土	火	火	
4	20	21	土	火	木	
4	20	13	土	火	火	여자 불리
4	12	21	土	土	火	여자 불리
4	14	11	土	金	土	
4	13	12	土	金	土	
4	14	21	土	金	土	

(4) 5획 성(姓)의 길격 수리

(白,田,石,申,史,皮,玉,丘,甘,左,玄,占,平,永,乙支)

數	理		五	行		備 考
5	2	6	土	金	金	
5	12	6	土	金	金	여자 불리
5	8	8	土	火	土	여자 불리
5	10	3	土	土	火	
5	8	16	土	火	火	여자 불리
5	20	13	土	土	火	여자 불리
5	13	3	土	金	土	여자 불리
5	8	24	土	火	木	
5	8	3	土	火	木	
5	11	2	土	土	火	
5	1	12	土	土	火	여자 불리
5	10	8	土	土	金	여자 불리
5	20	27	土	土	金	
5	12	12	土	金	火	상극으로 불리
5	18	6	土	火	火	여자 불리

(5) 6획 성(姓)의 길격 수리

(朴,安,全,朱,吉,印,任,牟,先,米,西)

數	理		五	行		備 考
6	10	7	金	土	金	여자 불리
6	9	9	金	土	金	
6	10	5	金	土	土	여자 불리
6	12	23	金	金	土	

數	理		五	行		備 考
6	10	25	金	土	土	
6	9	26	金	土	土	
6	11	18	金	金	水	
6	12	17	金	金	水	여자 불리
6	10	15	金	土	土	여자 불리
6	10	23	金	土	火	여자 불리
6	23	9	金	水	木	

(6) 7획 성(姓)의 길격 수리

(李,吳,呂,辛,宋,池,成,余,車,汝,杜,延,君,何)

數	理		五	行		備 考
7	9	16	金	土	土	여자 불리
7	10	6	金	金	土	여자 불리
7	22	10	金	水	金	
7	8	9	金	土	金	
7	11	14	金	金	土	여자 불리
7	22	9	金	水	木	
7	22	16	金	水	金	여자 불리
7	8	8	金	土	土	여자 불리
7	8	10	金	土	金	
7	8	17	金	土	土	
7	8	16	金	土	火	여자 불리
7	9	8	金	土	金	
7	18	6	金	土	火	

(7) 8획 성(姓)의 길격 수리

(金, 林, 具, 沈, 卓, 昔, 周, 孟,
奇, 明, 昇, 舍, 承, 昌, 奉, 宗, 房, 尙, 奈)

數		理	五		行	備	考
8	10	15	水	金	土	여자 불리	
8	10	5	水	金	土	여자 불리	
8	10	7	水	金	金		
8	9	16	水	金	土	여자 불리	
8	23	8	水	木	木		
8	13	10	水	木	火	여자 불리	
8	3	21	水	木	火		
8	23	10	水	木	火	여자 불리	
8	13	8	水	木	木	여자 불리	
8	3	10	水	木	火	여자 불리	
8	21	16	水	水	金		
8	9	7	水	金	土		
8	9	8	水	金	金		
8	13	16	水	木	水	여자 불리	

(8) 9획 성(姓)의 길격 수리

(姜, 柳, 秋, 河, 表, 兪, 南, 咸, 禹, 宣, 星)

數		理	五		行	備	考
9	12	20	水	木	木	여자 불리	
9	20	12	水	水	木	여자 불리	
9	12	12	水	木	火	여자 불리	
9	8	8	水	金	土		

9	8	7	水	金	土	
9	9	6	水	金	土	
9	9	20	水	金	水	

(9) 10획 성(姓)의 길격 수리

(洪,徐,高,孫,秦,馬,殷,桂,
曺,晋,夏,花,唐,原,剛,芮,宮)

數	理		五	行		備 考
10	19	19	木	水	金	
10	13	8	木	火	木	여자 불리
10	14	7	木	火	木	여자 불리
10	14	21	木	火	土	
10	13	22	木	火	土	여자 불리
10	3	8	木	火	木	
10	3	22	木	火	土	
10	14	11	木	火	土	여자 불리
10	7	8	木	金	土	상극이라 불리
10	23	8	木	火	木	여자 불리
10	14	1	木	火	土	

(10) 11획 성(姓)의 길격 수리

(崔,麻,彬,張,胡,國,梁,班,章,
許,扈,梅,康,范,邦,魚,海,曹)

數 理	五 行	備 考
11 10 14	木 木 火	여자 불리
11 12 12	木 火 火	여자 불리
11 20 21	木 木 木	입신출세격
11 2 4	木 火 土	
11 20 4	木 木 火	

(11) 12획 성(姓)의 길격 수리

(黃,程,邵,閔,智,曾,彭,馮,壹,雁,弼,庾,景,東方)

數 理	五 行	備 考
12 9 12	火 木 木	여자 불리
12 12 9	火 火 木	여자 불리
12 19 4	火 木 火	여자 불리
12 20 3	火 木 火	여자 불리
12 20 13	火 木 火	여자 불리
12 12 23	火 火 土	
12 9 4	火 木 火	여자 불리
12 4 9	火 土 火	여자 불리
12 12 13	火 火 土	
12 4 19	火 土 火	여자 불리
12 3 20	火 土 火	여자 불리

數理			五行			備考
12	13	12	火	土	土	
12	4	13	火	土	金	여자 불리
12	9	20	火	木	水	여자 불리

(12) 13획 성(姓)의 길격 수리

(楊,琴,楚,廉,莊,湯,阿,溫,司公)

數理			五行			備考
13	8	16	火	木	火	여자 불리
13	12	4	火	土	土	
13	2	3	火	土	土	
13	3	2	火	土	土	
13	10	22	火	木	火	여자 불리
13	20	12	火	火	木	여자 불리
13	2	16	火	土	金	
13	12	12	火	土	火	

(13) 14획 성(姓)의 길격 수리

(趙,愼,齊,裵,鳳,連,西門,公孫)

數理			五行			備考
14	10	15	土	火	土	
14	4	11	土	金	土	
14	10	21	土	火	木	
14	10	11	土	火	木	여자 불리
14	9	2	土	火	木	여자 불리
14	10	1	土	火	木	여자 불리

數	理		五	行		備 考
14	3	15	土	金	金	
14	21	3	土	土	火	
14	21	17	土	金	金	
14	19	4	土	火	火	여자 불리
14	9	15	土	火	火	여자 불리
14	10	23	土	火	火	여자 불리
14	1	17	土	土	金	여자 불리
14	23	15	土	金	金	

(14) 15획 성(姓)의 길격 수리

(劉,魯,萬,郭,葛,僕,慶,董,葉)

數	理		五	行		備 考
15	8	24	土	火	木	여자 불리
15	9	14	土	火	火	여자 불리
15	18	14	土	火	木	여자 불리
15	20	17	土	土	金	
15	10	14	土	土	火	
15	2	14	土	金	土	여자 불리
15	3	14	土	金	金	
15	20	3	土	土	火	여자 불리
15	23	14	土	金	金	
15	8	8	土	火	土	여자 불리
15	8	16	土	火	火	여자 불리
15	10	23	土	土	火	여자 불리

(15) 16획 성(姓)의 길격 수리

(陳,潘,陸,盧,錢,陶,都,龍,道,諸,皇甫)

數 理			五 行			備 考
16	9	7	金	土	土	여자 불리
16	9	8	金	土	金	
16	22	7	金	金	水	여자 불리
16	21	8	金	金	水	
16	2	13	金	金	土	
16	9	16	金	土	土	
16	13	19	金	水	木	
16	13	8	金	水	木	여자 불리
16	23	8	金	水	木	여자 불리
16	13	16	金	水	水	

(16) 17획 성(姓)의 길격 수리

(韓,蔣,鞠,蔡,鍾,謝,鄒)

數 理			五 行			備 考
17	12	6	金	水	金	여자 불리
17	8	16	金	土	火	여자 불리
17	21	14	金	金	土	
17	18	6	金	土	火	여자 불리
17	20	15	金	金	土	
17	8	8	金	土	火	
17	8	7	金	土	土	

(17) 18획 성(姓)의 길격 수리

(魏,顔,簡,雙,戴)

數 理	五 行	備 考
18 11 6	水 水 金	

(18) 19획 성(姓)의 길격 수리

(鄭,關,疆,薛,龐,南宮)

數 理	五 行	備 考
19 13 16	水 木 水	
19 18 20	水 金 金	

(19) 20획 성(姓)의 길격 수리

(嚴,羅,鮮于)

數 理	五 行	備 考
20 9 18	木 水 金	
20 4 11	木 火 土	
20 4 21	木 火 土	
20 13 12	木 火 土	여자 불리
20 3 12	木 火 土	여자 불리

(20) 22획 성(姓)의 길격 수리
(權, 蘇, 邊)

數 理	五 行	備 考
22 10 13	火 木 火	여자 불리
22 3 13	火 土 土	
22 13 10	火 土 火	여자 불리
22 13 2	火 土 土	
22 2 13	火 火 土	
22 3 10	火 土 火	
22 1 15	火 火 土	여자 불리

(21) 25획 성(姓)의 길격 수리
(獨孤)

數 理	五 行	備 考
25 10 6	土 土 土	
25 8 8	土 火 土	

* 독고(獨孤)는 1획 성에 준용(準用)할 것 *

(22) 31획 성(姓)의 길격 수리

* 제갈(諸葛)은 7획 성에 준용(準用)할 것 *

*. 대법원 선정 인명용(人名用) 한자(漢字)

2015년 1월 1일부터 시행된 대법원이 선전한 인명용 한자는 8,142자이다. 기존 5,761자에서 8,142자로 늘린 것이다.
원래 인명용 한자 제한은 1990년 호적법 개정으로 인하여 대법원이 선정한 것인데 일반적으로 이름에 쓰지 않거나, 어려운 한자를 이름에 사용해 생길 수 있는 불편을 없애고, 전산화의 어려움을 피하고자 도입된 제도이다.

처음에는 2,731자만 인정했으나 2~3년 주기로 8차례나 개정을 거듭하면서 5,761자로 확대된 것이다.
이번에 다시 2,381자나 한꺼번에 대폭 추가하게 된 것은 출생신고를 할 때 자기 이름이 인명용 한자에 포함되지 않아 불편하다는 민원이 지속되고 있으므로 임명용 한자를 늘리게 되었다고 한다.

그러나 8,142자 중에는 이름에 쓰기에 적당치 않은 글자들이 많이 포함되어 있으므로 작명할 때 신중히 고려해야 한다.

예를 들면 다음의 글자들이다.

죽을 사(死), 악할 악(惡), 간사할 간(姦), 괴로울 고(苦), 울 곡(哭), 귀신 귀(鬼), 종 노(奴), 독할 독(毒), 망할 망

(亡), 범할 범(犯), 죽일 살(殺), 죽음 시(屍), 재앙 액(厄), 우리 옥(獄), 울 읍(泣), 장사지낼 장(葬), 재앙 재(災), 싸울 전(戰), 조상할 조(弔), 허물 죄(罪), 천할 천(賤), 더러울 추(醜), 벌레 충(蟲), 충돌할 충(衝), 부끄러울 치(恥), 침노할 침(侵), 잠잘 침(寢), 떨어질 타(墮), 위태로울 태(殆), 게으를 태(怠), 아플 통(痛), 싸울 투(鬪), 깨칠 파(破), 패할 패(敗), 폐할 폐(廢), 해할 해(害), 험할 험(險), 흉할 흉(凶)

劃部	五行	오행별(五行別) 인명용 한자								
一	木	일 一	을 乙							
二	火 土 金 水	력 力 인 人 정 丁 복 卜	내 乃 예 乂	료 了 우 又	도 刀 이 二	입 入				
三	木 火 土 金 · 水	구 久 대 大 우 于 삼 三 사 巳 만 万	구 口 녀 女 야 也 천 千 촌 寸 범 凡	기 己 토 土 인 刃 자 子 차 叉 망 亡	공 工 하 下 산 山	궁 弓 환 丸 천 川	간 干 이 已 상 上	건 巾 석 夕	소 小	장 丈	재 才	사 士
四	木 火 土 · 金 ·	개 介 내 乃 윤 尹 임 壬 역 予 사 四 중 中	공 公 단 丹 인 仁 화 化 일 日 소 少 지 之	공 孔 두 斗 원 元 화 火 혜 兮 수 水 지 支	과 戈 둔 屯 오 午 운 云 환 幻 수 手 지 止	견 犬 태 太 왕 王 요 夭 효 爻 승 升 집 什	근 斤 인 引 아 牙 흉 凶 씨 氏 척 尺	금 今 윤 允 월 月 심 心 천 天	급 及 우 尤 호 戶 십 什 축 丑	쾌 夬 우 友 호 互 절 切	우 牛 항 亢 정 井	왈 曰 액 厄 조 弔

획수	오행											
	水	分분	夫부	父부	卜변	方방	反반	勿물	文문	无무	木목	毛모
								匹필	片편	巴파	比비	不불
五	木	瓜과	功공	叩고	巨거	去거	甲갑	甘감	刊간	加가	可가	
									叫규	句구	丘구	巧교
	火						令령	冬동	代대	旦단	奴노	
	土	以이	幼유	由유	右우	用용	外외	瓦와	玉옥	五오	永영	央앙
							禾화	弘홍	乎호	兄형	穴혈	玄현
	金	示시	市시	囚수	召소	世세	仙선	石석	生생	仕사	司사	史사
		札찰	且차	只지	主주	左좌	正정	占점	田전	仔자	失실	申신
									出출	充충	斥척	冊책
	水	弁변	白백	半반	民민	未미	戊무	卯묘	目목	母모	矛모	末말
		必필	皮피	布포	包포	平평	氷빙	弗불	北북	付부	本본	丙병
六	木	交교	匡광	光광	共공	曲곡	攷고	考고	件건	价개	艮간	各각
			吉길	伎기	企기	亘긍	劤근				圭규	求구
	火	他타	吏리	六륙	老로	礼례	劣렬	列렬	同동	乭돌	多다	年년
	土										吐토	宅택
		有유	危위	旭욱	羽우	宇우	伍오	亦역	如여	羊양	仰앙	安안
		合합	任임	因인	印인	弛이	伊이	而이	耳이	夷이	衣의	肉육
			屹흘	休휴	后후	灰회	回회	好호	刑형	血혈	行행	亥해

		술戌	순旬	수收	설舌	선先	서西	색色	사糸	사死	사寺
	金·水	정汀	전全	재在	재再	장庄	자自	자字	신臣	식式	승丞
		지至	지地	즙汁	중仲	죽竹	주朱	주舟	주州	조早	조兆
					충冲	충虫	초艸	첨尖	차此	차次	지旨
		비妃	복伏	병幷	범犯	벌伐	백百	박朴	미米	모牟	명名 · 망妄
七	木	가伽	각角	각却	간杆	강江	강杠	개改	갱更	거車	견見
		경更	경囧	계戒	고告	곡谷	곤困	공功	굉宏	구究	국局 · 군君
		균均	극克	기岐	기圻	기忌	기杞				
	火	남男	노努	단但	대呆	두豆	두杜	란卵	랭冷	량良	려呂 · 령伶
		롱弄	리利	리李	타妥	탁托	탄吞	태兌			
	土	아兒	아亞	아我	야冶	언言	여余	여汝	역役	연延	오吾 · 오汚
		오吳	완完	용甬	용佑	우吁	운会	위位	유酉	유攸	음吟 · 읍邑
		의矣	인忍	임妊	하何	한汗	한旱	함含	행杏	현見	형亨 · 형形
		효孝	흡吸	희希							
	金	사私	사似	삼杉	상床	서序	석汐	성成	속束	송宋	수秀 · 순巡
		신伸	신辛	신身	작作	작灼	장杖	장壯	재材	재災	저低 · 적赤
	水	전甸	정玎	정町	정廷	정呈	제弟	조助	족足	좌佐	좌坐 · 주住
		주走	지池	지志	지址	진辰	차車	초初	촌村	취吹	칠七
		망忘	망忙	매每	면免	묘妙	미尾	반伴	방坊	방彷	방妨 · 백伯

		범汎	범机	별別	병兵	보步	보甫	부否	부孚	불佛	비庇	판判
		판坂	패貝	표玝	필佖							
八	木·火·土·金	가佳	각刻	간侃	간玕	강岡	거居	걸杰	결決	경炅	경京	경庚
		경坰	계季	고固	고孤	고姑	곤坤	곤昆	공供	과果	관官	광佄
		광昖	구坵	구具	구玖	굴屈	권卷	권劵	금金	급吟	급汲	기其
		기技	기汽	기玘	기沂	기奇	길佶	쾌快				
		나奈	내奈	년秊	념念	대坮	도到	독毒	동東	두枓	래來	량兩
		령姈	례例	록彔	륜侖	림林	탁卓	탄坦	태汰	토兔	투投	
		아亞	아兒	아妸	악岳	암岸	암岩	애艾	애厓	야夜	어於	억抑
		엄奄	역易	연沇	염炎	영咏	오旿	옥沃	와臥	완宛	왕往	왕汪
		왕枉	우雨	우吁	운汦	원沅	위委	유乳	유侑	의宜	의依	이易
		일佾	함函	항抗	항沆	행幸	향享	현弦	현呟	협協	호呼	호虎
		호昊	혹或	혼昏	홀忽	화和	효効					
		사沙	사事	사社	사舍	사使	사祀	삼衫	상牀	상尙	상狀	서抒
		석昔	석析	성姓	소所	송松	쇄刷	수受	수垂	숙叔	승承	승昇
		시侍	시始	심沈	심沁	자姉	자刺	장長	쟁爭	저底	적的	전佺
		전典	절折	점店	정征	정政	정定	정娗	제制	졸卒	종宗	주周
		주宙	주姝	지枝	지知	지沚	직直	창昌	채采	처妻	척坧	첩妾
		첩帖	청靑	초抄	충忠	충沖	취取	침沈	침枕			

제13장. 각성의 길격수리 143

水·	매妹	맹孟	맹盲	명明	명命	목沐	목牧	몰沒	무武	문門	문汶
·			문炆	물物	미味	미弥	민旻	민旼	민忞	민岷	방放	방房
·			배杯	백佰	백帛	병並	병竝	병秉	보宝	복服	봉奉	부府
·			부扶	분汾	붕朋	비批	비非	비枇	비卑	파坡	파杷	판板	팔八
·			패佩	평坪	피彼							

	木·	가架	가柯	각珏	간看	간竿	간肝	강姦	강姜	개皆	객客	거拒
	·	거炬	건建	경俓	경勁	계癸	계界	계契	계計	계係	고故	고姑
	·	과科	관冠	괴怪	구九	구狗	구拘	군軍	궤軌	규奎	극剋	급急
	·	궁矜	기祈	기紀	길姞							
	火·	나拏	남南	내奈	노怒	니泥	단段	답畓	대待	도度	돌突	동垌
	·	량亮	려侶	령怜	령昤	류柳	률律	리俚	리俐	탁拓	도度	탄炭
	·	태泰	태怠	태始								
九	土·	압押	앙怏	앙昻	애哀	야耶	약約	언彦	역疫	연沿	연衍	연姸
	·	염染	영泳	영映	영盈	옥屋	완玩	외畏	요要	요姚	용勇	우禹
	·	욱昱	원怨	원垣	위威	위韋	유油	유宥	유幽	유兪	유柔	윤玧
	·	은垠	음音	읍泣	이怡	인姻	임姙	하河	하昰	함咸	항巷	항姮
	·	향香	혁革	혁奕	현泫	현炫	현昡	협俠	형型	형炯	형洞	홍紅
	·	홍泓	홍虹	환奐	황皇	황況	회廻	후後	후厚	후垕	희俙	희姫
	金	사思	사查	사泗	사砂	삭削	삼衫	상相	상庠	서叙	선宣	성性

水

성 省	성 星	소 昭	소 沼	소 紹	소 炤	속 俗	수 首	수 帥	순 盾	시 是
시 屍	시 施	시 柴	식 食	신 信	실 室	심 甚	자 者	자 姿	작 昨	작 芍
재 哉	저 抵	저 沮	전 前	점 点	정 亭	정 柾	정 貞	정 訂	정 妵	제 帝
졸 拙	주 柱	주 炷	주 注	주 奏	주 姝	준 俊	중 重	즉 卽	지 祉	진 拯
질 姪	창 昶	척 拓	천 泉	초 招	초 肖	촉 促	추 抽	추 秋	춘 春	치 治
치 致	치 峙	칙 則	칙 勅	침 侵						
망 罔	면 面	면 勉	모 某	모 冒	무 拇	미 美	미 眉	민 玟	민 旼	민 泯
박 泊	박 拍	반 叛	발 拔	배 盃	배 拜	백 柏	법 法	병 炳	병 柄	병 昺
병 昞	보 保	봉 封	부 負	부 赴	분 奔	분 盆	불 拂	비 飛	파 波	파 把
판 版	편 便	편 扁	평 枰	평 泙	포 抱	표 表	품 品	풍 風	필 泌	

十 (木·火·土)

가 家	각 恪	간 桀	강 剛	개 個	건 虔	격 格	견 肩	결 缺	겸 兼	경 恒
경 耕	경 勍	경 徑	경 耿	계 烓	계 桂	고 庫	고 高	곡 哭	골 骨	공 恭
공 恐	공 貢	괄 括	광 洸	광 桄	교 校	구 俱	구 矩	궁 宮	궁 躬	권 拳
귀 鬼	근 根	금 衾	급 級	긍 肯	기 起	기 記	기 豈	기 氣	기 耆	길 桔
나 娜	납 納	낭 娘	뉴 紐	당 唐	대 玳	도 桃	도 徒	도 倒	도 挑	도 島
동 凍	동 洞	동 棟	락 洛	량 凉	려 倆	려 旅	렬 冽	열 烈	령 玲	료 料
류 留	륜 倫	률 栗	탁 託	탁 倬	탐 耽	토 討	특 特			
아 芽	아 娥	아 峨	안 案	안 晏	약 按	약 弱	양 洋	엄 俺	연 娫	연 宴

제13장. 각성의 길격수리

구분											
·	연烟	연娟	예芮	오烏	오娛	옹翁	완垸	욕辱	용容	용埇	우迂
·	우祐	욱彧	운耘	원原	원洹	원袁	원員	유鈾	유洧	육育	은恩
·	은殷	의倚	익益	하夏	한恨	항航	항恒	해奚	해害	핵核	헌軒
·	현眩	현峴	현玹	협峽	혜惠	호祜	홍洪	홍烘	화花	환桓	활活
·	황晃	회恢	효效	후候	훈訓	휴烋	흡洽	흡恰			
金											
·	사射	사師	사紗	사娑	삭朔	산珊	상桑	색索	서書	서徐	서栖
·	서恕	석秖	석席	선扇	성城	성娍	세洗	소召	소素	소笑	손孫
·	쇠衰	쇠釗	수殊	수洙	수修	순殉	순純	습拾	승乘	시恃	
·	시時	식息	식栻	신神	신訊	신迅	십十	자拾	작酌	장奘	
·	재財	재宰	재栽	전展	전栓	정庭	정釘	조祖	조租	조怍	조曺
·	조晁	종倧	좌座	주株	주洲	준峻	준隼	준准	중症	증烝	지紙
·	지指	지持	지祇	지芝	진珍	진晋	진晉	진津	진眞	진秦	질秩
·	질疾	차借	차差	창倉	철哲	축畜	축祝	충珫	충衷	취臭	치値
·	치恥	침針	칭秤								
水											
·	마馬	매埋	면眠	명冥	문紋	민珉	박珀	반般	반畔	방芳	방倣
·	배倍	배配	백栢	병病	병倂	봉俸	봉峰	봉峯	부芙	분粉	분紛
·	분芬	비秘	비祕	비肥	빈玭	파派	파破	파芭	폐肺	포捕	포砲
·	표豹	피疲	필珌								
木	가假	감勘	강強	강堈	강康	강崗	개盖	건乾	건健	견堅	견牽

		결訣	경頃	경竟	경涇	경卿	경梗	계啓	계械	고苦	고皇	곤崑
		공珙	관貫	광珖	교敎	구苟	구區	구救	구耉	국國	권圈	권眷
		규規	규珪	근近	기基	기崎	기寄	기旣	기飢	기埼		
	火	나那	당堂	대袋	대帶	돈豚	동動	득得	락珞	랑浪	랑朗	래崍
		략略	량梁	록鹿	루累	루淚	류流	륜崙	률率	리梨	리离	리悧
		림淋	립笠	립粒	탐貪	태胎	통桶	퇴堆				
		악堊	안眼	암庵	애崖	야野	약若	어魚	어御	언焉	역域	연研
十一	土	연軟	연涓	열悅	영英	영迎	오梧	오晤	오悟	완浣	완婉	완婠
		욕欲	욕浴	용庸	용涌	우偶	우釪	우苑	완婉	위萎	위偉	위尉
		유唯	유悠	육堉	윤胤	은垠	이移	이異	이珥	익翊	익翌	인寅
		해海	해偕	향珦	허許	현絃	현晛	협挾	협浹	형邢	형珩	혜彗
		호毫	호扈	호胡	호浩	호晧	혼婚	화貨	환患	환晥	황凰	회悔
		회晦	효淃	훈焄	회晞							
		사邪	사蛇	사斜	사徙	사赦	산産	살殺	삼參	삽挿	상常	상爽
		상祥	상商	서敍	서庶	선船	선旋	선珗	설雪	설設	숙高	섭涉
	金	성晟	세細	소紹	소巢	소疏	소消	솔率	송訟	수袖	숙宿	숙孰
		순珣	술術	숭崇	습習	식埴	신紳	신新	신晨	실悉	자紫	자瓷
		작雀	장張	장章	장帳	장將	재梓	저苧	적寂	전笛	전專	철哲
			정停	정挺	정偵	정程	제第	제祭	제悌	제梯	조組	조釣

제13장. 각성의 길격수리

오행	한자 (음: 자)
水	주酒 주晝 종終 종從 족族 조眺 조曹 조鳥 조彫 조窕 조條
	최崔 착捉 집執 진振 지趾 준埈 준晙 준浚 주珠 주胄
	참參 창唱 창窓 채彩 채埰 책窠 책責 처處 척戚 천阡
	측側 침浸
	마痲 만晚 만曼 말茉 망望 매梅 맥麥 면冕 묘苗 무茂 무務
	문問 민敏 밀密 박舶 반返 반班 방訪 배培 배背 범范 범梵
	병屛 봉烽 부符 부婦 부浮 부副 붕崩 비婢 빈貧 빈彬 빈斌
木	가街 가迦 각殼 간間 감敢 강強 개開 개凱 거距 걸傑 결結
	경景 경硬 공控 관款 괘掛 교喬 구邱 구球 궐厥 귀貴 균鈞
	근筋 급給 기期 기棄 기淇 기欺 기幾 기棋
火	날捏 뉴鈕 능能 다茶 단單 단短 담淡 담覃 답答 대貸 덕悳
	도堵 도盜 도棹 돈敦 돈惇 동童 동棟 둔鈍 등登 등等 락絡
	랑琅 략掠 량涼 량量 렬裂 로勞 류硫 류琉 리理 탁晫 탐探
	태邰 통統 통痛
土	아雅 악惡 안雁 액液 엄掩 연硯 연然 영詠 오語 완琓 요堯
	용茸 우塢 운雲 웅雄 원媛 월越 위圍 위爲 유喩 유釉 하厦
	유庾 유惟 윤閏 윤銃 음阮 일壹 이貳 잉剩 하賀 혜惠
	한寒 한閑 한閒 할割 함涵 항項 허虛 현絢 현現 협脅
	호淏 호皓 호壺 혹惑 홀惚 화畵 환喚 황荒 황埕 황媓

金 · · · · · · · · · · 水 · ·		후喉	훈勳	훤喧	흉胸	흑黑	흠欽	흡翕	희喜	희稀	
		사捨	사詞	사詐	사斯	사絲	사奢	산散	산傘	삼森	상象	상喪
		상翔	서暑	서舒	서棲	서壻	서婿	석惜	석淅	석晳	선善	선琁
		성盛	성城	세稅	세貰	소訴	소掃	소邵	소疎	속粟	순巽	송淞
		수琇	수授	수須	숙淑	순順	순循	순荀	순淳	순舜	술述	승勝
		시視	식植	식殖	식寔	심深	심尋	자玆	잔殘	장場	장粧	장掌
		재裁	저貯	저邸	적迪	전奠	전筌	절絶	접接	정幀	정程	정婷
		정政	정晶	정情	정淨	정珽	정淀	제堤	조措	조朝	조詔	존尊
		종淙	종棕	주註	준竣	준雋	준畯	중衆	증曾	지脂	지智	진軫
		진診	집集	착着	창創	창敞	채採	책策	처悽	천淺	철喆	첨添
		첩捷	청淸	청晴	체替	초草	초超	초焦	최最	추推	축軸	취就
		망茫	매媒	매買	맥脈	맹猛	면棉	무無	무貿	무斌	미媄	미媚
		민閔	박博	박迫	발發	방防	방傍	배排	번番	병棅	보報	보普
		보堡	복復	봉捧	부富	부傅	봉棒	비悲	비備	비費	비扉	판阪
			패牌	팽彭	평評	폭幅	필筆	필弼				
木 · · ·		가嫁	가賈	가暇	각脚	간揀	간幹	갈渴	감減	감感	감堪	갑鉀
		거渠	거鉅	건楗	게揭	견絹	경敬	경經	경傾	경莖	고鼓	곤琨
		과誇	관琯	괴塊	교較	교郊	구鳩	군群	굴窟	규揆	극極	근勤

五行	한자 (음)
火	琪(기) 嗜(기) 祺(기) 琦(기) 禽(금) 禁(금) 琴(금) 僅(근)
·	跳(도) 塗(도) 逃(도) 渡(도) 塘(당) 惱(뇌) 農(농) 湳(남) 楠(남) 煖(녀) 暖(난)
·	湯(탕) 塔(탑) 脫(탈) 琢(탁) 琳(림) 裡(리) 莉(리) 裏(리) 稜(릉) 雷(뢰)
·	退(퇴)
土	鉛(연) 煙(연) 暘(양) 逆(역) 業(업) 揚(양) 楊(양) 愛(애) 暗(암) 衙(아) 阿(아)
·	媼(온) 鈺(옥) 奧(오) 傲(오) 鳴(오) 豫(예) 暎(영) 渶(영) 琰(염) 筵(연) 淵(연)
·	援(원) 圓(원) 園(원) 源(원) 嫄(원) 郁(욱) 煜(욱) 湧(용) 莞(완) 琬(완) 雍(옹)
·	賃(임) 意(의) 義(의) 飮(음) 愈(유) 裕(유) 獻(헌) 猶(유) 渭(위) 暐(위)
·	琥(호) 湖(호) 號(호) 鉉(현) 楷(해) 該(해) 解(해) 港(항) 廈(하) 荷(하) 稔(임)
·	喧(훤) 逅(후) 會(회) 煌(황) 渙(환) 煥(환) 換(환) 話(화) 畵(화) 渾(혼) 混(혼)
·	詰(힐) 熙(희) 煇(휘) 彙(휘) 暉(휘) 揮(휘) 毁(훼)
金	渲(선) 鉎(석) 愶(서) 塞(색) 湘(상) 傷(상) 詳(상) 想(상) 挿(삽) 嗣(사)
·	愁(수) 脩(수) 頌(송) 送(송) 勢(세) 歲(세) 惺(성) 聖(성) 楔(설) 愃(선) 羨(선)
·	資(자) 莘(신) 軾(식) 湜(식) 試(시) 詩(시) 嵩(숭) 脣(순) 琡(숙) 肅(숙) 睡(수)
·	詮(전) 琠(전) 電(전) 賊(적) 跡(적) 渚(저) 載(재) 渽(재) 莊(장) 裝(장) 雌(자)
·	淳(정) 綎(정) 楨(정) 靖(정) 鉦(정) 湞(정) 鼎(정) 節(절) 殿(전) 塡(전) 傳(전)
·	追(추) 催(최) 僉(초) 債(채) 粲(찬) 稙(직) 湊(주) 琮(종) 照(조) 提(제)

十三

획수	오행										
十四	水	추楸	춘椿	측測	치稚	치雉	치馳				
		막莫	맹盟	모募	목睦	묘描	미微	미渼	미迷	민愍	민瞀	박鉑
		반飯	반頒	발鉢	발渤	배湃	번煩	병瓶	보補	봉蜂	봉琫	부附
		비碑	비琵	빙聘	파琶	품稟	풍楓	풍豊	필鉍			
十四	木·火·土·金	가歌	가嘉	각閣	감監	강降	강綱	개箇	개愷	경輕	경逕	경境
		계誡	계溪	고敲	고暠	과菓	과寡	곽廓	관管	괴愧	교僑	구構
		국菊	군郡	규閨	균菌	근墐	궁兢	기旗	기箕	기綺	기暣	긴繁
		녕寧	단端	단團	대對	대臺	도圖	도途	동銅	동蝀	랑郎	래萊
		련連	령領	록綠	료僚	루屢	륜綸	릉綾	릉菱	탄誕	탈奪	태態
		통通	투透									
		암菴	어語	여與	연堧	설說	영瑛	영榮	예睿	오誤	옥獄	온溫
		요搖	요僥	용溶	용墉	용踊	용榕	우瑀	웅頊	웅熊	원源	원瑗
		위僞	위瑋	유維	유誘	유瑜	은銀	은溵	의疑	이爾	인認	일溢
		일馹	한限	혁赫	형熒	호豪	호瑚	혼魂	홍鉷	화華	화禍	황榥
		황熿	황滉	회誨	획劃	훈塤	훈熏	휴携	희僖			
		산算	산酸	상嘗	상塽	상像	상裳	서瑞	서誓	석碩	선瑄	선嫙
		선銑	설說	성誠	성瑆	소韶	속速	손損	송誦	수銖	수壽	수粹
		수需	수搜	숙塾	슬瑟	승僧	식飾	신愼	실實	자慈	장獎	전銓
			정禎	제齊	제製	조肇	조造	조趙	종種	종綜	죄罪	준準
		정精										

제13장. 각성의 길격수리

		지誌	진賑	진盡	진塵	진溱	찰察	창滄	창暢	창彰	창昌	채寀
		채綵	철綴	총銃	축逐	춘瑃	췌萃	취翠	치置	침寢	칭稱	
	水	망網	맹萌	면綿	멸滅	명銘	명鳴	명溟	모貌	몽夢	무舞	문聞
		민頣	밀蜜	방榜	배裴	벌閥	벽碧	병鉼	보輔	보菩	복福	봉鳳
		봉逢	부腐	부溥	비鼻	빈賓	파頗	포飽	필秘			
	木	가稼	가價	갈駕	갈葛	강慷	개槪	개漑	검儉	검劍	검劒	경儆
		경慶	경熲	고稿	곡穀	과課	곽郭	관慣	관寬	광廣	교嬌	구銶
		궁窮	규逵	규葵	극劇	근漌	근槿	기畿				
	火	뇌腦	단緞	담談	답踏	덕德	도稻	돈燉	동董	락樂	락落	랑瑯
十		량諒	량樑	려慮	려閭	려黎	련練	로魯	론論	루樓	루漏	류劉
五		류榴	륜輪	름凜	리履	타墮	탄彈	탄歎				
	土	악樂	안雁	양養	양樣	양漾	어漁	억億	연演	연緣	열熱	열閱
		엽葉	영瑩	영影	예銳	온瑥	완緩	요腰	요瑤	요樂	욕慾	용瑢
		우郵	우憂	원院	위緯	위衛	위慰	윤奫	은誾	의儀	의誼	의毅
		이頤	일逸	한漢	허墟	현賢	형瑩	혜慧	호滸	화嬅	확確	학嘄
		훈勳	훤萱	휘輝	흥興	희嬉						
	金	사寫	사賜	상賞	상箱	서緒	서署	석奭	선線	선嬋	선墡	섭葉
		수數	수誰	수穗	숙熟	순諄	순醇	승陞	심審	자磁	잠暫	잠箴
		장葬	장腸	장暲	장漳	장樟	저著	적摘	적滴	적敵	점漸	접蝶

	水	지 銍	증 增	준 儁	주 駐	주 週	조 調	제 除	제 堤	정 靚	정 鋌	정 鋥
		찬 贊	차 瑳	징 徵	질 質	진 璡	진 陳	진 進	직 稷	지 摯		
		충 衝	추 樞	체 締	청 請	철 徹	천 踐	척 陟	창 廠	참 憯	참 慚	참 慘
		칠 漆	치 齒	층 層	취 醉	취 趣						
		민 愍	묵 墨	묘 廟	모 模	매 賣	만 慢	만 滿	만 漫	막 漠	마 瑪	
		부 賦	봉 鋒	복 複	복 腹	병 輧	범 範	벌 罰	배 輩	발 髮	반 磐	반 盤
		포 鋪	포 褒	포 葡	폐 陛	폐 廢	폐 幣	편 篇	편 編	분 墳	부 敷	부 部
		폭 暴	표 標	표 漂								
十六	木	과 過	곤 錕	경 暻	경 憬	결 潔	게 憩	개 蓋	강 疆	강 鋼	간 諫	간 墾
		기 鎮	기 錡	기 器	금 錦	근 瑾	귤 橘	규 窺	구 龜	교 橋	관 舘	관 館
									기 冀	기 璂	기 機	
	火	독 篤	도 都	도 陶	도 導	도 道	당 撞	당 糖	담 潭	달 達	단 壇	낙 諾
		로 盧	렴 濂	련 璉	련 憐	력 曆	력 歷	등 燈	둔 遁	두 頭	동 潼	돈 噉
			림 霖	린 潾	리 璃	릉 陵	륙 陸	룡 龍	뢰 賴	록 錄			
	土	엽 曄	엽 燁	연 燕	연 燃	여 餘	업 業	언 諺	앙 鴦	압 鴨	알 謁	아 餓
		위 違	위 衛	운 暈	운 澐	우 遇	용 蓉	옹 甕	예 叡	예 豫	영 穎	
		함 陷	한 翰	학 學	응 凝	음 陰	융 融	윤 潤	유 遊	유 儒	위 違	
		훈 勳	효 曉	횡 橫	화 樺	혜 憓	형 衡	형 螢	현 懸	헌 憲	해 諧	

제13장. 각성의 길격수리

획수	오행	한자(독음)
十七	金·水·	희禧 희熺 희憙 희熹 희噫
		장璋 장墻 잠潛 순盾 수輸 수遂 소燒 성醒 선璇 석錫
		종琮 조潮 제諸 정錠 정整 정靜 전戰 전錢 적積 쟁錚 재裁
		찬撰 착錯 징澄 집輯 집潗 진陳 진縝 증憎 증蒸 주澍 주遒
		치熾 춘賰 축蓄 축築 추錘 추樵 체諦 철撤 철澈 창蒼
		친親
		민憫 민潤 묵默 무撫 묘錨 묘墓 몽蒙 목穆 모謨 막幕 마磨
		빈頻 분奮 분憤 보潽 변辨 벽壁 배陪 배裵 발潑 반潘 박撲
		빙憑 빈儐
	木·火·土·	격激 격檄 격擊 검檢 건鍵 거擧 거據 강檣 강講 감瞰 간懇
		국鞠 구溝 구購 교矯 교膠 관館 계階 경擎 경璟 겸謙 견遣
		기磯 기璣 구龜
		동瞳 독獨 도鍍 도蹈 대戴 대隊 담澹 담擔 단鍛 단檀 농濃
		림臨 린璘 륭隆 령嶺 렴斂 련聯 련蓮 려勵 라螺 등膽
		택擇 택澤 탁濁
		옹擁 영嬰 영鍈 영營 여輿 억檍 억憶 양襄 양瀁 압壓 악嶽
		한澣 하霞 익謚 응應 원轅 원蔚 울隅 우優 우謠 요遙
		휘徽 훈燻 회澮 회檜 황璜 활闊 홍鴻 향鄕 할轄 한韓
		희義 희禧

	金· · · 水	사 謝	삼 蔘	상 箱	상 償	서 諝	선 禪	선 鮮	섭 燮	성 聲	소 遡	손 遜
		수 雖	수 穗	수 隋	숙 橚	순 瞬	슬 膝	장 蔣	장 牆	재 齋	적 績	점 點
		조 操	조 燥	종 縱	종 鍾	준 駿	중 甑	진 瑨	찬 燦	찬 澯	채 蔡	체 遞
		축 燭	총 總	총 聰	추 醜	추 鄒	축 縮	칩 蟄				
		만 蔓	모 暮	무 懋	미 彌	박 璞	번 繁	복 鍑	봉 蓬	부 膚	빈 嬪	
十八	木·火·土·金·水	간 簡	격 隔	견 鵑	겸 鎌	구 軀	구 舊	궐 闕	귀 歸	극 隙	근 謹	기 騎
		기 騏										
		단 斷	대 擡	도 濤	도 燾	람 濫	량 糧	례 禮	탁 濯	탁 擢		
		안 顏	액 額	요 曜	용 鎔	위 魏	유 濡	의 醫	의 擬	이 彛	익 翼	일 鎰
		혁 爀	혜 蕙	호 濩	호 濠	호 鎬	환 環	활 濶	획 獲	훈 燻	희 熙	
		쌍 雙	색 穡	서 曙	선 膳	소 蔬	쇄 鎖	슬 瑟	습 濕	작 爵	잠 潛	잡 雜
		적 適	적 蹟	전 轉	제 題	제 濟	조 遭	준 濬	직 織	직 職	진 鎭	찬 璨
		첨 瞻	초 礎	초 蕉	총 叢	충 蟲						
		모 謨	번 蕃	번 翻	벽 璧	복 馥	빈 濱	폐 蔽	풍 豊			
十九	木·火·土·金	경 鯨	경 鏡	관 關	광 曠	괴 壞	금 襟	기 譏	기 麒			
		난 難	담 譚	담 膽	당 黨	도 禱	등 鄧	려 麗	렴 簾	료 遼	류 類	리 離
		염 艷	용 鏞	운 韻	원 願	유 遺	응 膺	형 瀅	확 穫	확 擴	회 繪	횡 鐄
		사 辭	살 薩	선 璿	선 選	설 薛	섬 暹	섬 蟾	수 繡	수 獸	숙 璹	식 識

二十	· · 水	승 繩 증 贈 만 鏋	신 薪 증 證 무 霧	작 鵲 지 遲 미 薇	장 障 징 懲 박 薄	장 薔 찬 贊 방 龐	전 顚 천 薦 보 譜	정 鄭 천 遷 부 簿	제 際 철 輟 붕 鵬	주 疇 총 寵 빈 璸	준 遵 빈 嚬	즐 櫛
二十	木 火 土 · 金 水	각 覺 등 騰 양 壤 형 馨 석 釋 보 寶	거 遽 라 羅 양 孃 환 還 소 騷 비 譬	경 瓊 람 藍 엄 嚴 회 懷 자 藉 피 避	경 競 령 齡 역 譯 효 斅 장 藏	경 警 로 露 요 耀 훈 薰 적 籍	계 繼 로 爐 의 議 종 鐘	권 勸 롱 瀧 한 瀚 질 璡	뢰 瀨 함 艦 집 鏶	린 隣 헌 獻 찬 纂	투 鬪 헌 櫶 촉 觸	현 懸
二十一	木 火 土 · 金 水	계 鷄 당 鐺 앵 櫻 호 護 속 續 번 飜	고 顧 등 藤 앵 鶯 호 顥 속 屬 벽 闢	구 驅 란 瀾 약 藥 환 鐶 수 隨 변 辯	란 爛 약 躍 희 曦 철 鐵 패 覇	란 欄 영 瀯 희 爔 표 驃	롱 瓏 예 藝	탁 鐸 예 譽	요 饒	익 瀷	학 鶴	험 險
二十二	木 火 土 金	감 鑒 독 讀 영 瓔 섭 攝	감 鑑 란 瓓 은 隱 소 蘇	관 灌 람 覽 의 懿 습 襲	구 懼 롱 籠 향 響 주 儔	구 鷗 혜 譿 찬 讚	권 權 환 歡 청 聽	효 驍	훈 鑂			

	水	변邊								
二十三	木火土水	경驚 란蘭 암巖 변變	관瓘 련戀 역驛	광鑛 로鷺 험驗	린麟 현顯	호護				
二十四	・土金	령靈 양讓 잠蠶	염艶 장臟	염鹽 찬瓚	응鷹					
二十五	木土金水	관觀 호灝 찬纘 만蠻	청廳							
二十六	金	찬讚								
二十七	木金	기驥 찬鑽								
二十八		환驩								

제13장. 각성의 길격수리

제14장. 역리대상(易理大象)

제14장
역리대상

제14장. 역리대상(易理大象)

姓數 1, 9, 17

姓 數	1		9		17	
名 數	24	48	8	32	16	40
總 數	25	49	17	41	33	57

修正得吉格 (수정득길격)

(要訣)

壬戌 ▬▬▬ 父母
　　　(應)

壬申 ▬▬▬ 兄弟

壬午 ▬▬▬ 官鬼

乙卯 ▬ ▬ 妻財
　　　(世)

乙巳 ▬ ▬ 官鬼

乙未 ▬ ▬ 父母

1. 갑진(甲辰), 을사생(乙巳生)은 자손(子孫)에게 우환(憂患)이 있다.

2. 소인(小人)은 타향에서 유랑(流浪)하고 대인(大人)은 뜻을 이룬다.

3. 성수(姓數) 17획, 명수(名數) 16획인 여인(女人)은 고과자립격(孤寡自立格)이다. 즉 과부신세이다.

(解說)

1. 합격자(合格者)는 목전(目前)의 소리(小利)에는 탐하지 않고, 대사(大事)를 이루며 명진사해(名振四海)하리라. 단, 소인배(小人輩)들의 시비를 삼가고 방지(防止)하라. 2. 불합격자(不合格者)는 기회를 잃지 않고 보신(保身)하나 소인배들과 어울려 과오(過誤)를 범하고 불의의 재액(災厄)을 당하리라. 그러나 분수를 지키면 흉(凶)이 변하여 길(吉)하리라.

姓 數	1		9		17	
名 數	16	40	24	48	8	32
總 數	17	41	33	57	25	49

白馬飮川格 (백마음천격)

(要 訣)

壬戌 ▬▬ 父母
　　　　(應)

壬申 ▬▬ 兄弟

壬午 ▬▬ 官鬼

乙卯 ▬ ▬ 妻財
　　　　(世)

乙巳 ▬ ▬ 官鬼

乙未 ▬ ▬ 父母

1. 평생(平生)의 소망사(所望事)가 불성(不成)이나 해묘미인년(亥卯未, 寅年)은 고생 끝에 낙이 온다.

2. 남자는 2, 3명의 첩을 거느리게 되는 팔자이다.

3. 혹 大人중에는 나라의 중임(重任)을 맡게 되는 사람도 있다.

(解 說)

 1. 합격자(合格者)는 대임(大任)을 수행(遂行)함에 있어 지성(至誠)으로 노력하여 목표를 달성하리라.
 2. 不合格者는 세업(世業)을 지키지 못하고 실패를 반복하며 신고(辛苦)하리라.
 또한 친우나 혈육지간에 시비나 관재구설이 있게 되거나 무위도식(無爲徒食)하게 되리라.

姓數	1		9		17	
名數	8	32	16	40	24	48
總數	9	33	25	49	41	65

永樂太平格 (영락태평격)

	(要 訣)
壬戌 ▆▆ ▆▆ 父母 (應)	1. 갑인순중(甲寅旬中) 4,5月生은 자식에게 우환이 있다.
壬申 ▆▆▆▆▆ 兄弟	2. 경신(庚申), 신유년(辛酉年) 7,8月生은 처(妻)를 극해(克害)한다.
壬午 ▆▆▆▆▆ 官鬼	3. 女命은 재가(再嫁)하거나 무자(無子), 독신생활격(獨身生活格)이라.
乙卯 ▆▆ ▆▆ 妻財 (世)	
乙巳 ▆▆ ▆▆ 官鬼	
乙未 ▆▆ ▆▆ 父母	

(解 說)

 1. 합격자(合格者)는 도덕군자(道德君子)로서 공명정대(公明正大)하며 大事를 성취(成就)하고 부귀와 명예를 얻는다.

 2. 불합격자(不合格者)는 역시 덕성으로 보신(保身)하나 수흉자(數凶者)는 일상생활에 있어 심적 안정(安定)을 갖지 못하리라.

姓 數	1		9		17	
名 數	9	33	17	41	1	25
總 數	10	34	26	50	18	42

昌 然 前 進 格 (창연전진격)

(要 訣)

丁未 ▬▬ ▬▬ 兄弟

丁酉 ▬▬▬▬▬ 子孫
　　　(世)

丁亥 ▬▬▬▬▬ 妻財

甲辰 ▬▬ ▬▬ 兄弟

甲寅 ▬▬▬▬▬ 官鬼
　　　(應)

甲子 ▬▬▬▬▬ 妻財

1. 귀인을 만나 입신양명(立身揚名) 하리라.

2. 산중(山中)에서 길을 잃으니 여인(女人) 혼자서 울고 있구나.

(解 說)

1. 합격자(合格者)는 위험에 처하더라도 분수를 지키고 명철보신(明哲保身)하여 무사히 지내리라.

2. 불합격자(不合格者)는 무덕(無德)한 사람으로서 화란(禍亂)을 면치 못하리라.
　만일 근신하지 않으면 큰 죄를 범하고 옥고(獄苦)를 당하리라.

姓 數	1		9		17	
名 數	1	25	9	33	17	41
總 數	2	26	18	42	34	58

揚武威振格 (양무위진격)

	(要 訣)
丁未 ▬▬ ▬▬ 兄弟	1. 정사(正士)는 대의(大義)에 살고 소인(小人)은 간계(奸計)로 망한다.
丁酉 ▬▬▬▬ 子孫 (世)	2. 女人은 남성적이며 호사다마(好事多魔)로 불길하다.
丁亥 ▬▬▬▬ 妻財	3. 무지(無智)한 사람은 인인손재(因人損財)한다.
甲辰 ▬▬ ▬▬ 兄弟	
甲寅 ▬▬▬▬ 官鬼 (應)	
甲子 ▬▬▬▬ 妻財	

(解 說)

 1. 의지가 담대한 대용지재(大用之材)로서 대공(大功)을 세워 이름을 사해(四海)에 떨치리라.

 2. 불합격자(不合格者)는 만인의 멸시를 받아 고립무조(孤立無助)라 평생 동안 신고(辛苦)하리라.

姓 數	1		9		17	
名 數	17	41	1	25	9	33
總 數	18	42	10	34	26	50

龍虎相鬪格 (용호상투격)

(要 訣)

丁未 ▬▬ ▬▬ 兄弟

1. 하늘이 비록 높다고 하나 못 오를리 없으니 분투노력하라.

丁酉 ▬▬ ▬▬ 子孫
(世)

2. 미색(美色)을 조심하라. 사정(私情)에 끌리면 大事를 망치리라.

丁亥 ▬▬ ▬▬ 妻財

甲辰 ▬▬ ▬▬ 兄弟

甲寅 ▬▬ ▬▬ 官鬼
(應)

甲子 ▬▬ ▬▬ 妻財

(解 說)

1. 합격자(合格者)는 호기도래(好機到來)하여 대공(大功)을 세우고 민풍(民風)을 쟁화(爭化)하여 명성천하(名聲天下)하리라.

2. 불합격자(不合格者)는 과단성(果斷性)이 없고 또한 변동이 많은 사람으로서 평생 동안 재앙(災殃)이 떠나지 않아 신고(辛苦)가 많다. 대체(大体)로 초곤후길(初困後吉)하리라.

姓 數	1		9		17	
名 數	18	42	2	26	10	34
總 數	19	43	11	35	27	51

先困後達格 (선곤후달격)

(要 訣)

己巳 ▬▬▬ 父母

1. 승려(僧侶)도 아니고 속인(俗人)도 아니다.

己未 ▬ ▬ 兄弟

2. 묘년(卯年)(토끼띠) 7,8月生 女子는 극부(剋夫)하여 재혼(再婚)한다.

己酉 ▬▬▬ 子孫
(世)

3. 사람에게 배신당한다. 평소에 사람을 경계하라.

丁丑 ▬ ▬ 兄弟

丁卯 ▬▬▬ 官鬼

丁巳 ▬▬▬ 父母
(應)

(解 說)

1. 합격자(合格者)는 덕망으로서 안무(按撫)하여 공을 이루고 사람들의 신임을 받는다.
2. 초년(初年)에는 대망(大望)을 달성할 기회가 없고 말년(末年)에는 형통한다.
3. 불합격자(不合格者)는 세상사가 뜬구름 같고 영욕(榮辱)이 근심 밖이라 비록 불우하나 결국 만사형통하리라.

姓 數	1		9		17	
名 數	10	34	18	42	2	26
總 數	11	35	27	51	19	43

先 暌 後 合 格 (선구후합격)

(要 訣)

己巳 ▬▬ 父母

己未 ▬ ▬ 兄弟

己酉 ▬▬ 子孫
　　　(世)

丁丑 ▬ ▬ 兄弟

丁卯 ▬▬ 官鬼

丁巳 ▬▬ 父母
　　　(應)

1. 육년간(六年間) 고생하고 말년에는 평안하리라

2. 칠십세(七十歲)에 성공하고 八十에 하세(下世)하도다.

3. 절족(絶足), 외상(外傷)을 조심하라.

(解 說)

1. 합격자(合格者)는 항상 우울하여 자신의 안정을 얻지 못하고 또한 환경의 속박을 받아 고심한다. 그러나 결국에는 반드시 성공하리라.

2. 불합격자(不合格者)는 비록 뜻은 높으나 선고후길격(先苦後吉格)이라 신고(辛苦)가 많고 골육지간(骨肉之間)에 형상(刑傷)과 가정적으로 심로(心勞)가 많으리라.

姓 數	1		9		17	
名 數	2	26	10	34	18	42
總 數	3	27	19	43	35	59

水火相沖格 (수화상충격)

(要訣)

己巳 ▬▬ ▬▬ 父母

1. 세업(世業)으로 인하여 형제지간(兄弟之間)에 원수가 된다.

己未 ▬▬ ▬▬ 兄弟

2. 경신(庚申), 신유년생(辛酉年生) 女人은 再婚한다.

己酉 ▬▬ ▬▬ 子孫
　　　　　(世)

3. 姓 9획(劃), 名數 10劃은 男女共히 초혼실패(初婚失敗)한다.

丁丑 ▬▬ ▬▬ 兄弟

丁卯 ▬▬▬▬▬ 官鬼

丁巳 ▬▬ ▬▬ 父母
　　　　　(應)

(解 說)

 1. 합격자(合格者)는 도덕이 출중하고 사회적 명망이 높은 인사로서 대공(大功)을 세우고 고귀한 생애를 보낸다.

 2. 불합격자(不合格者)는 성공은 있으나 소리(小利)를 탐하고 의리를 몰라 친구들 간에 원수를 맺고 또한 골육상쟁(骨肉相爭)하리라. 관재(官災)로 만사가 좌절되고 평생 근심 속에 소일하리라.

姓 數	1		9		17	
名 數	3	27	11	35	19	43
總 數	4	28	20	44	36	60

天 崩 地 陷 格 (천붕지함격)

(要 訣)

庚戌 ▬▬ ▬▬ 官鬼

1. 남을 위하여 성심을 다하여 돕지만 막상 자가(自家)를 돕지 못한다.

庚申 ▬▬ ▬▬ 父母
(世)

2. 적막강산(寂寞江山)에 낙화유수(落花流水)로다.

庚午 ▬▬ ▬▬ 妻財

己亥 ▬▬▬▬ 兄弟

己丑 ▬▬ ▬▬ 官鬼
(應)

己卯 ▬▬ ▬▬ 子孫

(解 說)

1. 합격자(合格者)는 광명(光明)한 대용인물(大用人物)로서 서로 협력하여 능히 大事를 성취하고 출세하리라.

2. 불합격자(不合格者)는 재능은 있으나 오만하여 인화(人和)를 잃고 뜻을 이루지 못하리라.

또한 골육상쟁(骨肉相爭)을 초래하며, 자기 꾀에 자기가 우물에 빠지는 우(愚)를 범하리라.

姓 數	1		9		17	
名 數	19	43	3	27	11	35
總 數	20	44	12	36	28	52

飛將衝天格 (비장충천격)

(要 訣)

庚戌 ▬▬ ▬▬ 官鬼

1. 귀인을 만나면 머리에 월계관(月桂冠)을 쓰고 보물을 희롱한다.

庚申 ▬▬ ▬▬ 父母
　　　　　(世)

2. 비록 귀인이 되더라도 동료의 모함을 조심하라.

庚午 ▬▬▬▬▬ 妻財

己亥 ▬▬▬▬▬ 兄弟

己丑 ▬▬ ▬▬ 官鬼
　　　　　(應)

己卯 ▬▬▬▬▬ 子孫

(解 說)

1. 合格者는 재능과 지능이 뛰어나지만 불리한 시운(時運)과 불우한 환경을 만났으니 어렵다.

2. 不合格者는 역시 준수한 인물이나 신세타령을 면치 못하리라. 비록 大事를 도모하지만 호사다마격(好事多魔格)으로 결실을 보지 못하리라.

姓數	1		9		17	
名數	11	35	19	43	3	27
總數	12	36	28	52	20	44

虛實相應格 (허실상응격)

(要訣)

庚戌 ▅▅ ▅▅ 官鬼

庚申 ▅▅ ▅▅ 父母
　　　(世)

庚午 ▅▅▅▅▅ 妻財

己亥 ▅▅▅▅▅ 兄弟

己丑 ▅▅ ▅▅ 官鬼
　　　(應)

己卯 ▅▅▅▅▅ 子孫

1. 성공(成功), 가정(家庭), 신명(身命), 자손문제(子孫問題)가 일정(一定)치 않다.

2. 특수한 방면에서 명사(名士)가 되고 성공한다.

3. 혁명가(革命家)나 문학(文學), 예술(藝術), 정경가(政經家)를 배출(輩出) 한다.

(解說)

1. 합격자(合格者)는 덕화풍후(德化豊厚)하여 주위에 인재들이 모인다. 또한 문장도덕(文章道德)이 출중하고 명진사해(名振四海)하니 대귀진인(大貴之人)이로다.

2. 불합격자(不合格者) 역시 재능이 뛰어나고 능히 현인정사(賢人正士)를 만나 大事를 도모하고 입신양명하리라. 그러나 독단적으로 처리하면 타인의 음해로 눈물을 흘리리라.

姓數	1		9		17	
名數	12	36	20	44	4	28
總數	13	37	29	53	21	45

元 吉 无 咎 格 (원길무구격)

（要 領）

辛卯 ▇▇ 兄弟
　(應)

1. 세상사(世上事)를 크게 바라보고 용감하게 전진하라.

辛巳 ▇▇ 子孫

2. 女人을 희롱하다가 크게 봉변을 당하리라.

辛未 ▇ ▇ 妻財

庚辰 ▇ ▇ 妻財
　(世)

庚寅 ▇ ▇ 兄弟

更子 ▇▇ 父母

（解 說）

1. 합격자(合格者)는 큰일을 위하여 만전(萬全)을 기하고, 공을 세워 이름을 떨치리라.

2. 불합격자(不合格者)는 천직(天職)을 가지고 안락하게 살며 만사가 뜻대로 이루어지리라.
여자는 남편을 대신하여 활동하리라.

姓 數	1		9		17	
名 數	4	28	12	36	20	44
總 數	5	29	21	45	37	61

麟 鳳 呈 祥 格 (인봉정상격)

(要 領)

辛卯 ▆▆ ▆▆ 兄弟
　　　(應)

辛巳 ▆▆▆▆▆ 子孫

辛未 ▆▆ ▆▆ 妻財

庚辰 ▆▆ ▆▆ 妻財
　　　(世)

庚寅 ▆▆ ▆▆ 兄弟

庚子 ▆▆▆▆▆ 父母

1. 관재구설수와 형액(刑厄)을 면키 어려우리라.

2. 부녀자는 가정을 문란케 하리라.

3. 甲戌생 여자는 신상에 파란이 많다.

(解 說)

1. 합격자(合格者)는 위기가 닥치면 힘껏 노력하여 이를 극복하여 만인을 편안하게 하리라.

2. 불합격자(不合格者)는 인내심이 강하고 지략이출중하다.
　단, 수리(數理)가 흉하면 불의 재난을 유발하게 되므로 명심하여야 한다.

姓 數	1		9		17	
名 數	20	44	4	28	12	36
總 數	21	45	13	37	29	53

元 善 之 吉 格 (원선지길격)

	(要 領)
辛卯 ■ ■ 兄弟 　　　(應) 辛巳 ■ ■ 子孫 辛未 ■ ■ 妻財 庚辰 ■ ■ 妻財 　　　(世) 庚寅 ■ ■ 兄弟 庚子 ■ ■ 父母	1. 위험이 닥쳐도 능히 극복하니 전정(前程)이 뜻대로 이루어지리라. 2. 女人은 남편과 자식을 위해 헌신(獻身)하니 가내가 태평하리라

(解 說)

　1. 합격자(合格者)는 上下가 합심하여 도와주므로 큰 뜻을 이루리라.

　2. 불합격자(不合格者) 역시 덕이 많은 인사로서 평생 동안 안락하게 지내리라.
　혹은 승려(僧侶)로서 입신(立身)을 하거나, 상업에 종사하여 큰 이득을 얻으리라.

姓數	1		9		17	
名數	21	45	5	29	13	37
總數	22	46	14	38	30	54

坐井觀天格 (좌정관천격)

(要領)

戊子 ▬▬ ▬▬ 父母

戊戌 ▬▬▬▬▬ 妻財
　(世)

戊申 ▬▬ ▬▬ 官鬼

辛酉 ▬▬▬▬▬ 官鬼

辛亥 ▬▬ ▬▬ 父母
　(應)

辛丑 ▬▬ ▬▬ 妻財

1. 수흉자(數凶者)는 이질(痢疾) 혹은 구토(嘔吐)로 고생하겠다.

2. 세상에서 쓰임을 받지 못하니 안타깝도다. 未年生은 형액(刑厄)을 당하겠고, 辰年生은 파산하게 되겠다.

(解說)

1. 합격자(合格者)는 덕이 많은 인사이나 결국 성공하지 못하고 혼자 탄식하리라.

2. 불합격자(不合格者)는 성패(成敗)가 무상(無常)이라 불우한 인생이다. 또는 자유를 얻지 못하고 새장안의 새의 신세가 되거나 혹은 병환으로 신음한다.

姓數	1		9		17	
名數	13	37	21	45	5	29
總數	14	38	30	54	22	46

有 用 無 用 格 (유용무용격)

(要 領)

戊子 ▬▬ ▬▬ 父母

戊戌 ▬▬▬▬▬ 妻財
(世)

戊申 ▬▬ ▬▬ 官鬼

辛酉 ▬▬▬▬▬ 官鬼

辛亥 ▬▬ ▬▬ 父母
(應)

辛丑 ▬▬ ▬▬ 妻財

1. 인생 40이 지나면서 명리(名利)가 점점 향상하리라.

2. 오랫동안 앓던 풍온지질(風溫之疾)이 심하여 피골(皮骨)이 상접하도다.

(解 說)

1. 合格者는 명민한 인재로서 비록 세상에 쓰임을 받지 못하나 스스로 큰 공을 세워 명리(名利)를 달성한다.

2. 不合格者는 부귀(富貴)를 얻지 못 한다. 만약 계책이 없으면 항상 슬픈 인생으로 전락하리라. 이럴 때는 분수를 지키고 근신해야 한다. 수흉자(數凶者)는 불의의 사고로 곤란을 당한다.

姓 數	1		9		17	
名 數	5	29	13	37	21	45
總 數	6	30	22	46	38	62

清 泉 渴 飮 格 (청천갈음격)

(要 領)

戊子 ▬▬ ▬▬ 父母

1. 갑을년(甲乙年) 4월, 5월생은 사업으로 치부(致富)한다

戊戌 ▬▬▬▬▬ 妻財
(世)

2. 갑술순중(甲戌旬中) 1, 2월생 女人은 독수공방격(獨守空房格)이다.

戊申 ▬▬ ▬▬ 官鬼

3. 수흉자(數凶者)는 고독하고 외로운 사람이니라.

辛酉 ▬▬▬▬▬ 官鬼

辛亥 ▬▬▬▬▬ 父母
(應)

辛丑 ▬▬ ▬▬ 妻財

(解 說)

1. 합격자(合格者)는 탁월한 인재로서 만사 선처(善處)하여 大功을 이루고 복록을 받는다. 혹은 달도(達道)한 인사로서 안빈낙천(安貧樂天)하여 평생 근심걱정이 없느니라.

2. 불합격자(不合格者) 역시 청담(淸淡)한 재사(才士)이나 실패가 많고 변동이 많은 생활을 하게 된다. 고로 비승(非僧) 비속(非俗)이다.

姓數	1		9		17	
名數	6	30	14	38	22	46
總數	7	31	23	47	39	63

不可不正格 (불가부정격)

	(要領)
丙寅 ▬▬▬ 父母 丙子 ▬ ▬ 官鬼 丙戌 ▬ ▬ 子孫 (世) 丙午 ▬ ▬ 妻財 戊辰 ▬ ▬ 子孫 戊寅 ▬ ▬ 父母 (應)	1. 추위와 더위에도 견딜 수 있는 체력을 가져 능히 장수하리라. 2. 귀인이 도와주니 어찌 부귀공명(富貴功名)하지 않겠는가.

(解說)

 1. 합격자(合格者)는 인화(人和)와 덕성으로 이름을 날리리라. 혹은 학문계통이나 형무계통(刑務系統)에 종사하리라. 단, 월권행동을 삼가라.
 2. 불합격자(不合格者)는 공무원 혹은 명사(名士)로서 의식이 풍족하고 평생을 편하게 지내리라. 단, 수흉자(數凶者)는 관재구설수가 많으며 한 사람의 잘못이 많은 사람에게 미치리라.

姓數	1		9		17	
名數	22	46	6	30	14	38
總數	23	47	15	39	31	55

棄本逐末格 (기본축말격)

(要領)

丙寅 ▇▇ 父母

丙子 ▇ ▇ 官鬼

丙戌 ▇ ▇ 子孫 (世)

戊午 ▇ ▇ 兄弟

戊辰 ▇ ▇ 子孫

戊寅 ▇ ▇ 父母 (應)

1. 男子는 주색으로 망신당하니 삼가라.

2. 女子는 본부(本夫)를 배반하고 기첩지격(妓妾之格)이다.

3. 항상 관재와 구설을 조심할 것.

(解說)

1. 합격자(合格者)는 재치가 있어 일시 명리를 달성하나 필경에는 도로 무익하리라. 마음을 닦고 정도(正道)를 가면 말년은 길하리라.

2. 불합격자(不合格者)는 위인이 졸열(拙劣)하고 매사 되는 일이 없고 뜬 구름과 같으니 주색으로 패가망신하리라. 東西를 돌아다녀도 사면초가(四面楚歌)니라.

姓 數	1		9		17	
名 數	14	38	22	46	6	30
總 數	15	39	31	55	23	47

至誠自歸格 (지성자귀격)

(要 領)

丙寅 ▅▅ ▅▅ 父母

1 조상 덕으로 성공하거나 등과(登科)하리라.

丙子 ▅▅ ▅▅ 官鬼

2. 女子는 자립심이 강하고 남편역을 대행한다.

丙戌 ▅▅ ▅▅ 子孫
　　　　(世)

3. 갑진무진생(甲辰,戊辰生)은 패격(敗格)

戊午 ▅▅ ▅▅ 兄弟

戊辰 ▅▅ ▅▅ 子孫

戊寅 ▅▅ ▅▅ 父母
　　　　(應)

(解 說)

 1. 합격자(合格者)는 어릴 때 명민(明敏)하고 장년기(壯年期)에 현인정사(賢人正士)와 교제하여 자기 덕성을 기르고 능히 대지대업(大志大業)을 달성하리라.

 2. 불합격자(不合格者)는 역시 위인이 성실 근면하고 타인과 상합(相合)하여 분수를 지키므로 평생 안과(安過)하리라.

姓 數	1		9		17	
名 數	15	39	23	47	7	31
總 數	16	40	32	56	24	48

卑 以 自 牧 格 (비이자목격)

	(要 領)
癸酉 ▬▬ ▬▬ 兄弟 癸亥 ▬▬ ▬▬ 子孫 　　　　(世) 癸丑 ▬▬ ▬▬ 父母 丙申 ▬▬ ▬▬ 兄弟 丙午 ▬▬ ▬▬ 官鬼 　　　　(應) (己) (巽) 丙辰 ▬▬ ▬▬ 父母	1. 보물 실은 배가 해안(海岸)에 도착 하였으니 반드시 큰 리(利)를 얻는다. 2. 一夫 三妻가 한집안에 살고 관성(官星)이 공망(空亡)이 되면 필상부(必傷夫)라.

(解 說)

1. 합격자(合格者)는 겸손한 인사로서 능히 上下의 신망을 받아 뜻을 이루고 立身出世하리라

2. 불합격자(不合格者)는 게을러서 진취성이 부족하고 타향에서 고생하거나 行商, 行術 등으로 四方을 배회(徘詼)하며 지낸다.

姓數	1		9		17	
名數	7	31	15	39	23	47
總數	8	32	24	48	40	64

勞謙得吉格 (노겸득길격)

	(要 領)
癸酉 ▅▅ ▅▅ 兄弟	1. 다방면으로 솔선수범하여 지도자가 된다.
癸亥 ▅▅ ▅▅ 子孫 (世)	2. 경신(庚申),신유(辛酉)生人은 남자(男子)는 상처지상(傷處之相)이며 복이 있으나 재물은 없도다.
癸丑 ▅▅ ▅▅ 父母	
丙申 ▅▅ ▅▅ 兄弟	
丙午 ▅▅ ▅▅ 官鬼 ((應)	
丙辰 ▅▅ ▅▅ 父母	

(解 說)

1. 합격자(合格者)는 문필가(文筆家)로 이름을 날리고 도덕출중(道德出衆)이라 큰일을 성취하고 이름을 사해(四海)에 떨치리라.

2. 불합격자(不合格者)는 성실한 사람으로 경영하는 일이 이루어지고 평생 평안하다
 단(但), 수리(數理)가 좋지 않으면 노력은 하되 결실이 없다.

姓 數	1		9		17	
名 數	23	47	7	31	15	39
總 數	24	48	16	40	32	56

萬 物 輝 生 格 (만물휘생격)

	(要 領)
癸酉 ▬▬ ▬▬ 兄弟 癸亥 ▬▬ ▬▬ 子孫 　　　　　(世) 癸丑 ▬▬ ▬▬ 父母 丙申 ▬▬▬▬▬ 兄弟 丙午 ▬▬▬▬▬ 官鬼 　　　　　(應) (己) 丙辰 ▬▬ ▬▬ 父母 (妻)	1. 구름이 걷히고 달이 밝으니 온 天地가 훤하도다. 2. 사법기관(司法機關)이나 형무관(刑務官) 또는 수도객(修道客)이 천직(天職)이다.

(解 說)

1. 합격자(合格者)는 덕을 숭상하고 공을 세워 그 이름을 天下에 떨치리라.
　영웅호걸(英雄豪傑)이 바로 이 사람 이로다.
2. 불합격자(不合格者)는 문장(文章)과 무공(武功)으로 위풍(威風)을 사린(四隣)에 떨치리라.
　혹은 귀인을 만나 성사하고 입신출세하리라. 간혹 강폭한 자로서 시비를 일삼는 자도 있다.

姓數 2, 10, 18

姓 數	2		10		18	
名 數	15	39	23	47	7	31
總 數	17	41	33	57	25	49

南 山 豹 隱 格 (남산작은격)

(要 訣)

壬戌　　■■■■　　父母

1. 정도(正道)를 지키고 악(惡)을 멀리하는 선인(善人)이다.

壬申　　■■■■　　兄弟
　　　　　(應)

2. 성수(姓數) 10획인 女人으로 명수(名數)가 23, 33인 者는 과부(寡婦)거나 혼자 멋대로 사는 女子다.

壬午　　■■■■　　官鬼

丙申　　■■■■　　兄弟

丙午　　■■　■■　官鬼
　　　　　(世)

(己卯妻財)

丙辰　　■■　■■　父母

(解 說)

1. 합격자(合格者)는 뜻을 굽히지 않고 사악(邪惡)한 일을 멀리하며 덕인(德人)으로 살거나 임야(林野)에 은거(隱居)하며 산다. 때가 도래하면 자기목적을 달성하고 명성이 높다.
2. 불합격자(不合格者)는 위인이 완고하여 고집불통이라 융통성이 없어 매사에 결과가 없다.

姓 數	2		10		18	
名 數	7	31	15	39	23	47
總 數	9	33	25	49	41	65

早達龍門格 (조달용문격)

(要 訣)

壬戌　▬▬　父母

壬申　▬▬　兄弟
　　　　(應)

壬午　▬▬　官鬼

丙申　▬▬　兄弟

丙午　▬ ▬　官鬼
　　　　(世)

丙辰　▬ ▬　父母

1. 소인배들이 주위에 있어 심신(心身)이 피곤하다.

2. 甲子生이 임수(壬水)가 공망(空亡)을 만나면 자손에게 우환이 있도다.

(解 說)

1. 합격자(合格者)는 지략(智略)이 출중하여 큰 뜻을 이루고 부귀겸전(富貴兼全)하리라.

2. 불합격자(不合格者)는 고집이 대단하여 권세에 아첨하고 타산적이라 항상 마음이 고달프다.

姓 數	2		10		18	
名 數	23	47	7	31	15	39
總 數	25	49	17	41	33	57

自 由 自 專 格 (자유자전격)

(要 訣)

壬戌	▬▬▬	父母
壬申 (應)	▬▬▬	兄弟
壬午	▬▬▬	官鬼
丙申	▬▬▬	兄弟
丙午 (世)	▬ ▬	官鬼
丙辰	▬ ▬	父母

1. 큰 인물이면 출장입상격(出將入相格)이다.

2. 일체의 구애 없이 달도(達道)한 명사(名士)로다.

3. 中年에 특별한 기회가 와서 대성한다.

(解 說)

1. 합격자(合格者)는 천성이 정대(正大)하고 명민(明敏)하여 능히 큰 뜻을 달성하고 입신양명(立身揚名)하리라.

2. 불합격자(不合格者) 역시 平生동안 시비(是非)나 관재구설(官災口舌)이 없고 의식주(衣食住)가 편안하며 중년기(中年期)를 지나면 안락하게 지내리라.

姓 數	2		10		18	
名 數	24	48	8	32	16	40
總 數	26	50	18	42	34	58

引 吉 無 咎 格 (인길무구격)

(要 訣)

丁未 ▬▬ ▬▬ 父母

丁酉 ▬▬ ▬▬ 兄弟
　　　　(應)

丁亥 ▬▬ ▬▬ 子孫

乙卯 ▬▬ ▬▬ 兄弟

乙巳 ▬▬ ▬▬ 官鬼
　　　　(世)

乙未 ▬▬ ▬▬ 父母

1. 3年동안 못 만나던 인연이 결국 만나게 되리라.

2. 조상(祖上)에게 정성껏 제사(祭祀)지내면 반드시 경사(慶事)가 있으리라.

(解 說)

1. 합격자(合格者)는 지극한 성심으로 노력한 보람이 있어 하늘이 감동하여 대사를 이루고 大成하리라.

2. 불합격자(不合格者)는 역시 귀인의 도움을 받아 명리를 달성하고 홍업(弘業)을 이루어 형복(亨福)하리라. 그러나 성실하지 못하고 방종하는 자는 반드시 하늘이 용서치 않으리라.

姓 數	2		10		18	
名 數	16	40	24	48	8	32
總 數	18	42	34	58	26	50

大 吉 無 咎 格 (대기무구격)

	(要 訣)
丁未 ▬▬ ▬▬ 父母	1. 최선을 다하여 上下의 신뢰를 받는다.
丁酉 ▬▬▬▬▬ 兄弟 (應)	2. "世"가 공망(空亡)이 된 女子는 독수공방격(獨守空房格)이다.
丁亥 ▬▬▬▬▬ 子孫	3. 을해생(乙亥生), 갑자생(甲子生)은 호사다마격(好事多魔格)이며 익사지상(溺死之相)이다.
乙卯 ▬▬ ▬▬ 妻財	
乙巳 ▬▬ ▬▬ 官鬼 (世)	
乙未 ▬▬ ▬▬ 父母	

(解 說)

1. 합격자(合格者)는 중망(衆望)이 있고 도처에서 공을 세워 명성을 얻는다.
   혹은 급히 용퇴(勇退)하여 보신(保身)하리라.
2. 불합격자(不合格者)는 타인의 질투를 어찌 면할꼬. 재주는 있으나 덕이 없는 사람이라 大事를 도모하면 도리어 화액(禍厄)을 당하리라.

姓 數	2		10		18	
名 數	9	33	17	41	1	25
總 數	11	35	27	51	19	43

大 車 以 載 格 (대차이재격)

(要 訣)

己巳 ▬▬▬ 官鬼
　　　(應)

1. 큰 수레에 가득 재물을 적재하니 더 바랄 것 없다.

己未 ▬ ▬ 父母

2. 하나를 물으면 열을 알고 있으니 재능이 뛰어나지만 박명(薄命)이다. 女命은 八字가 기박하다.

己酉 ▬▬▬ 兄弟

甲辰 ▬ ▬ 父母
　　　(世)

甲寅 ▬▬▬ 妻財

甲子 ▬ ▬ 子孫

(解 說)

1. 합격자(合格者)는 큰 재목으로서 天下에 大功을 세우는 대정사(大正士)로다.
2. 불합격자(不合格者)역시 대용지재(大用之材)로서 소임을 완수하고 가히 큰 공을 이루리라.
　또한 수(壽)와 복(福)을 형유(亨有)하니 안락한 생활을 하고 백사(百事)가 여의(如意)하니 날로 부귀를 누리리라. 단(但), 수흉자(數凶者)는 교통사고를 조심하라.

姓 數	2		10		18	
名 數	8	32	16	40	16	48
總 數	10	34	26	50	34	66

佩劍登殿格 (패검등전격)

(要 訣)

丁未 ▰▰ ▰▰ 父母

丁酉 ▰▰▰▰ 兄弟
　　　　(應)

丁亥 ▰▰▰▰ 子孫

乙卯 ▰▰ ▰▰ 妻財

乙巳 ▰▰ ▰▰ 官鬼
　　　　(世)

乙未 ▰▰ ▰▰ 父母

1. 비리(非理)를 버리고 정의(正義)를 찾으면 태연자안(泰然自安)하리라.
2. 수액(水厄), 객사(客死), 형액(刑厄), 피살(被殺), 혈상(血相), 고독지명(孤獨之命)이다.

(解 說)

1. 합격자(合格者)는 비록 얻는 것은 적으나 가히 신명을 보호하고 난세(亂世)에도 초연하니 화를 면할 수 있다.

2. 불합격자(不合格者)는 유약(柔弱)한 인물로서 고립되여 사고무친(四顧無親)이라 외로운 人生이로다. 만인이 경시(輕視)하니 근신하지 아니하면 스스로 무덤을 파는 격(格)이 된다.

姓 數	2		10		18	
名 數	1	25	9	33	17	41
總 數	3	27	19	43	35	59

智 達 明 辨 格 (지달명변격)

	(要 訣)
己巳 ▬▬ ▬▬ 官鬼 (應) 己未 ▬▬ ▬▬ 父母 己酉 ▬▬ ▬▬ 兄弟 甲辰 ▬▬ ▬▬ 父母 (世) 甲寅 ▬▬ ▬▬ 官鬼 甲子 ▬▬ ▬▬ 子孫	1. 고위직(高位職)이나 혹은 보좌관(輔佐官)의 위치에 오른다. 2. 女子는 유부(有夫)면 무자팔자(無子八字)로, 유자(有子)면 남편과 이별할 팔자이다.

(解 說)

1. 합격자(合格者)는 권위가 있는 직책을 맡게 되며 무사공평(無私公平)하여 대업(大業)을 달성하고 부귀안락하리라.

2. 불합격자(不合格者)는 목전의 이익만 탐하다가 필경 화(禍)를 자취(自取)하리라.

姓 數	2		10		18	
名 數	17	41	1	25	9	33
總 數	19	43	11	35	27	51

自 天 祐 助 格 (자천우조격)

(要 訣)

己巳 ■■官鬼
　　　(應)

1. 하늘은 스스로 돕는 자를 돕느니라.

己未 ■ ■父母

2. 보건위생(保健衛生)하면 천수(天壽)를 다하리라.

己酉 ■■兄弟

3. "세(世)"가 흉살(凶殺)에 있고 망동자(妄動者)는 필봉대난(必逢大難)이 있으니 매사 신중하라.

甲辰 ■■父母
　　　(世)

甲寅 ■■妻財

甲子 ■ ■子孫

(解 說)

1. 합격자(合格者)는 만이불일(滿而不溢)하고 천지합덕(天地合德)하나니 고로 만사형통(萬事亨通) 하리라.

2. 불합격자(不合格者)는 도덕지사(道德之士)로서 성격이 청순하고 화평하여 평생 안정하리라. 단(但), 수흉자(數凶者)는 망동하여 반드시 큰 액을 당하리라.

姓 數	2		10		18	
名 數	18	42	2	26	10	34
總 數	20	44	12	36	28	52

抱 道 幽 谷 格 (포도유곡격)

(要 訣)

庚戌 ▬▬ ▬▬ 父母
　　　　(應)

庚申 ▬▬▬▬▬ 兄弟

庚午 ▬▬▬▬▬ 官鬼

丁丑 ▬▬ ▬▬ 父母
　　　　(世)

丁卯 ▬▬ ▬▬ 妻財

丁巳 ▬▬ ▬▬ 官鬼

1. 女子는 재능이 출중하나 열등(劣等)한 우부(愚夫)를 만난다.

2. 男子는 처궁불리(妻宮不利)하여 재혼(再婚), 삼혼(三魂)한다.

(解 說)

 1. 합격자(合格者)는 비록 재지(才智)는 있으나 기회를 만나지 못하니 自重하고 일편단심 心身을 수련하여 정진하면 末年에 성공 할 수 있다.

 2. 불합격자(不合格者)는 비록 명리(名利)와는 거리가 멀지만 자족(自足)한 생활을 보낸다. 혹은 세속(世俗)을 떠나 임간(林間)에서 청담지사(淸淡之士)로 지내리라.

姓 數	2		10		18	
名 數	10	34	18	42	2	26
總 數	12	36	28	52	20	44

有 待 而 行 格 (유대이행격)

(要 訣)

庚戌 ■ ■ 父母
　　　　(應)

庚申 ■ ■ 兄弟

庚午 ■■■ 官鬼

丁丑 ■ ■ 父母
　　　　(世)

丁卯 ■■■ 妻財

丁巳 ■■■ 官鬼

1. 女子는 친정에 살게 되고 부가(夫家)에 가지 않는다.

2. 女子가 원한을 품으면 五月하늘에 서리가 내리니 미리 예방하라.

(解 說)

1. 합격자(合格者)는 정대(正大)한 인사로서 때를 기다리니 유종(有終)의 미(美)를 거두고 공을 세워 입신출세하리라.

2. 불합격자(不合格者)는 비록 덕은 있으나 운기가 너무 늦어 바쁘기만 하고 난관이 많다.
　혼기(婚期)도 늦게 서야 돌아오리라.

姓 數	2		10		18	
名 數	2	26	10	34	18	42
總 數	4	28	20	44	36	60

有 名 無 實 格 (유명무실격)

	(要 訣)
庚戌 ▬▬ ▬▬ 父母 　　　　　(應) 庚申 ▬▬ ▬▬ 兄弟 庚午 ▬▬▬▬▬ 官鬼 丁丑 ▬▬ ▬▬ 父母 　　　　　(世) 丁卯 ▬▬▬▬▬ 妻財 丁巳 ▬▬▬▬▬ 官鬼	1. 대흉격(大凶格)이라. 허무한 생활을 보내는 격이다. 2. 결혼생활에 파탄이 생기고 유전(流轉)하게 된다. 3. 女子는 재혼(再婚), 삼혼(三婚) 팔자거나 혹은 소실(小室)이 된다.

(解 說)

1. 합격자(合格者)는 이상(理想)은 높으나 대성(大成)하기는 어렵다. 그러나 열심히 정진(精進)하면 천신만고(千辛萬苦)끝에 공(功)을 세우고 명성(名聲)을 얻으리라.

2. 불합격자(不合格者)는 위인이 혼미하여 허송세월 하리라. 고독한 신세라 풍전등화(風前燈火)같으니 가정적으로는 비애(悲哀)가 많겠다.

姓 數	2		10		18	
名 數	3	27	11	35	19	43
總 數	5	29	21	45	37	61

福澤興隆格 (복택흥융격)

(要 領)

辛卯 ■■ 父母

1. 서로 합심하여 추진하던 일이 반드시 이루어지리라.

辛巳 ■■ 兄弟
　　　(應)

2. 수흉자(數凶者)는 삼원(三元)이 불리한즉 정신이상 또는 폐인이 되기 쉽다.

辛未 ■ ■ 子孫

己亥 ■ ■ 兄弟

己丑 ■ ■ 官鬼
　　　(世)

己卯 ■■ 父母

(解 說)

1. 합격자(合格者)는 유순(柔順)한 성품으로 하늘을 공경하고 화합하니 능히 대성(大成)을 이루고 이름을 四海에 떨치리라.
　女子는 남편을 위하고 자식에게 헌신하니 집안이 융성하리라.

2. 불합격자(不合格者)는 의식이 풍족하고 일신이 평안하도다. 단(但), 작당작사(作黨作事)하면 모든 일이 허사가 되고 말리라.

姓 數	2		10		18	
名 數	19	43	3	27	11	35
總 數	21	45	13	37	29	53

富 有 日 新 格 (부유일신격)

(要 領)

辛卯 ▬▬ ▬▬ 父母

1. 신사생(辛巳生)은 자손이 공망(空亡) 되면 재물은 있으나 자식이 없어 양자를 둔다.

辛巳 ▬▬▬▬▬ 兄弟
   (應)

2. 닭띠 1, 2月生人은 재물을 잃고 파산 한다.

辛未 ▬▬ ▬▬ 子孫

己亥 ▬▬▬▬▬ 兄弟

己丑 ▬▬ ▬▬ 官鬼
   (世)

己卯 ▬▬ ▬▬ 父母

(解 說)

1. 합격자(合格者)는 유순지덕(柔順之德)으로 능히 대업을 이루고 큰 은덕을 사회에 베풀어 신망이 높다.

2. 불합격자(不合格者)는 고향에서 유복한 인사로서 날로 발전하여 크게 성공하리라.

姓 數	2		10		18	
名 數	11	35	19	43	3	27
總 數	13	37	29	53	21	45

播 天 舞 地 格 (파천무지격)

	(要 領)
辛卯 ■■ 父母 (應)	1. 천문(天文)에 밝고 지리(地理)에 순응(順應)하니 헌책지사(獻策之士)로다.
辛巳 ■■ 兄弟	2. 만일 흉살(凶殺)에 임하면 형액(刑厄), 범죄(犯罪), 수액(水厄) 등이 따른다.
辛未 ■ ■ 子孫	
己亥 ■ ■ 兄弟	
己丑 ■ ■ 官鬼 (世)	
己卯 ■■ 父母	

(解 說)

1. 합격자(合格者)는 성실화합하고 인격자로서 만사대길이로다.

2. 불합격자(不合格者)는 역시 그 성품이 부드러우니 제가치국(濟家治國)하리라.

또한 덕망이 높고 위풍이 천리밖에 이르니 도처에 만인이 우러러 보리라.

姓 數	2		10		18	
名 數	12	36	20	44	4	28
總 數	14	38	30	54	22	46

月夜獨鳴格 (월야독명격)

(要 領)

戊子 ▬▬ 兄弟

戊戌 ▬▬ 官鬼 (應)

戊申 ▬▬ 父母

庚辰 ▬▬ 官鬼

庚寅 ▬▬ 子孫 (世)

(己)(妻助)

庚子 ▬▬ 兄弟

1. 상대를 고르다가 혼기를 놓친다.

2. 女子는 조혼(早婚)하면 생리사별(生離死別)하게 되고 재혼(再婚)한 후에 안정된다

(解 說)

1. 합격자(合格者)는 수분정도(守分正道)하여 권위에 아첨하지 않고 만사 순리대로 살리라.

2. 불합격자(不合格者)는 고향을 떠나 객지에서 신고가 많도다. 10年間 쌓은 공이 수포로 돌아간다. 혹은 사회와 격리되어 홀로 생활하기 쉽다.

姓 數	2		10		18	
名 數	4	28	12	36	20	44
總 數	6	30	22	46	38	62

求賢濟屯格 (구현제둔격)

(要 領)

戊子 ■ ■ 父母

戊戌 ■ ■ 兄弟
(應)

戊申 ■ ■ 子孫

庚辰 ■ ■ 兄弟

庚寅 ■ ■ 官鬼
(世)

庚子 ■ ■ 父母

1. 스스로 자각하여 일을 처리하므로 귀인의 도움을 받아 大成한다.

2. 전체조직(全體組織)이 불리하면 단명(短命), 요절지객(夭折之客)이라. 대개 불행한 격이다.

(解 說)

1. 합격자(合格者)는 자기의 결점을 자각하고 현인(賢人)을 만나 그 도움을 받아 성공한다.

2. 불합격자(不合格者)는 고향을 떠나 고생하고 심신이 유약하며 또한 결단심이 부족하므로 크게 발전하지 못하나 좋은 친구를 만나면 유종(有終)의 미를 거둔다.

姓 數	2		10		18	
名 數	20	36	4	28	12	36
總 數	22	38	14	38	30	54

泣望靑山格 (읍망청산격)

(要 領)

戊子 ▬▬ 兄弟

戊戌 ▬▬ 官鬼 (應)

戊申 ▬▬ 父母

庚辰 ▬▬ 官鬼

庚寅 ▬▬ 子孫 (世)

庚子 ▬▬ 兄弟

1. 사고무친(四顧無親)이라 사방을 둘러보아도 도우는 사람이 없도다.

2. 타인의 음해를 선방(善防)하고 예방하라.

(解 說)

1. 합격자(合格者)는 아무리 뛰어난 재능이 있다 하더라도 공명을 얻기 어렵도다.

2. 불합격자(不合格者)는 육친(六親)을 형상(刑傷)하고 홀로 천리타향에 살게 되며 비애가 끊이지 않도다. 처지가 어려우니 어찌 평탄(平坦)하랴.

姓 數	2		10		18	
名 數	21	45	5	29	13	37
總 數	23	47	15	39	31	55

正 照 萬 里 格 (정조만리격)

(要 訣)

丙寅 ▬▬ ▬▬ 兄弟
    (應)

丙子 ▬▬ ▬▬ 父母

丙戌 ▬▬ ▬▬ 妻財

辛酉 ▬▬▬▬ 官鬼
    (世)

辛亥 ▬▬ ▬▬ 父母

辛丑 ▬▬ ▬▬ 妻財

1. 大人은 출장입상격(出將入相格)이요, 소인(小人)은 진퇴무상(進退無常)이다.

2. 경인(庚寅), 경진생(庚辰生)은 밀월동방(蜜月洞房)에 화촉(華燭)을 두 번 밝히리라.

즉, 재혼수(再婚數)이다.

(解 說)

1. 합격자(合格者)는 지덕(知德)을 겸비(兼備)한 인재로서 大業을 이루고 이름을 四海에 떨치리라.
2. 불합격자(不合格者)는 역시 정도(正道)를 행하여 개구종신(改構從新)하니 大吉하리라.
  단, 사람들과 상교(相交)할 때 자존심과 고집을 버리고 진심으로 대하면 만인이 우러러 보리라.

姓 數	2		10		18	
名 數	13	37	21	45	5	29
總 數	15	39	31	55	23	47

守 常 居 寬 格 (수상거관격)

(要 訣)

丙寅 ▬▬ 兄弟
　　(應)

丙子 ▬ ▬ 父母

丙戌 ▬ ▬ 妻財

辛酉 ▬▬ 官鬼
　　(世)

辛亥 ▬ ▬ 父母

辛丑 ▬ ▬ 妻財

1. 관상가관(官上加官)하니 男子는 국록지객(國祿之客)이요, 女子는 개가지상(改嫁之相)이로다.

2. 대칙(大則) 장관명(長官命)이요 중칙(中則) 도지사(道知事), 소칙(小則) 군수지명(郡守之命)이로다.

(解 說)

1. 합격자(合格者)는 비록 큰 재목이나 큰일을 감당하지 못하지만 분수를 지키면 결국 길상(吉祥)하리라.

2. 불합격자(不合格者)는 마음이 불안정하고 과단성이 부족하여 작은 일은 성취하나 큰일은 불성이라 가업을 폐하고 우울한 나날을 보내리라. 혹(惑)은 폐질로 신음하고 족질(足疾)로 고생한다.

姓 數	2		10		18	
名 數	5	29	13	37	21	45
總 數	7	31	23	47	39	63

不事王侯格 (불사왕후격)

(要訣)

丙寅 ▬▬▬ 兄弟
    (應)

丙子 ▬ ▬ 父母

丙戌 ▬ ▬ 妻財

辛酉 ▬▬▬ 官鬼
    (世)

辛亥 ▬▬▬ 父母

辛丑 ▬ ▬ 子孫

1. 관직(官職)과는 인연이 없고 세속(世俗)을 떠나 은거(隱居)하는 수도인(修道人)이다.

2. "세(世)"가 공망(空亡)인 女子는 기생이다.

(解說)

1. 합격자(合格者)는 고상한 인격과 덕인(德人)으로서 사회의 공기(公器)가 되리라.

2. 불합격자(不合格者)는 청순한 인사로서 세속(世俗)의 홍진(紅塵)에 물들지 않는 담백한 생애를 보낸다.

姓 數	2		10		18	
名 數	6	30	14	38	22	36
總 數	8	32	24	48	48	64

王三錫命格 (왕삼석명경)

(要 訣)

癸酉 ▬▬ ▬▬ 父母
　　　　(應)

1. 대장(大將)이 명령하니 천하(天下)가 엄숙하도다.

癸亥 ▬▬ ▬▬ 兄弟

2. 대원수격(大元帥格)으로 법사(法師) 전무(專務) 지배인(支配人)이요.

癸丑 ▬▬ ▬▬ 官鬼

여명(女命)도 고위직(高位職)이다.

戊午 ▬▬ ▬▬ 妻財
　　　　(世)

戊辰 ▬▬ ▬▬ 官鬼

戊寅 ▬▬ ▬▬ 子孫

(解 說)

1. 합격자(合格者)는 지인용(智仁勇) 삼덕(三德)을 겸전(兼全)하고 문무양전(文武兩全)하며 내외상제(內外相濟)하니 필성(必成)하리라.

2. 불합격자(不合格者)는 반드시 귀인을 만나 입신출세하고 양명사해(揚名四海)하리라.

姓 數	2		10		18	
名 數	22	46	6	30	14	38
總 數	24	48	16	40	32	56

退 陣 守 備 格 (퇴진수비격)

(要 訣)

癸酉 ▆▆ 父母
　(應)

癸亥 ▆▆ 兄弟

癸丑 ▆▆ 子孫

戊午 ▆▆ 兄弟
　(世)

戊辰 ▆▆ 官鬼

(司刑)
(勇敢) 戊寅 ▆▆ 父母

1. 정유년(丁酉年) 묘월생인(卯月生人)은 문전(門前)에서 폭력배에게 상명(傷命)하리라.

2. 무신년(戊申年) 추절생인(秋節生人)은 어찌 슬하에 영광을 바랄 수 있으랴.

(解 說)

1. 합격자(合格者)는 고위직(高位職)에 임용(任用)되고 난세에 화액(禍厄)을 면하니 안락한 생활을 한다.

2. 불합격자(不合格者)는 이향신고(離鄕辛苦)하고 망동하여 실패하나니라.
　그리하여 구능상(丘陵上)에 누워 있어 이 세상사람이 아니니라.

姓數	2		10		18	
名數	14	38	22	46	6	30
總數	16	40	32	56	24	48

有 賞 有 罰 格 (유상유벌격)

	(要 訣)
癸酉 ▬▬ ▬▬ 父母 (應)	1. 경신년(庚申年), 신유년(辛酉年)에 형옥지화(刑獄之禍)를 조심하라.
癸亥 ▬▬ ▬▬ 兄弟	2. 기예입신(技藝立身)하거나 금(金)이 왕(旺)하고 목(木)이 공망(空亡)에 들면 무자(無子)팔자로다.
癸丑 ▬▬ ▬▬ 官鬼	
戊午 ▬▬ ▬▬ 妻財 (世)	
戊辰 ▬▬▬▬ 官鬼	
戊寅 ▬▬ ▬▬ 子孫	

(解 說)

1. 합격자(合格者)는 정대(正大)한 군자로서 천하에 대공을 세우고 국가에 헌신하리라.

2. 불합격자(不合格者)는 부모덕으로 무사히 지내지만 본시 천박한 운명이라 패가망신하리라.

姓數 3, 11, 19

姓 數	3		11		19	
名 數	14	38	22	46	6	30
總 數	17	41	33	57	25	49

辨 理 之 明 格 (변리지명격)

	(要 訣)
壬戌 ▬▬ 子孫	1. 태(兌)는 구설(口舌)이요 이(離)는 문명(文明)이니 언론(言論), 사상(思想), 문화인(文化人)이라.
壬申 ▬▬ 妻財	2. 분수를 지켜야 平安하며 아니면 수명(壽命)을 재촉하리라.
壬午 ▬▬ 兄弟 (世)	
戊午 ▬ ▬ 兄弟	
戊辰 ▬ ▬ 子孫	
戊寅 ▬ ▬ 父母 (應)	

(解 說)

1. 합격자(合格者)는 심성(心性)이 명민(明敏)하고 관유(寬裕)한 너그러운 인사로서 大事를 성취하리라. 그러나 나를 알아보는 친구가 없다면 어찌 일을 성취할 수 있으리요.

2. 불합격자(不合格者)는 여러 번 풍상을 겪고 긴 탄식을 하게 된다. 삼재팔난과 관재구설이 따르니 필경 패가망신하리라.

姓 數	3		11		19	
名 數	6	30	14	38	22	46
總 數	9	33	25	49	41	65

朝耕暮耕格 (조경모경격)

(要訣)

壬戌 ▬▬ ▬▬ 子孫

壬申 ▬▬ ▬▬ 妻財

壬午 ▬▬▬▬▬ 兄弟
　　　　(世)

戊午 ▬▬ ▬▬ 兄弟

戊辰 ▬▬ ▬▬ 子孫

戊寅 ▬▬ ▬▬ 父母
　　　　(應)

1. 公私를 구분하여 처신하고 리(利)를 탐하지 마라.

2. 해오(亥午)가 절지(絶地)에 있으니 생리사별(生離死別)할 상(象)이로다.

(解說)

1. 합격자(合格者)는 명랑한 성격과 윗사람의 배려로 안정된 생활을 하게 되리라.

2. 불합격자(不合格者)는 타인의 도움으로 일을 성사시키고 덕을 베풀어 안상수분(安常守分)하리라. 만약 분수를 지키지 않으면 객지를 유전(流轉)하며 탄식하리라.

姓 數	3		11		19	
名 數	22	46	6	30	14	38
總 數	25	49	17	41	33	57

不 染 紅 塵 格 (불염홍진격)

(要 訣)

壬戌 ▬▬▬▬ 子孫

壬申 ▬▬▬▬ 妻財

壬午 ▬▬▬▬ 兄弟
　　　(世)

戊午 ▬▬ ▬▬ 兄弟

戊辰 ▬▬ ▬▬ 子孫

戊寅 ▬▬ ▬▬ 父母
　　　(應)

1. 천리타향에서 고향사람으로부터 희소식을 받는다.
옛집에 광명이로다.

2. 화(禍)를 피하려고 동분서주(東奔西走)하나 오히려 궁지에 빠진다.

(解 說)

1. 합격자(合格者)는 정언(正言), 정행(正行)으로 도덕문장(道德文章)이 출중(出衆)하도다.

2. 대체로 처음은 어렵고 후에 형통(亨通)하는 격(格)이나 정도(正道)를 가지 않으면 반드시 화액(禍厄)을 면치 못하리라.

姓 數	3		11		19	
名 數	15	39	23	47	7	31
總 數	18	42	34	58	26	50

感極往吝格 (감극왕색격)

(要訣)

丁未 ▬▬ ▬▬ 父母 (應)

丁酉 ▬▬▬▬▬ 兄弟

丁亥 ▬▬▬▬▬ 子孫

丙申 ▬▬▬▬▬ 兄弟 (世)

丙午 ▬▬ ▬▬ 官鬼

丙辰 ▬▬ ▬▬ 父母

1. 평소에 꾸준히 수양하면 道를 통달하여 만인이 우러러 보리라.

2. 수신정도(修身正道)하면 사필귀정(事必歸正)하리니 감정의 지배를 받지 마라.

(解說)

1. 합격자(合格者)는 진퇴(進退)를 분별하여 행하므로 능히 대사(大事)를 성취하리라.

2. 불합격자(不合格者)는 무절제(無節制)한 인품으로 하천(下賤)을 면하기 어렵도다.
 그러나 자립정신(自立精神)으로 매진(邁進)하면 종내에는 길(吉)하리라.

姓 數	3		11		19	
名 數	23	47	7	31	15	39
總 數	26	50	18	42	34	58

志 在 外 方 格 (지재외방격)

(要 訣)

丁未 ▬▬ ▬▬ 父母
　　　　(應)

丁酉 ▬▬▬▬▬ 兄弟

丁亥 ▬▬▬▬▬ 子孫

丙申 ▬▬▬▬▬ 兄弟
　　　　(世)

丙午 ▬▬ ▬▬ 官鬼

丙辰 ▬▬ ▬▬ 父母

1. 마음이 타향에 있어 외방(外方)의 상인(商人)이로다.

2. 山中의 등불은 밝지를 못하니 분명 승도(僧道)의 길로 간다.

3. 여명(女命)도 八字가 기박하다.

(解 說)

1. 합격자(合格者)는 만난을 극복한 후에 초지(初志)를 달성하고 입신양명하리라.

2. 불합격자(不合格者)는 중년(中年)에 고향을 떠나 자립(自立)하나 만사 뜻대로 되지 않는다
그러나 백절불굴(百折不屈)의 정신으로 정진하면 결국에는 성공하리라.

姓 數	3		11		19	
名 數	7	31	15	39	23	47
總 數	10	34	26	50	42	66

權 好 孝 悌 格 (권호효제격)

(要 訣)

丁未 ▬▬ ▬▬ 父母
　　　　　(應)

丁酉 ▬▬ ▬▬ 兄弟

丁亥 ▬▬▬▬▬ 子孫

丙申 ▬▬▬▬▬ 兄弟
　　　　　(世)

丙午 ▬▬ ▬▬ 官鬼

丙辰 ▬▬ ▬▬ 父母

1. 때를 기다려 움직이고 함부로 행동하지 말지어다.

2. 正士(정사)는 大貴之人(대귀지인)이요. 小人(소인)은 계획이 失敗(실패)로 돌아간다.

(解 說)

1. 합격자(合格者)는 그 뜻이 고상하니 능히 자립하리로다. 君子(군자)의 가문에 화기가 넘치니 훈풍이 자래하도다.

2. 불합격자(不合格者)는 뜻이 혼미하고 偏狹(편협)하여 大事(대사)는 영위하지 못하고 小小營謀(소소영모)로서 保身(보신)하리라.

姓數	3		11		19	
名數	8	32	16	40	24	48
總數	11	35	27	51	43	67

守貞得吉格 (수정득길격)

(要訣)

己巳 ▬▬ 官鬼

己未 ▬ ▬ 父母

己酉 ▬ ▬ 兄弟
　　　(世)

乙卯 ▬ ▬ 妻財

乙巳 ▬ ▬ 官鬼

乙未 ▬ ▬ 父母
　　　(應)

1. 처음은 곤란하나 후에 크게 현달(顯達)하리라.

2. 女命(여명)은 부정(不貞)으로 인하여 부부생활에 고심이 많도다.

(解 說)

1. 합격자(合格者)는 進退(진퇴)가 분명하니 결국에는 保身(보신)하고 종득대길(終得大吉) 하리라.

2. 불합격자(不合格者)는 비록 지혜는 출중하나 날고자 해도 날지 못하니 패가망신하는 상이다. 혹은 태만하여 입신치 못하리라.

姓數	3		11		19	
名數	24	48	8	32	16	40
總數	27	51	19	43	35	59

同道相行格 (동도상행격)

(要訣)

己巳 ▬▬ 官鬼

己未 ▬ ▬ 父母

己酉 ▬▬ 兄弟
　　　(世)

乙卯 ▬ ▬ 妻財

乙巳 ▬ ▬ 官鬼

乙未 ▬ ▬ 父母
　　　(應)

1. 공동사업(共同事業)으로 성공한다.

2. 庚申年(경신년), 辛酉年(신유년) 七,八月生은 생사이별 또는 재혼하게 된다.

(解說)

1. 합격자(合格者)는 서로 믿고 의지하여 서로 이익을 얻는다.

2. 불합격자(不合格者)는 여러 가지 일들이 마음과 뜻대로 이루어지니 역시 편안하리라.
그러나 소인배는 성패(成敗)가 다단(多端)하리라.

姓數	3		11		19	
名數	16	40	24	48	8	32
總數	19	43	35	59	27	51

無心之花格 (무심지화격)

(要訣)

己巳 ▬▬ ▬▬ 父母

己未 ▬▬ ▬▬ 兄弟

己酉 ▬▬ ▬▬ 子孫
(世)

乙卯 ▬▬ ▬▬ 兄弟

乙巳 ▬▬ ▬▬ 官鬼

乙未 ▬▬ ▬▬ 父母
(應)

1. 子年(자년)과 丑年(축년)에는 반드시 큰 경사가 있으리라.

2. 분주히 동서남북을 돌아다니니 큰 보물을 얻게 된다.

(解 說)

1. 합격자(合格者)는 도덕과 문장이 뛰어난 분으로서 가히 천하에 큰 功을 세우게 되리라.

2. 不合格者(불합격자)는 역시 좋으며 마음이 밝고 뜻이 크며 심사숙고 하여 행하니 어찌 성취하지 않으리요. 또한 金玉이 만당(滿堂)하리라.

姓 數	3		11		19	
名 數	17	41	1	25	9	33
總 數	20	44	12	36	28	52

數暗不明格 (수암불명격)

	(要 訣)
庚戌 ▅▅ ▅▅ 兄弟	1. 수변(水邊)의 객사지원혼(客死之怨魂)이로다.
庚申 ▅▅ ▅▅ 子孫	2. 男女가 서로 파연(破緣)되고 재혼(再婚)하는 팔자로다.
庚午 ▅▅▅▅▅ 父母 (世)	
甲辰 ▅▅ ▅▅ 兄弟	
甲寅 ▅▅▅▅▅ 官鬼	
甲子 ▅▅ ▅▅ 妻財 (應)	

(解 說)

 1. 합격자(合格者)는 기회를 상찰(祥察)하여 作事(작사)하므로 가히 身家(신가)를 보전하리라.
 그러나 大事를 성취하기에는 역부족이다.

 2. 불합격자(不合格者)는 경거망동하므로 백사(百事)가 좌절되고 심신이 피곤하다. 또한 쟁송(爭訟)을 자초(自招)하여 평지풍파를 이루고 상면(傷命)하리라.

姓 數	3		11		19	
名 數	9	33	17	41	1	25
總 數	12	36	28	52	20	44

大 圖 名 利 格 (대도명리격)

(要 訣)

庚戌 ▅▅ ▅▅ 兄弟

1. 재취(再娶), 재가지상(再嫁之象)이라 女命은 不利(불리)하다.

庚申 ▅▅ ▅▅ 子孫

2. 형액(刑厄)을 조심하라.

庚午 ▅▅▅▅▅ 父母
(世)

3. 小人은 대사(大事)를 꾀하면 필패하리라.

甲辰 ▅▅▅▅▅ 兄弟

甲寅 ▅▅▅▅▅ 官鬼

甲子 ▅▅▅▅▅ 妻財
(應)

(解 說)

 1. 합격자(合格者)는 가히 군자라 하더라도 도모하는 일들이 결실을 맺지 못하고 실패하리라.
 2. 不合格者(불합격자)는 혈기왕성(血氣旺盛)한 무뢰한(無賴漢)으로서 투쟁(鬪爭)을 일삼고 敗家亡身(패가망신)하리라.
 비록 야망은 크나 화액(禍厄)의 연속이라 진퇴양난(進退兩難)이로다.

姓 數	3		11		19	
名 數	1	25	95	33	17	41
總 數	4	28	20	44	36	60

群 馬 疾 奔 格 (군마질분격)

(要 訣)

庚戌 ▬▬ ▬▬ 兄弟

1. 강한 운기를 살려 시류(時流)에 적응하는 사람이다.

庚申 ▬▬ ▬▬ 子孫

2. 女命은 가정이 불행하고 고독한 팔자.

庚午 ▬▬▬▬ 父母
(世)

3. 정에 약하여 이름을 더럽히기 쉬우니 근신하라.

甲辰 ▬▬ ▬▬ 兄弟

甲寅 ▬▬▬▬ 官鬼

甲子 ▬▬▬▬ 妻財
(應)

(解 說)

1. 합격자(合格者)는 타인의 지식을 빌려 謀事(모사)하게 되니 성과가 적다.

2. 불합격자(不合格者)는 복록(福祿)이 적어서 항상 고달프다. 수흉자(數凶者)는 화(禍)를 자초(自招)하나니라.

姓 數	3		11		19	
名 數	2	26	10	34	18	42
總 數	5	29	21	45	37	61

月 出 東 嶺 格 (월출동령격)

	（要　訣）
辛卯 ▬▬▬▬ 官鬼	1. 고목봉춘(枯木逢春)이라 고목 나무에 꽃이 피는 형상이니 길하다.
辛巳 ▬▬▬▬ 父母	2. 무신(戊申), 기유생(己酉生) 女人은 재가지격(再嫁之格)이라.
辛未 ▬▬ ▬▬ 兄弟 （世）	3.정축생인(丁丑生人)은 음주(飲酒)로 인하여 夭死(요사)하리라.
丁丑 ▬▬ ▬▬ 兄弟	
丁卯 ▬▬▬▬ 官鬼	
丁巳 ▬▬▬▬ 父母 （應）	

（解　說）

1. 합격자(合格者)는 도덕이 출중하고 위인이 성실 근면하여 대사(大事)를 성취하리라.

2. 불합격자(不合格者)는 언행이 불일치하며 평생지사가 불안하다.

姓 數	3		11		19	
名 數	18	42	2	26	10	34
總 數	21	45	13	37	29	53

四 或 在 心 格 (사혹재심격)

(要 訣)

辛卯 ▬▬ ▬▬ 官鬼

辛巳 ▬▬ ▬▬ 父母

辛未 ▬ ▬ 兄弟
　　　(世)

丁丑 ▬ ▬ 兄弟

丁卯 ▬▬ ▬▬ 官鬼

丁巳 ▬▬ ▬▬ 父母
　　　(應)

1. 부처간(夫妻間)에 반목하니 희비(喜悲)가 雙曲線格(쌍곡선격)이다.

2. 동료간에는 화목이 최길이니라.

(解 說)

1. 합격자(合格者)는 윗사람의 배려로 위난을 극복하고 복록(福祿)을 받으리라.

2. 불합격자(不合格者)는 속성(速成) 속패(速敗)하니 반복무상(反覆無常)하도다.

姓 數	3		11		19	
名 數	10	34	18	42	2	26
總 數	13	37	29	53	21	45

雄信天下格 (웅신천하격)

	(要 訣)
辛卯 ▬▬▬ 官鬼	1. 유덕(有德)한 사람은 명성(名聲)과 부귀안강(富貴安康)하리라.
辛巳 ▬▬▬ 父母	2. 무덕(無德)한 사람은 필시(必是) 손명(損命)하고 유랑천리(流浪千里)하리라.
辛未 ▬ ▬ 兄弟 (世)	
丁丑 ▬ ▬ 兄弟	
丁卯 ▬▬▬ 官鬼	
丁巳 ▬▬▬ 父母 (應)	

(解 說)

1. 합격자(合格者)는 지성감천(至誠感天)하는 대 신념을 가지고 용감하게 매진하여 능히 대업을 이루고 上下의 신망과 존경을 받으리라.

2. 불합격자(不合格者)는 너무 과신(過信)하는 탓으로 도리어 화액(禍厄)을 당하리라. 위인이 무모하고 담대하여 일상생활에 화(禍)를 자초(自招)하리라.

姓 數	3		11		19	
名 數	11	35	19	43	3	27
總 數	14	38	30	54	22	46

慾飛難飛格 (욕비난비격)

	(要 訣)
戊子 ▬▬ ▬▬ 兄弟 (應)	1. 맹호(猛虎)에게 날개를 달아주었으나 날고 싶어도 날기가 어렵도다.
戊戌 ▬▬▬▬▬ 官鬼	2. "世"가 공망(空亡)에 들면 평지풍파격(平地風波格)이라.
戊申 ▬▬ ▬▬ 父母	
己亥 ▬▬▬▬▬ 兄弟 (世)	
己丑 ▬▬ ▬▬ 官鬼	
己卯 ▬▬▬▬▬ 子孫	

(解 說)

 1. 합격자(合格者)는 가히 대공을 세우고 형복(亨福)이 무궁(無窮)하리라.

 2. 불합격자(不合格者)는 진퇴(進退)를 정하지 못하고 기회가 너무 늦으니 명리(名利)를 얻기가 어렵도다.

姓 數	3		11		19	
名 數	3	27	11	35	19	43
總 數	6	30	22	46	38	62

小 人 勿 用 格 (소인물용격)

(要 訣)

戊子 ▬ ▬ 兄弟
　　　(應)

戊戌 ▬▬▬ 官鬼

戊申 ▬ ▬ 父母

己亥 ▬▬▬ 兄弟
　　　(世)

己丑 ▬ ▬ 官鬼

己卯 ▬▬▬ 子孫

1. 深山(심산)에서 노루를 쫓다가 날이 저무니 徒勞無功(도로무공)이로다.

2. 辰戌丑未年(진술축미년) 三, 四月生이면 돌담이 무너져 壓死(압사)또는 窒息(질식)하리라.

(解 說)

1. 합격자(合格者)는 大人은 장수지명(將帥之名)이요 小人은 보좌관(輔佐官)이라 만일 귀인을 만나면 소원성취하고 공명성진(功名成振)하리라.

2. 불합격자(不合格者)는 남과 시비구설(是非口舌)이 많아 심신이 피곤하고 경거망동하니 불측의 해를 당하리라.

姓數	3		11		19	
名數	19	43	3	27	11	35
總數	22	46	14	38	30	54

不如得時格 (불여득시격)

	(要訣)
戊子 ▬▬ ▬▬ 兄弟 (應)	1. 女子는 화려한 애정을 일삼아 신명(身命)을 상하기 쉽다.
戊戌 ▬▬▬▬▬ 官鬼	2. 과도한 욕심은 필허(必虛)하고 분수를 지키면 필실(必實)하리라.
戊申 ▬▬ ▬▬ 父母	
己亥 ▬▬ ▬▬ 兄弟 (世)	
己丑 ▬▬▬▬▬ 官鬼	
己卯 ▬▬ ▬▬ 子孫	

(解說)

1. 합격자(合格者)는 사려가 깊고 경망하지 않아서 크게 복(福)을 누리리라.

2. 불합격자(不合格者)는 "소를 잡아서 성대한 祭床(제상)을 차렸으나 첫닭이 울어 헛 祭祀(제사)를 지내는 格"이라 파가망신수(破家亡身數)니라.

姓 數	3		11		19	
名 數	20	44	4	28	12	36
總 數	23	47	15	39	31	55

萬事虛荒格 (만사허황격)

(要 訣)

丙寅 ▬▬ ▬▬ 兄弟

1. 남편은 뒷방에 숨어 살고 자식은 일찍 죽으니, 女命은 자립(自立)격.

丙子 ▬ ▬ 父母

2. 庚辰生(경진생)은 재물은 있으나 부상(負傷)은 면할 수가 없다.

丙戌 ▬ ▬ 妻財
(世)

庚辰 ▬ ▬ 妻財

庚寅 ▬ ▬ 兄弟

庚子 ▬▬ 父母
(應)

(解 說)

1. 합격자(合格者)는 타향에서 자리를 잡게 되며 다른 사람의 도움으로 성공하리라.

2. 不合格者(불합격자)는 언행이 불일치하며 평생지사가 무척 불안하다.

姓 數	3		11		19	
名 數	12	36	20	44	4	28
總 數	15	39	31	55	23	47

十 年 勿 用 格 (십년물용격)

(要 訣)

丙寅 ■■ 父母

丙子 ■ ■ 兄弟

丙戌 ■ ■ 子孫
     (世)

庚辰 ■ ■ 兄弟

庚寅 ■ ■ 官鬼

庚子 ■■ 父母
     (應)

1. 初年에는 고생을 하나 탐식하지 말라.
10년이 지나고 나면 평안하리라.

2. "世"가 충돌하니 妻宮이 불미하고 골육상쟁하리라.

(解 說)

 1. 합격자(合格者)는 잘못을 반성하여 자립하고 안과태평(安過太平)하리라.

 2. 불합격자(不合格者)는 길운(吉運)이 오지 않아서 고생하겠다. 매사가 막히니 세상사를 원망하게 된다.

姓 數	3		11		19	
名 數	4	28	12	36	20	44
總 數	7	31	23	47	39	63

利 見 正 士 格 (이견정사격)

(要 訣)

丙寅 ▬▬ 兄弟

丙子 ▬▬ 父母

丙戌 ▬ ▬ 妻財 (世)

庚辰 ▬ ▬ 妻財

庚寅 ▬ ▬ 兄弟

庚子 ▬ ▬ 父母 (應)

1. 부부간(夫婦間)에 반목하니 희비(喜悲)가 쌍곡선격(雙曲線格)이다.
2. 동료간에는 화목이 최길이니라.

(解 說)

1. 합격자(合格者)는 윗사람의 배려로 위난을 극복하고 복록(福祿)을 받으리라.

2. 불합격자(不合格者)는 속성(速成), 속패(速敗)하니 반복무상(反覆無常)하도다.

姓數	3		11		19	
名數	5	29	13	37	21	45
總數	8	32	24	48	40	64

允升大吉格 (윤성대길격)

(要訣)

癸酉 ▬▬ ▬▬ 官鬼

癸亥 ▬▬ ▬▬ 父母

癸丑 ▬▬ ▬▬ 妻財
　　　　(世)

辛酉 ▬▬▬▬ 官鬼

辛亥 ▬▬▬▬ 父母

辛丑 ▬▬ ▬▬ 妻財
　　　　(應)

1. 世(세)와 應(응)이 空亡되면 시골의 才士(재사)로다.

2. 타향에 나가 大業(대업)을 성취하리니 離鄕(이향)함이 좋겠다.

(解說)

 1. 합격자(合格者)는 겸공지덕(謙恭之德)으로 상위자(上位者)의 도움을 받도다.
　필히 동량지재(棟梁之材)로서 문장(文章)이 탁월하고 총명하여 명진사해(名振四海)하리라.
 2. 불합격자(不合格者)는 인품이 인자하여 많은 사람이 따르고 협조하니 사사여의(事事如意)하리라. 또한 가업(家業)이 일신부유(日新富裕)하리라. 현달지상(顯達之象)이로다.

姓 數	3		11		19	
名 數	21	45	5	29	13	37
總 數	24	48	16	40	32	56

升 於 虛 邑 格 (승어허읍격)

(要 訣)

癸酉 ▬▬ ▬▬ 官鬼

1. 홀로 고루(高樓)에 앉아 달(月)을 감상(感賞)하니 길(吉)한 팔자(八字)로다.

癸亥 ▬▬ ▬▬ 父母

癸丑 ▬▬ ▬▬ 妻財
　　　(世)

2. 신유생(辛酉生)이 공망(空亡)이 되면 관재구설(官災口舌)을 어찌할까.

辛酉 ▬▬ ▬▬ 官鬼

辛亥 ▬▬ ▬▬ 父母

辛丑 ▬▬ ▬▬ 妻財
　　　(應)

(解 說)

1. 합격자(合格者)는 강명(剛明)한 인사로서 자립하여 양명사해(揚名四海)하리라.
　크게는 요직(要職)에 입신하고 작게는 군읍(郡邑)에서 유명인사가 된다.
2. 불합격자(不合格者)는 비록 재보(財寶)는 있으나 사고무친(四顧無親)이로다.

姓 數	3		11		19	
名 數	13	37	21	45	5	29
總 數	16	40	32	56	24	48

一 片 丹 心 格 (일편단심격)

(要 訣)

癸酉 ▬▬ ▬▬ 官鬼

癸亥 ▬▬ ▬▬ 父母

癸丑 ▬▬ ▬▬ 妻財
　　　　(世)

辛酉 ▬▬▬▬ 官鬼

辛亥 ▬▬▬▬ 父母

辛丑 ▬▬ ▬▬ 妻財
　　　　(應)

1. 지성감천하니 雪中(설중)에서 竹筍(죽순)을 구 하는 격이라 효자, 節婦(절부)로다.

2. 貧寒(빈한)한 것을 歎息(탄식)하지 마라. 吉星(길성)이 照門(조문)하리라.

(解 說)

1. 합격자(合格者)는 위인이 출중하고 대기(大器)라 조달용문(早達龍門)하여 공성명진(功成名振)하리라.

2. 불합격자(不合格者)는 입신출세하여 일신가업(家業)을 계승하리라.

만약 수흉자(數凶者)는 재앙이 겹쳐 노심초사(勞心焦思)하리라.

姓數 4, 12, 20

姓數	4		12		20	
名數	5	29	13	37	21	45
總數	9	33	25	49	41	65

執 用 黃 牛 格 (집용황우격)

(要 訣)

壬戌 ▬▬ ▬▬ 父母

壬申 ▬▬ ▬▬ 兄弟

壬午 ▬▬ ▬▬ 官鬼
　　　(應)

辛酉 ▬▬ ▬▬ 兄弟

辛亥 ▬▬ ▬▬ 子孫

辛丑 ▬▬ ▬▬ 父母
　　　(世)

1. 大義名分(대의명분)을 세워 正道(정도)를 가면 그 이름이 천추에 남으리라.

2. 고집불통이라 안하무인격이다.

(解 說)

1. 합격자(合格者)는 대용지재(大用之材)로서 민심(民心)을 포용(包容)하니 명리대성(名利大成)하리라.

2. 불합격자(不合格者)는 이기적(利己的)이라 타인과 반목하리라. 四方으로 분주하게 뛰어도 소득이 없고 매사 되는 일이 없다.

姓 數	4		12		20	
名 數	21	45	5	29	13	27
總 數	25	49	17	41	33	57

空包無魚格 (공포무어격)

	(要 訣)
壬戌 ▬▬▬▬ 父母 壬申 ▬▬▬▬ 兄弟 壬午 ▬▬▬▬ 官鬼 　　　　(應) 辛酉 ▬▬▬▬ 兄弟 辛亥 ▬▬▬▬ 子孫 辛丑 ▬▬ ▬▬ 父母 　　　　(世)	1. 반드시 귀인을 만나 大成(대성)하리라. 2. 女人은 孤寡之命(고과지명)이라. 八字가 기박하다.

(解 說)

1. 합격자(合格者)는 대기(大器)이면 명장(名將)이나, 小人은 흉액난면(凶厄難免)이로다.

2. 불합격자(不合格者)는 명리(名利)를 추구하나 기회가 없어 고립무공(孤立無功)과 성패무상(成敗無常)이로다. 또한 시비쟁송(是非爭訟)을 어찌 면하리오.

姓 數	4		12		20	
名 數	13	37	21	45	5	29
總 數	17	41	33	57	25	49

奇岩翠雲格 (기암취운격)

(要訣)

壬戌	▆▆	父母
壬申	▆▆	兄弟
壬午	▆▆ (應)	官鬼
辛酉	▆▆	兄弟
辛亥	▆▆	子孫
辛丑	▆ ▆ (世)	父母

1. 본래 희망이 없고 中天의 태양이 西山으로 기우니 실패작이라.

2. 僧道入山(승도입산)하니 住持(주지) 스님이 분명하도다.

(解說)

 1. 합격자(合格者)는 고명청절(高名淸節)한 인사로서 위엄이 출중하고 정론(正論)을 세우나 만인이 두려워하여 가까이 오지 않는다.

 2. 불합격자(不合格者)는 기고만장하여 사람을 멀리하니 고독한 생활을 하고 세사무정(世事無情)이라 분주사방(奔走四方)하리라.

姓 數	4		12		20	
名 數	14	38	22	46	6	30
總 數	18	42	34	58	26	50

自抛自棄格 (자포자기격)

(要訣)

丁未 ▬▬ ▬▬ 父母

丁酉 ▬▬▬▬▬ 兄弟

丁亥 ▬▬▬▬▬ 妻財
　　　(應)

戊午 ▬▬ ▬▬ 妻財

戊辰 ▬▬ ▬▬ 兄弟

戊寅 ▬▬ ▬▬ 父母
　　　(世)

1. 機會到來(기회도래)하면 大事(대사)를 성취하리라.

2. 女命(여명)은 生離死別(생이사별)하는 운명이니 평생사가 수포로 돌아간다.

(解說)

1. 합격자(合格者)는 재주가 있고 덕이 있어 필 고위직(高位職)에 오르고 복록(福祿)이 따르리라.

2. 불합격자(不合格者)는 성격이 편굴(偏屈)하여 주색(酒色)을 탐하나, 생활은 유족(裕足)하리라.
但, 부덕(不德)한 者는 요사(夭死)아니면 고독하리라.

姓數	4		12		20	
名數	6	30	14	38	22	46
總數	10	34	26	50	42	66

好事多魔格 (호사다마격)

(要 訣)

丁未 ▬▬ ▬▬ 父母

丁酉 ▬▬▬▬▬ 兄弟

丁亥 ▬▬▬▬▬ 子孫
　　　(應)

戊午 ▬▬ ▬▬ 官鬼

戊辰 ▬▬ ▬▬ 父母

戊寅 ▬▬ ▬▬ 妻財
　　　(世)

1. 戊辰生(무진생)과는 인연이 없고 약속이 지켜지지 않는다.

2. 女命은 失戀(실연) 혹은 剋夫之象(극부지상)이라 萬事休矣(만사휴의)니라.

(解 說)

 1. 합격자(合格者)는 비록 처음은 곤란하나 종내에는 만사형통하리라.

 2. 불합격자(不合格者)는 선난후길격(先難後吉格)이라 한동안 고생 끝에 복이 오리라.

姓 數	4		12		20	
名 數	22	46	6	30	14	38
總 數	26	50	18	42	34	58

葛藤燒身格 (갈등소신격)

	(要 訣)
丁未 ▬▬ ▬▬ 父母 丁酉 ▬▬▬▬▬ 兄弟 丁亥 ▬▬▬▬▬ 子孫 (應) 戊午 ▬▬ ▬▬ 官鬼 戊辰 ▬▬▬▬▬ 父母 丙戊寅 ▬▬ ▬▬ 妻財 (世)	1. 타인과 상쟁하면 四年間 옥중지고(獄中之苦)를 난면(難免)하리라. 2. 정년(丁年), 경년(庚年) 유월염천(六月炎天)에는 먼저 영약(靈藥)을 준비하라.

(解 說)

1. 합격자(合格者)는 개과천선(改過遷善)하여 명리(冥利)를 성취하나 고집불통이라. 결국 실패하리라.

2. 不合格者(불합격자)는 일찍 타향에 출관(出官)하여 자립신고(自立辛苦)하면 신액(身厄)은 면하리라.

姓數	4		12		20	
名數	23	47	7	31	15	39
總數	27	51	19	43	35	59

大 事 鼎 新 格 (대사정신격)

	(要 訣)
己巳 ▬▬▬ 兄弟 己未 ▬ ▬ 子孫 己酉 ▬▬▬ 妻財 　　　(應) 丙申 ▬ ▬ 妻財 丙午 ▬ ▬ 兄弟 丙辰 ▬ ▬ 子孫 　　　(世)	1. 홍익인간(弘益人間)하니 덕망이 있는 사람이라 국가의 주석(柱石)이 되리라. 2. 女命은 재왕지상(財旺之相)이라. 현처양모(賢妻良母)가 되리라.

(解 說)

 1. 합격자(合格者)는 자성(資性)이 명민(明敏)하여 대지대업(大志大業)을 능히 성취하리라.

 2. 불합격자(不合格者)는 역시 영명한 인재로서 일찍 출세하리라. 대개는 다복한 사람이라 외지에서 터전을 닦아 자수성가하고 입신출세하리라.

姓 數	4		12		20	
名 數	15	39	23	47	3	31
總 數	19	43	35	59	23	51

高 山 流 水 格 (고산유수격)

(要 訣)

己巳 ▬▬ 兄弟

己未 ▬ ▬ 子孫

己酉 ▬▬ 妻財
　　　(應)

丙申 ▬ ▬ 妻財

丙午 ▬ ▬ 兄弟

丙辰 ▬ ▬ 子孫
　　　(世)

1. 혹 무관(武官)으로 출세(出世)하거나 원행(遠行)하여 장사하는 사람이다.

2. 女子는 운중명월격(雲中明月格)이라 만혼팔자(晩婚八字)니라.

(解 說)

1. 합격자(合格者)는 재덕겸전(才德兼全)하니 사회에 공헌하리라. 또한 처로 인하여 득재(得財)하고 귀인내조(貴人來助)하여 공록(貢祿)을 받으니 행운아다.

2. 불합격자(不合格者)는 동분서주하여 비록 재물은 득하나 그 마음은 불편하도다.

姓 數	4		12		20	
名 數	7	31	15	39	23	47
總 數	11	35	27	51	43	67

虎躍萬丈格 (호약만장격)

	(要 訣)
己巳 ▰▰▰ 兄弟	1. 축인년(丑寅年) 또는 축인월(丑寅月)에는 필히 관재구설이 일어나니 女人을 가까이 하지마라.
己未 ▰ ▰ 子孫	파재(破財)하리라.
己酉 ▰▰▰ 妻財 (應)	2. 女人은 선소후비격(先笑後悲格)이다.
丙申 ▰▰▰ 妻財	
丙午 ▰ ▰ 兄弟	
丙辰 ▰ ▰ 子孫 (世)	

(解 說)

1. 합격자(合格者)는 강명지재(剛明之才)로서 권위가 사방에 떨치고 기고만장하리라.
   그러나 경솔하여 스스로 화난(禍難)을 자취(自取)하니 곤란을 당하리라.

2. 고향을 떠나 동분서주하리라. 비록 신고(辛苦)가 있겠으나 의기양양하도다. 그러나 방심하면 필경 패가망신하리라. 조심 할지어다.

姓 數	4		12		20	
名 數	8	32	16	40	24	47
總 數	12	36	28	52	44	67

忠烈貞節格 (충열정절격)

(要 訣)

庚戌 ▬▬ ▬▬ 妻財

庚申 ▬▬ ▬▬ 官鬼

庚午 ▬▬ ▬▬ 子孫
(應)

乙卯 ▬▬ ▬▬ 兄弟

乙巳 ▬▬ ▬▬ 子孫

乙未 ▬▬ ▬▬ 妻財
(世)

1. "世"가 공망(空亡)되고 화왕자(火旺者)는 만리성변(萬里城邊)에 자식(子息)을 버리고 멀리 떠나니라.

2. 자식덕(子息德)이 없으니 말년(末年)에 고독하도다.

(解 說)

1. 합격자(合格者)는 덕을 숭상하고 중정지도(中正之道)하나니라. 기회에 민첩(敏捷)하여 부귀겸전(富貴兼全)하리라.

2. 불합격자(不合格者)는 역시 명예를 얻고 가도중흥(家道中興)하고 금곡(金谷)에 신유(身遊)하리라.

姓 數	4		12		20	
名 數	24	48	8	32	16	40
總 數	28	52	20	44	36	60

由 豫 大 得 格 (유예대득격)

(要 訣)

庚戌 ▬▬ ▬▬ 妻財

1. 대중을 통솔하는 호걸이니 살신성인(殺身成仁)하라.

庚申 ▬▬ ▬▬ 官鬼

2. 女人은 허화무실(虛花無實)하리니 매사 신중정행(愼重正行)할지어다.

庚午 ▬▬ ▬▬ 子孫
　　　(應)

乙卯 ▬▬ ▬▬ 兄弟

乙巳 ▬▬ ▬▬ 子孫

乙未 ▬▬ ▬▬ 妻財
　　　(世)

(解 說)

1. 합격자(合格者)는 지덕겸비(知德兼備)한 대용지재(大用之才)로서 대사(大事)를 성취하여 명진사해(名振四海)하리라. 크게는 국가의 동량이요 그外는 사회의 중견인물 되리라.

2. 불합격자(不合格者)는 역시 복덕지인(福德之人)이나 삼운(三運)(身命,家庭,財物)이 완전치 못하다. 만일, 부덕지인(不德之人)이면 파란이 많고 곤고하리로다.

姓 數	4		12		20	
名 數	16	40	24	48	8	32
總 數	20	44	36	60	28	52

樂極生悲格 (낙극생비격)

(要訣)

庚戌 ▬▬ ▬▬ 妻財

庚申 ▬▬ ▬▬ 官鬼

庚午 ▬▬ ▬▬ 子孫 (應)

乙卯 ▬▬ ▬▬ 兄弟

乙巳 ▬▬ ▬▬ 子孫

乙未 ▬▬ ▬▬ 妻財 (世)

1. 천명이 아직 미도(未到)하니 언제라고 기약하기 어렵도다.

2. 만일 2子, 3女이면 1子는 누구뇨, 구설자래(口舌自來)하도다.

(解說)

1. 합격자(合格者)는 가만히 때를 기다리고 개과천선(改過遷善)하니 별탈 없이 평생 안과하리라.

2. 불합격자(不合格者)는 상하가 모두 시기하니 일마다 허황되고 마음 불안하도다.
관재와 구설이 빈번하다.

姓 數	4		12		20	
名 數	17	41	1	25	9	33
總 數	21	45	13	37	29	53

同 道 相 磨 格 (동도상마격)

(要 訣)

辛卯 ▬▬▬ 兄弟

辛巳 ▬▬▬ 子孫

辛未 ▬ ▬ 妻財
　　　(應)

甲辰 ▬ ▬ 妻財

甲寅 ▬▬▬ 兄弟

甲子 ▬ ▬ 父母
　　　(世)

1. 뜻을 같이하는 벗을 만나니 동업(同業)하여 성공하리라.

2. 백호(白虎)가 "世"에 이르니 자손궁(子孫宮)을 극해(極害)하리라.

(解 說)

1. 합격자(合格者)는 소시(少時)부터 면학(勉學)하여 정언정행(正言正行)하니 방성대기(方成大器)하여 이지사해(利之四海)하리라.

2. 불합격자(不合格者)는 소인배들과 교우(交友)하니 비록 귀명(貴命)이라도 반복무상(反覆無常)하리라. 그러나 양우(良友)를 만나 동지영모(同志營謨)하면 형통순리(亨通順理)하고 향상발전하리라.

姓 數	4		12		20	
名 數	9	33	17	41	1	25
總 數	13	37	29	53	21	45

花柳爭春格 (화류쟁춘격)

(要訣)

辛卯 ▬▬▬ 兄弟

辛巳 ▬▬▬ 子孫

辛未 ▬ ▬ 妻財
  (應)

甲辰 ▬▬▬ 妻財

甲寅 ▬▬▬ 兄弟

甲子 ▬▬▬ 父母
  (世)

1. 오년(午年), 미년(未年)에는 여의(如意)대로 만사형통(萬事亨通)하리라.

2. 화류쟁춘지상(花柳爭春之象)이니 女命은 불리하며 고과자립격(孤寡自立格)이니라.

(解說)

1. 합격자(合格者)는 유순하여 흉화위길(凶化爲吉)하리라. 귀인이 내조(來助)하고 많은 지기(知己)를 만나 뜻을 세우고 영달하리라.

2. 불합격자(不合格者)는 화(禍)를 자초(自招)하고 마음이 불안정하여 필히 상심하게 되리라. 또한 내외간에 불화하니 우울한 세월을 보내게 되리라. 혹은 패혈지질(敗血之疾)과 족질(足疾)로 신고(辛苦)하게 된다.

姓 數	4		12		20	
名 數	1	25	9	33	17	41
總 數	5	29	21	45	37	61

秋 月 幾 望 格 (추월기망격)

(要 訣)

辛卯 ▬▬▬ 兄弟	1. 男命은 타인의 해를 입고 동료간에 시비를 조심하라.
辛巳 ▬▬▬ 子孫	2. 女命은 성질이 강하고 운(運)이 불리한즉 단수(短壽)하리라.
辛未 ▬ ▬ 妻財 (應)	
甲辰 ▬▬▬ 妻財	
甲寅 ▬▬▬ 兄弟	
甲子 ▬▬▬ 父母 (世)	

(解 說)

1. 합격자(合格者)는 신왕(身旺) 재왕(財旺)하고 분수를 지키면 유복한 인사로 매사 뜻대로 이루어지리라.

2. 역시 길조(吉兆)이나 어찌하여 탄식하나뇨? 필시 소인배들의 간계로 인하여 손해를 입는다.

姓 數	4		12		20	
名 數	2	26	10	34	18	42
總 數	6	30	22	46	38	62

不 出 門 庭 格 (불출문정격)

(要 訣)

戊子 ▬ ▬ 兄弟

戊戌 ▬ ▬ 官鬼

戊申 ▬ ▬ 父母
　　　　(應)

丁丑 ▬ ▬ 官鬼

丁卯 ▬ ▬ 子孫

丁巳 ▬ ▬ 妻財
　　　　(世)

1. 운수불길하니 고독(孤獨)과 질병(疾病)과 고난을 면치 못하리라.

2. 재살(災殺)이 침범하면 불구(不具) 또는 단명(短命)을 오도(誤導)하리라.

(解 說)

1. 합격자(合格者)라도 발전할 기회를 일실(逸失)하고 재능은 있으나 진취성이 없으니 기흉가지(其凶可知)로다.

2. 불합격자(不合格者)는 인색하여 인정이 매 마르고 신운(身運)이 막혀 있으니 어찌 영달(榮達)을 바라리오. 사면초가(四面楚歌)라 홀로 독거소일(獨居消日) 하리라. 또한 박명지객(薄命之客)이로다.

姓 數	4		12		20	
名 數	18	42	2	26	10	34
總 數	22	46	14	38	30	54

安節之亨格 (안정지형격)

	(要 訣)
戊子 ▬▬ ▬ ▬ 兄弟	1. 병인생(丙寅生)은 문전호상격(門前虎傷格)이니 필시 형상(刑傷)을 당하리라.
戊戌 ▬▬ ▬ ▬ 官鬼	2. 女人은 부군(夫君)의 뜻을 이어 자립흥가(自立興家)하리라.
戊申 ▬▬ ▬ ▬ 父母 (應)	
丁丑 ▬▬ ▬ ▬ 官鬼	
丁卯 ▬▬▬▬▬ 子孫	
丁巳 ▬▬▬▬▬ 妻財 (世)	

(解 說)

1. 합격자(合格者)는 오복(五福)이 집안에 만당(滿堂)하니 전정만리(前程萬里)에 영화가 중중(重重)하리라.

2. 불합격자(不合格者)는 역시 평생 안락한 생활을 영위하리라. 만약 귀인을 만나면 재복(財福)과 관록(官祿)을 겸전(兼全)하리라. 단(但), 수흉자(數凶者)는 전체조직(全體組織)에 따라서 그 수(數)가 내포(內包)한 흉의(凶意)대로 되리라.

姓 數	4		12		20	
名 數	10	34	18	42	2	26
總 數	14	38	30	54	22	46

苦 節 窮 相 格 (고절궁상격)

	(要 訣)
戊子 ▬▬ ▬▬ 兄弟	1. 인인성사(因人成事)라 매사가 여의(如意)하다.
戊戌 ▬▬▬▬▬ 官鬼	2. 女人은 팔자(八字)가 기박(奇薄)하다.
戊申 ▬▬ ▬▬ 父母 (應)	
丁丑 ▬▬ ▬▬ 官鬼	
丁卯 ▬▬▬▬▬ 子孫	
丁巳 ▬▬▬▬▬ 妻財 (世)	

(解 說)

1. 합격자(合格者)는 검소하고 분수를 지켜 의식주가 걱정 없도다.

2. 불합격자(不合格者)는 인정이 없고 인색하여 전정이 험난하도다. 고집과 의심과 욕심이 망신지본이니라.

姓數	4		12		20	
名數	11	35	19	43	3	27
總數	15	39	31	55	23	47

錦衣弄笛格 (금의농적격)

(要 訣)

丙寅 ▬▬▬ 父母

1. 여러 번 위난을 당하나 전화위복(轉禍爲福)하고 성패가 다단(多端)하도다.

丙子 ▬ ▬ 兄弟

2. 子孫이 득길(得吉)하면 재혼(再婚)하게 되고 자축공망(子丑空亡)되면 재가지상(再嫁之傷)이라.

丙戌 ▬ ▬ 子孫
(應)

己亥 ▬ ▬ 兄弟

己丑 ▬ ▬ 官鬼

己卯 ▬▬▬ 父母
(世)

(解 說)

1. 합격자(合格者)는 문장(文章)이 출중하고 문명치공(文明治攻)이 당세(當世)의 징표(徵表)가 되리라.

2. 불합격자(不合格者)는 성격이 명민(明敏)하고 학문(學問)을 숭상(崇尙)하며 조상의 기풍을 따라 향상발전하리라. 단(但) 사주명조(四柱命造)에 따라서 피형옥(被刑獄) 되거나 요통(腰痛), 족질지환(足疾之患)이 있으리라.

姓 數	4		12		20	
名 數	3	27	11	35	19	43
總 數	7	31	23	47	39	63

寒谷蒼松格 (한곡창송격)

(要訣)

丙寅 ▬▬▬ 官鬼

丙子 ▬ ▬ 妻財

丙戌 ▬ ▬ 兄弟
(應)

己亥 ▬▬▬ 妻財

己丑 ▬ ▬ 兄弟

己卯 ▬ ▬ 官鬼
(世)

1. 좋은 배필을 만나 재산을 모으고 가도융창(家道隆昌)하리라.

2. 수흉자(數凶者)는 소복지상(素服之象)이니라.

(解說)

1. 합격자(合格者)는 선곤후달격(先困後達格)이라 크게는 대문장가(大文章家)요 당세표준(當世標準)이라 만년(晩年)에 성공하리라.

2. 불합격자(不合格者)는 역시 초곤후달격(初困後達格)이나 도처에서 실패하니 빈난하리라.
그러나 때가 오면 태양(太陽)이 승천(昇天)하리로다.

姓 數	4		12		20	
名 數	19	43	3	27	11	35
總 數	23	47	15	39	31	55

白賁無咎格 (백분무구격)

(要訣)

丙寅 ▬▬▬ 官鬼

丙子 ▬ ▬ 妻財

丙戌 ▬ ▬ 兄弟
　　　(應)

己亥 ▬ ▬ 妻財

己丑 ▬ ▬ 兄弟

己卯 ▬▬▬ 官鬼
　　　(世)

1. 가정에 있으면 부자가 되고 관직(官職)에 나가면 고위직(高位職)에 오른다.

2. 女人은 소복(素服)하고 곡성(哭聲)이 만정(滿庭)하도다.

(解說)

1. 합격자(合格者)는 문명(文名)을 떨치고 명진사해(名振四海)하리라.

2. 불합격자(不合格者)는 성정이 활달한 인사로서 입신양명(立身揚名)하리라.

단(但), 수흉자(數凶者)는 전체조직(全體組織) 여하(如何)에 따라 백면서생(白面書生)에 불과(不過)하나니라.

姓 數	4		12		20	
名 數	20	44	4	28	12	36
總 數	24	48	16	40	32	56

見 賢 思 濟 格 (견현사제격)

(要 訣)

癸酉 ▬▬ ▬▬ 子孫

1. 산곡(山谷)에 대붕(大鵬)이 숨어 있으니 머지않아 만리(萬里)를 날으리라.

癸亥 ▬▬ ▬▬ 妻財

癸丑 ▬▬ ▬▬ 兄弟
(應)

2. 수흉자(數凶者)는 관직(官職)에서 물러나 낙향신세(落鄕身勢)로다.

庚辰 ▬▬ ▬▬ 兄弟

庚寅 ▬▬ ▬▬ 官鬼

庚子 ▬▬▬▬ 妻財
(世)

(解 說)

1. 합격자(合格者)는 중정지인(中正之人)으로 오만하지 않고 매사에 성심을 다하니 능히 입공(立功)하리라. 득의춘풍(得意春風)하니 형복무궁(亨福無窮)하리로다.

2. 불합격자(不合格者)는 안빈군자(安貧君子)로서 인의(仁義)를 숭상(崇尙)하니 어찌 걱정이 있겠느뇨. 가업(家業)에만 정진(精進)하니 길(吉)하도다.

姓 數	4		12		20	
名 數	12	36	20	44	4	28
總 數	16	40	32	56	24	48

中 行 獨 復 格 (중행독복격)

(要 訣)

癸酉 ■ ■ 子孫

1. 전체조직(全体組織)이 불길(不吉)하면 고독지명(孤獨之命)이요, 심하면 단명지격(短命之格)이니라.

癸亥 ■ ■ 妻財

癸丑 ■ ■ 兄弟
　　　　(應)

2. 자손(子孫)을 얻기 힘드나 혹 늦게 만득자(晚得子)하리라.

庚辰 ■ ■ 兄弟

庚寅 ■ ■ 官鬼

庚子 ■ ■ 妻財
　　　　(世)

(解 說)

 1. 합격자(合格者)는 난세(亂世)에 처(處)하더라도 오염(汚染)되지 않고 역행덕업(力行德業) 하니 부귀영창(富貴永昌)하리라.

 2. 불합격자(不合格者)는 대해고주격(大海孤舟格)이니 풍파를 면키 어렵도다.

姓 數	4		12		20	
名 數	4	28	12	36	20	44
總 數	8	32	24	48	40	64

迷復之凶格 (미복지흉격)

	(要 訣)
癸酉 ▬▬ ▬▬ 子孫	1. 기가(其家)를 파(破)하고 그 나라를 망(亡)치고 그 몸을 상(傷)하리라.
癸亥 ▬▬ ▬▬ 妻財	2. 사악(邪惡)한 생각을 버리지 못하니 결국 대패(大敗)하리라.
癸丑 ▬▬ ▬▬ 兄弟 (應)	
庚辰 ▬▬ ▬▬ 兄弟	
庚寅 ▬▬ ▬▬ 官鬼	
庚子 ▬▬ ▬▬ 妻財 (世)	

(解 說)

1. 합격자(合格者)는 개과자신(改過自新)하니 광복중도(光復衆道)하리라.

2. 不合격자(불합격자)는 우매혼몽(愚昧昏懜)하고 반복무상(反復無常)이라 패가망신하리라.

姓數 5, 13, 21

姓數	5		13		21	
名數	4	28	12	36	20	44
總數	9	33	25	49	41	65

奇 蹟 三 遷 格 (기적삼천격)

(要 訣)

壬戌 ▬▬▬ 妻財

  1. 小人은 조변모개(朝變暮改)하고 반복 무상(反復無常)이라 자탄(自歎)하리라.

壬申 ▬▬▬ 官鬼

  2. 女命은 자취고난(自取苦難)하고 고과자립지상(孤寡自立之象)이다.

壬午 ▬▬▬ 子孫
    (世)

庚辰 ▬ ▬ 妻財

庚寅 ▬ ▬ 兄弟

庚子 ▬ ▬ 父母
    (應)

(解 說)

1. 합격자(合格者)는 도덕군자로서 심성이 청정(淸淨)하고 박식(博識)하여 필시 동량지재(棟樑之材)로다.
2. 불합격자(不合格者)는 역시 성실한 인사로서 비록 창업(創業)은 하나 현처(賢妻)를 만나지 못하니 그 뜻을 펼 수 없도다.
그 외는 만경창파(萬頃蒼波)에 일엽편주격(一葉片舟格)이다.

姓 數	5		13		21	
名 數	20	45	4	28	17	36
總 數	25	50	17	41	38	57

無 妄 之 災 格 (무망지재격)

(要 訣)

　　壬戌 ▅▅　▅▅ 妻財

　　壬申 ▅▅▅▅▅ 官鬼

　　壬午 ▅▅▅▅▅ 子孫
　　　　　　(世)

　　庚辰 ▅▅　▅▅ 妻財

　　庚寅 ▅▅　▅▅ 兄弟

(己卯)
(妻材) 庚子 ▅▅▅▅▅ 父母
　　　　　　(應)

1. 삼인동업(三人同業)에 한사람이 부덕이면 二人이 피해(被害)를 본다.

2. 농사(農事)나 상업종사자(商業從事者)도 득리(得利)하나 그 외는 三年間 고난(苦難)을 당(當)한다.

(解 說)

1. 합격자(合格者)는 가도(家道)가 날로 번성(繁盛)하니 수복(壽福)이 장구(長久)하리라.

2. 불합격자(不合格者)는 동분서주하며 떠돌이 신세를 면할수 없다. 만일 구신하지 않으면 수액(水厄)을 어찌 면할까.

姓 數	5		13		21	
名 數	12	36	20	44	4	28
總 數	17	41	33	57	25	49

無望自得格 (무망자득격)

(要 訣)

壬戌 ▬▬ 妻財

1. 성실치 못한 사람은 결국 화액(禍厄)을 난면(難免)이로다.

壬申 ▬▬ 官鬼

2. 세속(世俗)을 떠나 입산지승(入山之僧)이 가당(可當)하도다.

壬午 ▬▬ 子孫
　　　　(世)

庚辰 ▬ ▬ 妻財

庚寅 ▬ ▬ 兄弟

(己卯)
(妻財) 庚子 ▬▬ 父母
　　　　(應)

(解 說)

1. 합격자(合格者)는 영웅호걸(英雄豪傑)이니 이지사해(利之四海)하고 유방천추(遺芳千秋)하리라.

2. 불합격자(不合格者)는 재록풍부(財祿豊富)하고 화기만당(和氣滿堂)이로다.
또한 평생 재해(災害)없이 안과(安過)하리라.

姓 數	5		13		21	
名 數	13	37	21	45	5	29
總 數	18	42	34	58	26	50

敬 愼 無 咎 格 (경신무구격)

(要 訣)

丁未 ▬▬ ▬▬ 妻財

丁酉 ▬▬▬▬▬ 官鬼

丁亥 ▬▬▬▬▬ 父母
　　　(世)

辛酉 ▬▬▬▬▬ 官鬼

辛亥 ▬▬▬▬▬ 父母

辛丑 ▬▬ ▬▬ 妻財
　　　(應)

1. 재록(財祿)은 비록 족하나 육친(六親)은 헤어져 살아야 한다.

2. 만년(晩年)에는 만사형통(萬事亨通) 하리라.

(解 說)

1. 합격자(合格者)는 청렴(淸廉)한 인사(人士)로서 윗사람의 신임을 받아 입신출세하고 관록(官祿)이 격상(格上)되리라.

2. 불합격자(不合格者)는 지모가 출중하고 품위와 청허한 인사로서 의식이 풍족하다.

姓 數	5		13		21	
名 數	5	29	13	37	21	45
總 數	10	34	26	50	42	66

摩龍附鳳格 (마룡부봉격)

(要 訣)

丁未 ▬▬ ▬▬   妻財

1. 女命은 상부지상(傷夫之象)이요 아니면 노변(路邊)의 십자가(十字街)에서 매소(賣笑)하리라.

丁酉 ▬▬▬▬▬   官鬼

丁亥 ▬▬▬▬▬   父母
　　　(世)

2. "世"가 동(動)하여 대살(帶殺)하면 요절지상(腰折之象)이다.

辛酉 ▬▬▬▬▬   官鬼

辛亥 ▬▬▬▬▬   父母

辛丑 ▬▬ ▬▬   妻財
　　　(應)

(解 說)

1. 합격자(合格者)는 용력(勇力)으로 공을 세우고 제세(濟世)하나 그 중임(重任)을 감당키 어렵도다.

2. 불합격자(不合格者)는 진퇴양난(進退兩難)이라 형상(형(刑傷)과 경복지환(傾覆之患)을 난면(難免)이라. 공이 있어도 타인이 인정치 않으니 한심하도다.

姓 數	5		13		21	
名 數	21	45	5	29	13	37
總 數	26	50	18	42	34	58

枯 楊 生 華 格 (고양생화격)

(要 訣)

丁未 ▄▄ ▄▄ 妻財

丁酉 ▄▄▄▄▄ 官鬼

丁亥 ▄▄▄▄▄ 父母
　　　(世)

辛酉 ▄▄▄▄▄ 官鬼

辛亥 ▄▄▄▄▄ 父母

辛丑 ▄▄ ▄▄ 妻財
　　　(應)

1. 의식(衣食)이 자족(自足)하나 인인패사(因人敗事)하고 슬하지우(膝下之憂)를 어찌 면하리오.

2. 전체조직(全體組織)이 불리한 者는 단수(短壽)하리라.

(解 說)

 1. 합격자(合格者)는 성정이 과강(過强)하여 하는 일마다 음패지수(陰敗之數)하리라. 대체로 선태후곤(先泰後困)의 상(象)이다.

 2. 중심이 없으니 자주 이기(移基)하고 손재가 많으리라. 또한 여난구설(女難口舌)이 있다.

姓 數	5		13		21	
名 數	22	46	6	30	14	38
總 數	27	51	19	43	35	59

有 頭 無 尾 格 (유두무미격)

(要 訣)

己巳 ▬▬ ▬▬ 兄弟
　　　　　(應)

己未 ▬▬ ▬▬ 子孫

己酉 ▬▬▬▬▬ 妻財

戊午 ▬▬ ▬▬ 兄弟
　　　　　(世)

戊辰 ▬▬ ▬▬ 子孫

戊寅 ▬▬ ▬▬ 父母

1. 女人은 간사하고 재가(再嫁), 삼가팔자(三嫁八字)니라.

2. 물가에는 가지마라. 익사지난(溺死之難)을 면(免)키 어렵도다.

(解 說)

1. 합격자(合格者)는 비록 경제에 밝으나 기회가 도래하지 않는다. 모름지기 수진정도(修眞正道)하면 종내에는 형복(亨福)하리라.

2. 불합격자(不合格者)는 운수(運數)가 약(弱)하여 경거망동(輕擧妄動)하니 만사가 휴의(休矣)로다.

姓 數	5		13		21	
名 數	14	38	22	46	6	30
總 數	19	43	35	59	27	51

憂 中 望 喜 格 (우중망희격)

	(要 訣)
己巳 ▬▬▬ 兄弟 　　　　　(應) 己未 ▬ ▬ 子孫 己酉 ▬▬▬ 妻財 戊午 ▬ ▬ 兄弟 　　　　　(世) 戊辰 ▬▬▬ 子孫 戊寅 ▬ ▬ 父母	1. 兄化爲財하니 상업(商業)에 종사(從事)하면 이득(利得)하고 어부(漁夫)는 횡재(橫財)하리라. 2. 족질(足疾)이 있어 보행(步行)하기 힘들다.

(解 說)

1. 합격자(合格者)는 순리를 쫓아 행하므로 처음은 고달프나 뒤에는 성공하리라.

2. 불합격자(不合格者)는 망상과 경동을 하면 반드시 대패(大敗)하리라.

姓 數	5		13		21	
名 數	6	30	14	38	22	46
總 數	11	35	27	51	43	67

虛 中 求 實 格 (허중구실격)

(要 訣)

己巳 ▬▬ ▬▬ 兄弟 (應)	1. 문명지사(文明之士)라 대학자(大學者), 문학자(文學者)가 되리라.
己未 ▬▬ ▬▬ 子孫	2. 女子는 관왕(官旺)이면 생이별(生離別)하고 관쇠(官衰)면 사별(死別)하고
己酉 ▬▬ ▬▬ 妻財	官이 공망(空亡)되면 무부지상(無夫之象)이라.
戊午 ▬▬ ▬▬ 兄弟 (世)	
戊辰 ▬▬ ▬▬ 子孫	
戊寅 ▬▬ ▬▬ 父母	

(解 說)

1. 합격자(合格者)는 성실한 인사로서 현인정사(賢人正士)와 상교(相交)하여 그 덕이 날로 성대하니 능히 천하지대업(天下之大業)을 완수하리라.

2. 불합격자(不合格者) 역시 人格者로서 신실한 미덕을 갖추고 있어 능히 가도(家道)를 지키고 사회(社會)에 나가 업적을 세우리라. 비록 처음은 곤란하나 후달격(後達格)이라 길하도다.

姓 數	5		13		21	
名 數	7	31	15	39	23	47
總 數	12	36	28	52	44	68

飛 鳥 遺 音 格 (비조유음격)

(要 訣)

庚戌 ▬▬ ▬▬ 父母

1. 필시 대용지재(大用之材)니라. 때를 기다릴 지어다.

庚申 ▬▬▬▬▬ 兄弟

2. 급히 나는 새가 땅에 떨어지니 손명(損名)할까 두렵다.

庚午 ▬▬▬▬▬ 官鬼
(世)

丙申 ▬▬▬▬▬ 兄弟

丙午 ▬▬▬▬▬ 官鬼

丙辰 ▬▬ ▬▬ 父母
(應)

(解 說)

1. 합격자(合格者)는 上下가 도와서 명성을 얻는다. 단(但), 의욕이 넘치면 급상(急傷)하리라.

2. 불합격자(不合格者)는 분수를 지키지 못하고 의부의 유혹을 뿌리치지 못하면 패가망신 하리라.

姓 數	5		13		21	
名 數	23	47	7	31	15	39
總 數	28	52	20	44	36	60

忌 客 隨 身 格 (기객수신격)

(要 訣)

庚戌 ▬▬ ▬▬ 父母

庚申 ▬▬ ▬▬ 兄弟

庚午 ▬▬ ▬▬ 官鬼
　　　(世)

丙申 ▬▬ ▬▬ 兄弟

丙午 ▬▬ ▬▬ 官鬼

丙辰 ▬▬ ▬▬ 父母
　　　(應)

1. 山上에 뇌성(雷聲)이 우레와 같으니 대장부(大丈夫)의 기상(氣象)이로다.

2. 절약하고 검소하게 처신하면 가히 만전을 다루는 거상(巨商)이 되리라.

(解 說)

1. 합격자(合格者)는 먼저 기회를 잘 살펴서 위험을 피하고 명철보신(明哲保身)하리라.

2. 불합격자(不合格者)는 안하무인격이니 타인의 시기를 초래케 하여 화를 자초하니 신가(身家)를 보전하기 어려우리라.

姓數	5		13		21	
名數	15	39	23	47	7	31
總數	20	44	36	60	28	52

密雲不雨格 (밀운불우격)

(要 訣)

庚戌 ▬▬ 父母

庚申 ▬▬ 兄弟

庚午 ▬▬ 官鬼
　　　(世)

丙申 ▬▬ 兄弟

丙午 ▬▬ 官鬼

丙辰 ▬▬ 父母
　　　(應)

1. 오장(五臟)이 부조(不調)하니 병고(病苦)에 시달리리라.

2. 삼운(三運)이 불길(不吉)하니 신명(身命)과 성공과 가정이 불리하도다.

(解 說)

1. 합격자(合格者)는 뜻이 높고 재예(才藝)가 출중하나 시기가 도래하지 않아 大成은 난망(難望)이로다.

2. 불합격자(不合格者)는 위인이 교만하여 망동(妄動)하므로 인정은 많고 재략은 있으나 일사불성(一事不成)이로다. 혹은 탐재호색(貪財好色)하리라.

姓 數	5		13		21	
名 數	16	40	24	48	8	32
總 數	21	45	37	61	29	53

至 下 之 觀 格 (지하지관격)

(要 訣)

辛卯 ▬▬▬▬ 妻財

1. 육친무덕(六親無德)하며 만약 자식이 있고 재물이 있으면 일찍 靑山으로 떠나리라.

辛巳 ▬▬▬▬ 官鬼

2. 우물을 피하고 보니 도리어 낭떠러지에 떨어지도다.

辛未 ▬▬ ▬▬ 父母
　　　(世)

乙卯 ▬▬ ▬▬ 妻財

乙巳 ▬▬ ▬▬ 官鬼

乙未 ▬▬ ▬▬ 父母
　　　(應)

(解 說)

1. 합격자(合格者)는 응분(應分)의 처지에서 자립하여 평안하게 지내니 더 바랄 것이 없도다.

2. 불합격자(不合格者)는 비록 명리(名利)는 있으나 소견이 천협하고 소행이 인색하여 대사불성이로다.

姓數	5		13		21	
名數	8	32	16	40	24	48
總數	13	37	29	53	45	69

觀 其 我 生 格 (관기아생격)

	(要 訣)
辛卯 ▆▆ 妻財	1. 사람과 더불어 모사(謀事)하니 피차간(彼此間)에 이익되리라.
辛巳 ▆▆ 官鬼	
辛未 ▆ ▆ 父母 (世)	2. 정도(正道)로 가지 않으면 하루아침에 실패하리라.
乙卯 ▆ ▆ 妻財	
乙巳 ▆ ▆ 官鬼	
乙未 ▆ ▆ 父母 (應)	

(解 說)

1. 합격자(合格者)는 덕을 숭상하고 수신(修身)하여 공(功)을 세우니 거침이 없도다.

2. 불합격자(不合格者)는 의지가 정립되지 않고 중심이 서지 않아서 平生 탄식하리라. 그러나 中年에 입지(立志)하면 사십세후(四十歲後)부터 호운도래(好運到來)하리라.
   만약 형제가 있으면 우애(友愛)를 돈독(敦篤)히 하라.

姓 數	5		13		21	
名 數	24	48	8	32	16	40
總 數	29	53	21	45	37	61

正 觀 我 生 格 (정관아생격)

(要 訣)

辛卯 ▅▅▅ 妻財

1. 종전에 막힌 일들이 자연히 형통(亨通)하리라.

辛巳 ▅▅▅ 官鬼

2. 수신제가(修身齊家)하면 자손대(子孫代)에 크게 번영하리라.

辛未 ▅▅ ▅▅ 父母
(世)

乙卯 ▅▅ ▅▅ 妻財

乙巳 ▅▅ ▅▅ 官鬼

乙未 ▅▅ ▅▅ 父母
(應)

(解 說)

1. 합격자(合格者)는 중정지덕(中正之德)으로 국리민복(國利民福)을 도모(圖謀)하고 만인에게 등불을 밝혀 장엄(莊嚴)한 신천지(新天地)를 건설하리라.
2. 불합격자(不合格者) 대인군자(大人君子)로서 가는 곳 마다 민풍(民風)을 순화(淳化)하고 홍익(弘益)사회에 베풀리라. 단(但), 무덕자(無德者)는 그림의 떡이로다.

姓 數	5		13		21	
名 數	1	25	9	33	17	41
總 數	6	30	22	46	38	62

恒 心 不 亂 格 (항심불란격)

(要 訣)

戊子 ▬ ▬ 妻財

戊戌 ▬▬▬ 兄弟

戊申 ▬ ▬ 子孫
　　　(世)

甲辰 ▬ ▬ 兄弟

甲寅 ▬▬▬ 官鬼

甲子 ▬▬▬ 妻財
　　　(應)

1. 小人은 자신의 처지를 알지 못하고 경거망동하여 실패한다.

2. 소심자(小心者)는 무사안일이라 실패한다.

(解 說)

1. 합격자(合格者)는 성격이 청렴하고 그 행동이 공명정대(公明正大)하니 정사(正士)의 품격이로다.

2. 궁지(窮地)에 빠져도 능히 화를 피할 수 있으므로 무사태평하리라. 그러나 小人은 경거조동(輕擧躁動)하여 평지풍파를 일으켜 부지인사(不知人事)하리라.

제14장. 역리대상(易理大象) 271

姓 數	5		13		21	
名 數	17	41	1	25	9	33
總 數	22	46	14	38	30	54

敬 愼 不 敗 格 (경신불패격)

(要 訣)

戊子 ▬▬ ▬▬ 妻財

戊戌 ▬▬▬▬▬ 兄弟

戊申 ▬▬ ▬▬ 子孫
　　　　(世)

甲辰 ▬▬ ▬▬ 兄弟

甲寅 ▬▬▬▬▬ 官鬼

甲子 ▬▬▬▬▬ 妻財
　　　　(應)

1. 때를 만나지 못하면 아무리 영웅호걸(英雄豪傑)이라도 허송세월(虛送歲月) 하도다.

2. 수액(水厄)과 낙정지액(落井之厄)을 조심하라.

(解 說)

1. 합격자(合格者)는 비록 명리(名利)가 있더라도 항상 우수(憂愁)의 나날을 보내리라.

2. 불합격자(不合格者)는 성질이 강하여 함정에 빠지고 충언(忠言)은 듣지 아니하고 망언(妄言)을 믿으니 필경에는 패가망신하리라.

姓 數	5		13		21	
名 數	9	33	17	41	1	25
總 數	14	38	30	54	22	46

晝耕夜讀格 (주경야독격)

	(要 訣)
戊子 ▬▬ ▬▬ 妻財 戊戌 ▬▬▬▬▬ 兄弟 戊申 ▬▬ ▬▬ 子孫 　　　　(世) 甲辰 ▬▬▬▬▬ 兄弟 甲寅 ▬▬▬▬▬ 官鬼 甲子 ▬▬▬▬▬ 妻財 　　　　(應)	1. "世"가 공망(空亡)되면 승려지명(僧侶之命)이요 왕(旺)하면 도사(道師)니라. 2. 女命이 "世"가 공망(空亡)되면 부군(夫君)과 이별하고 입산수도(入山修道)하리라.

(解 說)

1. 합격자(合格者)는 필시 대귀지인(大貴之人)이라 능히 대업(大業)을 달성하고 중정지덕(中正之德)으로 제세구민(濟世救民)하리라.

2. 불합격자(不合格者)는 역시 귀인이나 덕이 있으면 안정형복(安靜亨福)하리라. 혹은 입산수도격(入山修道格)이니라.

姓 數	5		13		21	
名 數	10	34	18	42	2	26
總 數	15	39	31	55	23	47

上下合志格 (상하합지격)

	(要 訣)
丙寅 ▬▬▬ 官鬼 　　　　(應) 丙子 ▬ ▬ 妻財 丙戌 ▬ ▬ 兄弟 丁丑 ▬ ▬ 兄弟 　　　(世) 丁卯 ▬▬▬ 官鬼 丁巳 ▬▬▬ 父母	1. 만사가 각각 제 분수를 지키면 무고하리라. 2. 인묘년생(寅卯年生)은 슬하(膝下)에 다병(多病)하여 조자(早子)는 난양(難養)이로다.

(解 說)

 1. 합격자(合格者)는 타인을 위하여 자신을 버리니 이타이기(利他利己)하며 대공(大功)을 세우리라.

 2. 불합격자(不合格者)는 비록 재주와 덕망이 있으나 진퇴양난(進退兩難)이라 발전이 없도다.

姓 數	5		13		21	
名 數	2	26	10	34	18	42
總 數	7	31	23	47	39	63

同 道 相 合 格 (동도상합격)

(要 訣)

丙寅 ▬▬ ▬▬ 官鬼
　　　　(應)

丙子 ▬▬ ▬▬ 妻財

丙戌 ▬▬ ▬▬ 兄弟

丁丑 ▬▬ ▬▬ 兄弟
　　　　(世)

丁卯 ▬▬▬▬▬ 官鬼

丁巳 ▬▬▬▬▬ 父母

 1. 승도(僧道)는 대중의 사표(師表)가 되고 女命은 양부(良夫)를 배필(配匹)로 얻으리라.

 2. 만약 오효(五爻)와 육효(六爻)에 공망(空亡)이나 형충(刑沖)되면 男命은 재혼(再婚)하리라.

(解 說)

 1. 합격자(合格者)는 현인(賢人)과 달사(達士)를 만나 자기의 부족된 곳을 보완하여 서로 덕업(德業)을 쌓으리라.

 2. 불합격자(不合格者)는 역시 인인성사(因人成事)하고 친구의 도움으로 영모사(營謀事)를 성취하리라.

姓 數	5		13		21	
名 數	18	42	2	26	10	34
總 數	23	47	15	39	31	55

返 本 元 吉 格 (반본원길격)

(要 訣)

丙寅 ▬▬ ▬▬ 官鬼
(應)

丙子 ▬▬ ▬▬ 妻財

丙戌 ▬▬ ▬▬ 兄弟

丁丑 ▬▬ ▬▬ 兄弟
(世)

丁卯 ▬▬ ▬▬ 官鬼

丁巳 ▬▬ ▬▬ 父母

1. 순천자(順天者)는 흥(興)하고 역천자(逆天者)는 망(亡)하나니라.

2. 잡란자(雜亂者)는 처자(妻子)를 굶게 하고 질병(疾病)을 면(免)할 수 없도다.

(解 說)

1. 합격자(合格者)는 허(虛)한 중에 실(實)이 있으니 부귀(富貴)와 복택(福澤)이 풍부(豊富)하고 사해(四海)에 명진(名振)하리라. 대괴격(大塊格)이로다.

2. 불합격자(不合格者) 역시 위인이 출중하고 진력(盡力)하니 복을 받으리라.

단, 이기심이 많고 역천자(逆天者)는 뜻밖에 놀랄 일이 생기고 멀리 떠나 원혼(冤魂)이 되리라.

姓 數	5		13		21	
名 數	19	43	3	27	11	35
總 數	24	48	16	40	32	56

見 機 避 退 格 (견기피퇴격)

(要 訣)

癸酉 ▬▬ ▬▬ 父母

1. 수흉자(數凶者)는 반드시 외상(外傷)을 당하리라.

癸亥 ▬▬ ▬▬ 兄弟

2. 부당(不當) 불법(不法)한 것은 탐하지 말라.

癸丑 ▬▬ ▬▬ 官鬼
(世)

己亥 ▬▬▬▬ 兄弟

己丑 ▬▬ ▬▬ 官鬼

己卯 ▬▬▬▬ 子孫
(應)

(解 說)

1. 합격자(合格者)는 지혜가 있고 명민하며 능히 만난을 배제하고 대지(大志)를 달성하리라.

2. 불합격자(不合格者)는 뜻은 높고 공명(功名)은 있으나 빈곤을 어찌할꼬. 수흉자(數凶者)는 호사다마(好事多魔)하여 모사불리(謨事不利)로다.

姓 數	5		13		21	
名 數	11	35	19	43	3	27
總 數	16	40	32	56	24	48

憂愁難解格 (우수난해격)

	(要 訣)
癸酉 ▆▆ 父母	1. 부인(婦人)이 원행(遠行)한 부군(夫君)을 기다리나 종무소식(終無消息)이라 독수신세(獨愁身勢)로다.
癸亥 ▆▆ 兄弟	2. 하늘이 내린 천재로서 일생동안 연구에 몰두한다.
癸丑 ▆▆ 官鬼 (世)	
己亥 ▆▆ 兄弟	
己丑 ▆▆ 官鬼	
己卯 ▆▆ 子孫 (應)	

(解 說)

1. 합격자(合格者)는 일세(一世)의 문장가(文章家)라 대지(大志)를 함양(涵養)하고 때가 오면 大成하리라.

2. 불합격자(不合格者)는 대사(大事)는 불성(不成)하고 소사(小事)는 성취(成就)하리라. 평생 연구(研究)만 하다가 귀거(歸去)하리라.

姓 數	5		13		21	
名 數	3	27	11	35	19	43
總 數	8	32	24	48	40	64

孤鴻萬里格 (고홍만리격)

(要 訣)

癸酉 ▬▬ ▬▬ 父母

1. 이재타향(利在他鄕)이라 비록 관록(官祿)은 없어도 안심입명(安心立命)하리라.

癸亥 ▬▬ ▬▬ 兄弟

2. 女命은 현부(賢婦)일지라도 우부(愚夫)를 만나 가환(家患)과 신고(辛苦)가 따르리라.

癸丑 ▬▬ ▬▬ 官鬼
(世)

己亥 ▬▬ ▬▬ 兄弟

己丑 ▬▬ ▬▬ 官鬼

己卯 ▬▬ ▬▬ 子孫
(應)

(解 說)

1. 합격자(合格者)는 반드시 유명한 인재로서 能히 보신(保身)하고 기회를 놓치지 않으리라.

2. 불합격자(不合格者)는 역시 재지(才智)가 있으나 기회가 오지 않아서 호사다마(好事多魔)라 경영지사(經營之事)가 무상(無常)하며 평생 신고(辛苦)가 많으리라.

姓數 6, 14, 22

姓數	6		14		22	
名數	19	43	3	27	11	35
總數	25	49	17	41	33	57

外 比 內 比 格 (외비내비격)

(要 訣)

壬戌 ▬▬▬ 子孫
　　　(應)

1. 종사(宗師)요 의인(義人)이며 정사(正士)이니 그 이름이 천추(千秋)에 빛 나리라.

壬申 ▬▬▬ 妻財

2. 女命은 재가(再嫁)하면 더욱 길(吉) 하도다.

壬午 ▬▬▬ 兄弟

己亥 ▬▬▬ 官鬼
　　　(世)

己丑 ▬ ▬ 子孫

己卯 ▬▬▬ 父母

(解 說)

1. 합격자(合格者)는 대의(大義)와 정도(正道)로서 生을 영위(營爲)하고 결코 비리와는 타협치 않는다.

2. 불합격자(不合格者)는 사욕을 취하니 비록 재록(財祿)이 있어도 오래 가지 못 하나니라.

姓數	6		14		22	
名數	11	35	19	43	3	27
總數	17	41	33	57	25	49

三省得吉格 (삼성득길격)

(要訣)

壬戌 ▅▅▅ 子孫
　　　　(應)

壬申 ▅▅▅ 妻財

壬午 ▅▅▅ 兄弟

己亥 ▅▅▅ 官鬼
　　　　(世)

己丑 ▅ ▅ 子孫

己卯 ▅▅▅ 父母

1. 명리(名利)와 재록(財祿)이 겸전(兼全)하니 비로소 일가(一家)가 풍영(豊營)하리라. 혹 "토목공사(土木工事)"로 치부(致富)하리라.

2. "世"가 공망(空亡)된 女命은 과부팔자(寡婦八字)로다.

(解 說)

1. 합격자(合格者)는 기재(奇才)로서 범인(凡人)이 아니며 대기(大器)니라.

2. 불합격자(不合格者)는 총명한 인재로서 상위자(上位者)가 신임하고 하위자(下位者)가 받들어 모시니 만사유정(萬事有情)이라 일실화창(一室和昌)하리라. 수흉자(數凶者)는 고립무조격(孤立無助格)이니 영화중에 욕됨이 있으리라.

姓 數	6		14		22	
名 數	3	27	11	35	19	43
總 數	9	33	25	49	41	65

通權達變格 (통권달변격)

(要 訣)

壬戌 ▬▬▬ 子孫
　　　(應)

壬申 ▬▬▬ 妻財

壬午 ▬▬▬ 兄弟

己亥 ▬▬▬ 官鬼
　　　(世)

己丑 ▬ ▬ 子孫

己卯 ▬ ▬ 父母

1. 수집문권(手執文券)하니 千金을 거래(去來)하리라.

2. 아직 뜻을 이루지 못하니 답답하구나.

(解 說)

1. 합격자(合格者)는 심지(心地)가 광대(廣大)하고 재덕(才德)이 청고(淸高)하며 부귀겸전(富貴兼全)하니 가(可)히 대지대업(大志大業)을 달성(達成)하리라.

2. 불합격자(不合格者)는 승도(僧道) 아니면 행상(行商)을 하게 되며 박복(薄福)하다.

姓數	6		14		22	
名數	4	28	12	36	20	44
總數	10	34	26	50	42	66

顧 小 失 大 格 (고소실대격)

(要 訣)

丁未 ▬▬ ▬▬ 妻財
　　　(應)

丁酉 ▬▬ ▬▬ 官鬼

丁亥 ▬▬ ▬▬ 父母

庚辰 ▬▬ ▬▬ 妻財
　　　(世)

庚寅 ▬▬ ▬▬ 兄弟

庚子 ▬▬ ▬▬ 父母

1. 소아(小我)를 집착(執着)하면 대아(大我)를 잃는다.

2. 女子는 경솔하지 마라. 후회막급이니라. 양심(兩心)이 서로 다투리라.

(解 說)

 1. 합격자(合格者)는 정대(正大)한 군자로서 정의롭게 살며 小人들은 사리사욕(私利私慾)만 채운다.

 2. 불합격자(不合格者)는 목전(目前)의 소리(小利)에 집착(執着)하여 원대(遠大)한 이득(利得)을 버리니 이 사람은 결국 하천배(下賤輩)가 되리라.
 관재구설(官災口舌)을 조심할지어다.

姓 數	6		14		22	
名 數	20	44	4	28	12	36
總 數	26	50	18	42	34	58

自 乘 永 貞 格 (자승영정격)

	(要 訣)
丁未 ▬▬ ▬▬ 妻財 　　　(應) 丁酉 ▬▬▬▬▬ 官鬼 丁亥 ▬▬▬▬▬ 父母 庚辰 ▬▬ ▬▬ 妻財 　　　(世) 庚寅 ▬▬ ▬▬ 兄弟 庚子 ▬▬ ▬▬ 父母	1. 매사(每事) 여의(如意)대로 되고 입신양명(立身揚名)하리라. 2. 비록 식복(食福)은 있으나 슬하(膝下)에 우환(憂患)이 있고, 생이별(生離別) 하리라.

(解 說)

1. 합격자(合格者)는 권문(權門) 세력가(勢力家)로서 공(功)을 세운다.

2. 不合格者는 타인(他人)의 시기(猜忌)를 어찌 면(免)하리오. 오직 수양(修養)함이 길(吉)하다.

姓 數	6		14		22	
名 數	12	36	20	44	4	28
總 數	18	42	34	58	26	50

縣 虛 不 實 格 (현허불실격)

(要 訣)

丁未 ▬▬ ▬▬ 妻財
　　　　(應)

丁酉 ▬▬▬▬▬ 官鬼

丁亥 ▬▬▬▬▬ 父母

庚辰 ▬▬ ▬▬ 妻財
　　　　(世)

庚寅 ▬▬ ▬▬ 兄弟

庚子 ▬▬ ▬▬ 父母

1. 서산(西山)에 있는 보물(寶物)을 취(取)하지 않으니 매사(每事) 허망하도다.

2. 지성이면 감천이라 길상(吉祥)이 자래(自來)하리라.

(解 說)

1. 합격자(合格者)는 성실한 인사로서 귀인이 내조(來助)하여 사사여의(事事如意)하리라.

2. 불합격자(不合格者)는 나아갈수록 곤궁하니 생계가 곤란하고 오랫동안 침체되어 心志가 불녕(不寧)하리라.

姓 數	6		14		22	
名 數	13	37	21	45	5	29
總 數	19	43	35	59	27	51

青 龍 朝 天 格 (청용조천격)

(要 訣)

己巳 ▅▅ 兄弟

1. 소년시(少年時)에 이름을 얻고 만년(晩年)에 고루(高樓)에 앉아 유유자적(悠悠自適)하리라.

己未 ▅ ▅ 子孫
　　　(應)

2. 신축년(辛丑年)에 부동산문제로 부자간(父子間)에 불목(不睦)한다.

己酉 ▅▅ 妻財

辛酉 ▅▅ 妻財

辛亥 ▅▅ 官鬼
　　　(世)

辛丑 ▅ ▅ 子孫

(解 說)

1. 합격자(合格者)는 필시 대기(大器)로서 국가의 중초(重礎)요 동량지재(棟樑之材)니라. 능히 자수정도(自修正道)하여 후일에 대성하리라.

2. 불합격자(不合格者)는 역시 작은 그릇이 아니니라. 가기풍융(家基豊隆)하고 사회의 중진으로서 명진사해(名振四海)하리라. 그러나 질투와 미움을 사서 해(害)를 입느니라.

姓 數	6		14		22	
名 數	5	29	13	37	21	45
總 數	11	35	27	51	43	67

金 鼎 折 足 格 (금정절족격)

(要 訣)

己巳 ▬▬▬ 兄弟

己未 ▬ ▬ 子孫
　　　(應)

己酉 ▬▬▬ 妻財

辛酉 ▬▬▬ 妻財

辛亥 ▬▬▬ 官鬼
　　　(世)

辛丑 ▬ ▬ 子孫

1. 자손으로 인해서 손재(損財)하리라. 수흉자(數凶者)는 절족(折足), 단수(短壽)하리라.

2. 오복겸전(五福兼全)하니 명진사해(名振四海)하리라.

(解 說)

1. 합격자(合格者)는 국가지중기(國家之重器)요 사회의 공기(公器)이나 배신을 당하여 대사를 그르치고 질책을 당하리라.

2. 不合格者는 재주는 있으나 무덕(無德)한 인사(人士)로서 정도(正道)를 버리니 성패가 무상하도다.

姓 數	6		14		22	
名 數	21	45	5	29	13	37
總 數	27	51	19	43	35	59

鼎 有 玉 鉉 格 (정유옥현격)

(要 訣)

己巳 ▬▬▬ 兄弟

1. 쇠 덩이를 제련(製鍊)하니 대기(大器)를 조성(造成)하고 상유옥현(上有玉鉉)이라 문장지객(文章之客)이다.

己未 ▬ ▬ 子孫
(應)

2. 인재(人材), 재보(財寶), 문장(文章)으로 삼합(三合) 대길(大吉)이로다.

己酉 ▬▬▬ 妻財

辛酉 ▬▬▬ 妻財

辛亥 ▬▬▬ 官鬼
(世)

辛丑 ▬ ▬ 子孫

(解 說)

1. 합격자(合格者)는 강유겸비(剛柔兼備)한 대용지재(大用之材)로서 위인이 출중하고 출입유도(出入有度)하니 금옥(金玉)이 만당(滿堂)이로다.

2. 불합격자(不合格者)는 역시 비범한 인재로서 중망(衆望)이 높으며 호인(好人)이나 강유편중(剛柔偏重)하는 고로 비록 뜻은 높으나 결국 실패하리로다.

姓 數	6		14		22	
名 數	22	46	6	30	14	38
總 數	28	52	20	44	36	60

田獲三孤格 (전획삼고격)

(要 訣)

庚戌 ▬▬ ▬▬ 妻財

1. 만사여의(萬事如意)하여 작사(作事)필성(必成)이라 영귀현달격(榮貴顯達格)이니라.

庚申 ▬▬ ▬▬ 官鬼
(應)

2. 처자이별(妻子離別)하고 남북(南北)으로 떠돌다가 객지에서 고혼(孤魂)이 되는 자(者)도 있다.

庚午 ▬▬▬▬▬ 子孫

戊午 ▬▬ ▬▬ 子孫

戊辰 ▬▬ ▬▬ 妻財
(世)

戊寅 ▬▬ ▬▬ 兄弟

(解 說)

1. 합격자는 중도를 지켜 민풍을 순화하니 만인이 우러러 보리라.
2. 불합격자(不合格者)는 역시 군자지풍(君子之風)이라 전산풍융(田産豊隆)하니 족의족식(足衣足食)하리라. 만약 중도자(中道者)는 객지득병(客地得病)하고 비탄(悲嘆)속에 소일(消日)하리라.

姓 數	6		14		22	
名 數	14	38	22	46	6	30
總 數	20	44	36	60	28	52

絶邪向道格 (절사향도격)

(要 訣)

庚戌 ▬▬ ▬▬ 妻財

庚申 ▬▬ ▬▬ 官鬼
　　　(應)

庚午 ▬▬▬▬ 子孫

戊午 ▬▬ ▬▬ 子孫

戊辰 ▬▬▬▬ 妻財
　　　(世)

戊寅 ▬▬ ▬▬ 兄弟

1. 차(車)를 산상(山上)으로 밀고 올라가니 힘이 들고 차(車)가 추락하여 내가 다치는 격(格).

2. 만혼(晩婚)이 길(吉)하고 조혼(早婚)하면 실패한다.

(解 說)

1. 합격자(合格者)는 위인이 단정하고 현인(賢人)과 상교(相交)하니 득의춘풍(得意春風) 하리라.

2. 비록 재주는 있으나 소인들과 상교(相交)하니 사필유한(事必有恨)이라 大成은 어렵다.

만약 경거망동하면 平生 한탄하며 소일하리라.

姓 數	6		14		22	
名 數	6	30	14	38	22	46
總 數	12	36	28	52	44	68

臟器待時格 (장기대시격)

(要訣)

庚戌 ▬▬ ▬▬ 妻財

庚申 ▬▬▬▬▬ 官鬼
　　　　(應)

庚午 ▬▬▬▬▬ 子孫

戊午 ▬▬ ▬▬ 子孫

戊辰 ▬▬ ▬▬ 妻財
　　　　(世)

戊寅 ▬▬▬▬▬ 兄弟

1. 부도덕자(不道德者)는 출옥지객(出獄之客)이 분명하고 절(節)을 모르면 음녀(淫女)로다.

2. 부지(不知) 보신(保身)하면 요사단명(夭死短命)하리니 평소 양생(養生)할 지로다.

(解說)

1. 합격자(合格者)는 큰 공훈을 세워 이름을 천하(天下)에 남기리라.

2. 불합격자(不合格者)는 역시 대재(大材)로서 기용(其用)을 다하여 형복(亨福)하리라.

　그 다음은 아무리 노력하나 공이 없어 호사다마(好事多魔)하니 동분서주하며 평생 신고(辛苦) 하리라.

姓 數	6		14		22	
名 數	7	31	15	39	23	47
總 數	13	37	29	53	45	69

宴 安 和 樂 格 (연안화락격)

(要 訣)

辛卯 ■■ 官鬼
　　　(應)

辛巳 ■■ 父母

辛未 ■ ■ 兄弟

丙申 ■■ 子孫
　　　(世)

丙午 ■ ■ 父母

丙辰 ■ ■ 兄弟

1. 적소성대(積小成大)하니 자손 형복(亨福)하고 화기만당(和氣滿堂)하리라.

2. 만약 공직(公職)이 아니면 우환(憂患)이 따르나 결국 무사하리라.

(解 說)

1. 합격자(合格者)는 재능과 덕이 있고 부귀가 장구(長久)하리라. 족히 국가적동량(國家的棟樑)이요 사회의 중재(重材)로서 공을 세우고 명진사해(名振四海)하리라.

2. 不合格者는 활달한 남아(男兒)로서 빈손으로 성공하여 문호생광(門戶生光)하리라.

姓 數	6		14		22	
名 數	23	47	7	31	15	39
總 數	29	53	21	45	37	61

白 日 飛 昇 格 (백일비승격)

	(要 訣)
辛卯 ▬▬▬ 官鬼 　　　　　(應) 辛巳 ▬▬▬ 父母 辛未 ▬ ▬ 兄弟 丙申 ▬ ▬ 子孫 　　　　　(世) 丙午 ▬ ▬ 父母 丙辰 ▬ ▬ 兄弟	1. 대망(大望)을 꿈꾸나 신(神)이 도와주지 않으니 매사가 허사(虛事)로다. 2. 女命은 실부지상(失夫之象)이니 조혼불가(早婚不可)로다.

(解 說)

1. 합격자(合格者)는 오직 순응지덕(順應之德)으로 안정(安定)을 도모(圖謀)함이 상책이다.

2. 생계(生計)가 막연하니 천신만고하리라. 만약 검소한 생활을 하면 만년형복(晚年亨福)하리라. 고위직(高位職)에 있으면 대액(大厄)을 면키 어렵다.

姓 數	6		14		22	
名 數	15	39	23	47	7	31
總 數	21	45	37	61	29	53

超乎雲外格 (초호운외격)

(要 訣)

辛卯 ▬▬ ▬▬ 官鬼
　　　　(應)

　1. 대도사(大道士)가 아니면 속세(俗世)를 등지고 수도지객(修道之客)이니라.

辛巳 ▬▬▬▬ 父母

　2. 대개는 상심(傷心)과 눈물로서 소일(消日)하며 병상(病床)에 누워 명(命)을 재촉한다.

辛未 ▬▬ ▬▬ 兄弟

丙申 ▬▬ ▬▬ 子孫
　　　　(世)

丙午 ▬▬ ▬▬ 父母

丙辰 ▬▬ ▬▬ 兄弟

(解 說)

　1. 합격자(合格者)는 도덕(道德)이 출중(出衆)하고 위엄이 있어 만인의 스승이니라.

　2. 참새가 어찌 창공(蒼空)을 나는 대붕(大鵬)의 뜻을 알랴. 강풍(强風)에 꽃이 떨어지니 천신만고(千辛萬苦)하리라.

姓 數	6		14		22	
名 數	16	40	24	48	8	32
總 數	22	46	38	62	30	54

自 省 貞 吉 格 (자성정길격)

	(要 訣)
戊子 ▬▬ ▬▬ 妻財 (應)	1. 자기수양(自己修養)으로 일로매진(一路邁進)하니 필시 성공하리라.
戊戌 ▬▬ ▬▬ 兄弟	
戊申 ▬▬ ▬▬ 子孫	2. 수액(水厄)당할 염려가 있으니 항상 주행불리(舟行不利)하리라.
乙卯 ▬▬ ▬▬ 官鬼 (世)	
乙巳 ▬▬ ▬▬ 父母	
乙未 ▬▬ ▬▬ 兄弟	

(解 說)

1. 합격자(合格者)는 대귀인(大貴人)이라 덕으로서 상대(相對)하니 만인이 우러러 보리라.

2. 불합격자(不合格者)는 성실하고 순박한 인사로서 사리(事理)가 분명하고 품행이 바르니 입신출세하고 혹 처가(妻家)의 도움으로 출세하리라.

姓 數	6		14		22	
名 數	8	32	16	40	24	48
總 數	14	38	30	54	46	70

君子有新格 (군자유신격)

(要訣)

戊子 ▬▬ ▬ ▬ 妻財
　　　　(應)

戊戌 ▬▬▬▬▬ 兄弟

戊申 ▬▬ ▬ ▬ 子孫

乙卯 ▬▬ ▬ ▬ 官鬼
　　　　(世)

乙巳 ▬▬ ▬ ▬ 父母

乙未 ▬▬ ▬ ▬ 兄弟

1. 자손(子孫)에게 우해(遇害)가 있고 처(妻)공망(空亡)하면 재혼지명(再婚之命)이다.

2. 병신생(丙申生) 정유생인(丁酉生人)은 낙수지상(落水之象)이나 구조(救助)하는 사람이 있도다.

(解說)

 1. 합격자(合格者)는 유순지덕(柔順之德)으로 대인관계(對人關係)가 좋으니 진충보국(盡忠保國)하고 부귀형복(富貴亨福)하리라.
 2. 불합격자(不合格者)는 사람이 정대(正大)하고 윗 사람과 친교(親交)하니 칭송이 대단하도다. 혹 경거망동하는 자는 부부이별수라 신세 가련하다.

姓 數	6		14		22	
名 數	24	48	8	32	16	40
總 數	30	54	22	46	38	62

無 始 無 終 格 (무시무종격)

	(要 訣)
戊子 ▬▬ ▬▬ 妻財 　　　　　(應) 戊戌 ▬▬▬▬▬ 兄弟 戊申 ▬▬ ▬▬ 子孫 乙卯 ▬▬ ▬▬ 官鬼 　　　　　(世) 乙巳 ▬▬ ▬▬ 父母 乙未 ▬▬ ▬▬ 兄弟	1. 시작이 없으면 끝이 없고 끝이 없으면 시작이 없다. 2. 질병(疾病)이 침입하고 형액(刑厄)이 두렵도다.

(解 說)

 1. 합격자(合格者)는 단정한 인사로서 귀인을 만나 복록(福祿)을 받으나 불의(不義)한 자는 명불성(名不成)이라 후회막급이니라.

 2. 不合格者는 아첨하고 재물만 탐하며 배은망덕(背恩忘德)하면 호랑이 굴에서 벗어나지 못하리라.

姓 數	6		14		22	
名 數	1	25	9	33	17	41
總 數	7	31	23	47	39	63

泰然自若格 (태연자약격)

(要 訣)

丙寅　　官鬼

丙子　　妻財
　　(應)

丙戌　　兄弟

甲辰　　兄弟

甲寅　　官鬼
　　(世)

甲子　　妻財

1. 귀인내조(貴人來助)하니 순풍에 돛단배와 같다.

2. 말년(末年)에 족질(足疾) 혹은 요절질(腰折疾), 관절염(關節炎)을 조심하라.

(解 說)

1. 합격자(合格者)는 재덕(才德)있으며 심성명민(心性明敏)하고 견문(見聞)이 넓으니 대성지인(大成之人)이라 혹은 출사(出仕)하고 혹은 급류용퇴(急流勇退)하리라.

2. 평생소한(平生恨)이 낙미지액(落眉之厄)이라 아무리 노력하나 운이 따르지 않으니 출입다체(出入多滯)하리라. 수흉자(數凶者)는 단명(短命)하리라.

姓數	6		14		22	
名數	17	41	1	25	9	33
總數	23	47	15	39	31	55

元吉有喜格 (원길유희격)

	(要訣)
丙寅 ▬▬ ▬▬ 父母	1. 원길(元吉)이라 상칙재상(上則宰相)이요, 중칙(中則) 도지사(道知事)요, 하칙(下則) 군수(郡守)로다.
丙子 ▬ ▬ 兄弟 (應)	2. 농가(農家)는 진우흥산(進牛興産)하고 상가(商家)는 반드시 재물을 얻고 집안이 편안하리라.
丙戌 ▬ ▬ 子孫	
甲辰 ▬▬▬▬ 兄弟	
甲寅 ▬ ▬ 官鬼 (世)	
甲子 ▬▬▬▬ 父母	

(解說)

1. 합격자(合格者)는 지덕겸비(知德兼備)한 당세(當世)의 명인(名人)이요 원수(元首)니라.

2. 불합격자(不合格者)는 역시 길(吉)이나 역부족으로 중임(重任)을 감당하지 못하고 대사(大事)를 실패하리라. 고로 모름지기 근신하면 희경자지(喜慶自至)하리라.

姓 數	6		14		22	
名 數	9	33	17	41	1	25
總 數	15	39	31	55	23	47

青山得雲格 (청산득운격)

(要 訣)

丙寅 ▬▬▬ 父母

　　　　　　　　1. 무도한 사람은 십년간(十年間)
　　　　　　　　수옥(囚獄)을 난면(難免)하리라.

丙子 ▬ ▬ 兄弟
　　(應)
　　　　　　　　2. 소와 전답을 팔아 술과 여자로
　　　　　　　　인하여 패가망신(敗家亡身)하리
　　　　　　　　라.

丙戌 ▬ ▬ 子孫

甲辰 ▬ ▬ 兄弟

甲寅 ▬▬▬ 官鬼
　　(世)

甲子 ▬▬▬ 父母

(解 說)

 1. 합격자(合格者)는 사통팔달(四通八達)의 영명(英明)한 대기재(大奇才)로서 도덕(道德)이 충만(充滿)하고 명진사해(名振四海)하리라.

 2. 불합격자(不合格者)는 상사(上士)는 뜻이 높고 능히 도덕군자(道德君子)로다. 중사(中士)는 사회에 공헌하고 유유자적(悠悠自適)하리라. 하사이하(下士以下)는 길중다재(吉中多災)하도다.

姓數	6		14		22	
名數	10	34	18	42	2	26
總數	16	40	32	56	24	48

大亨天道格 (대형천도격)

(要 訣)

癸酉 ▅▅ ▅▅ 兄弟

癸亥 ▅▅ ▅▅ 父母
　　　(應)

癸丑 ▅▅ ▅▅ 妻財

丁丑 ▅▅ ▅▅ 妻財

丁卯 ▅▅▅▅ 兄弟
　　　(世)

丁巳 ▅▅▅▅ 父母

1. 대붕(大鵬)이 하늘을 날고 선학(仙鶴)이 구름사이로 나니 대귀격(大貴格).

2. 小人에게는 매사가 불리하고 부진하리라

(解 說)

1. 합격자(合格者)는 진덕수업(進德修業)하고 치국제세(治國濟世)하니 입공천하(立功天下)하리라. 부귀공명지상(富貴功名之象)이로다.

2. 불합격자(不合格者)는 능히 가업을 흥기(興起)시키고 길상자래(吉祥自來)하리라.

姓 數	6		14		22	
名 數	2	26	10	34	18	42
總 數	8	32	24	48	40	64

至 臨 無 咎 格 (지임무구격)

(要 訣)

癸酉 ▬▬ ▬▬ 父母

1. 처궁(妻宮)이 공망(空亡)되면 불길하고 왕(旺)하면 吉하니라.

癸亥 ▬▬ ▬▬ 兄弟
(應)

2. 女子는 혼기(婚期)를 놓치고 三十되어야 시집간다.

癸丑 ▬▬ ▬▬ 子孫

丁丑 ▬▬ ▬▬ 兄弟

丁卯 ▬▬▬▬ 官鬼
(世)

丁巳 ▬▬▬▬ 父母

(解 說)

1. 합격자(合格者)는 능히 인화(人和)로서 대지대업(大志大業)을 달성하고 명망이 높다.

2. 不合格者 역시 유복지인(有福之人)으로서 유능한 재질이다. 친지와 상조(相助)하여 안일(安逸)한 생활을 하리라.

姓 數	6		14		22	
名 數	18	42	2	26	10	34
總 數	24	48	16	40	32	56

利 他 自 利 格 (이타자리격)

(要 訣)

癸酉 ▬▬ 父母

1. 손화위관(孫化爲官)하니 원유고목(園有枯木)하고, 야초남적(夜招南賊)하리라.

癸亥 ▬▬ 兄弟
(應)

2. 경거망동자(輕擧妄動者)는 천벌(天罰)을 난면(難免)하리라.

癸丑 ▬▬ 子孫

丁丑 ▬▬ 兄弟

丁卯 ▬▬ 官鬼
(世)

丁巳 ▬▬ 父母

(解 說)

1. 합격자(合格者)는 대귀지인(大貴之人)이요 대도정사(大道正士)로서 법도(法度)와 풍속(風俗)을 능히 바꿀 수 있는 대인(大人)이니라.

2. 不合格者는 만년(晩年)에 덕인(德人)으로서 가산(家産)과 가족이 늘며 다획이익(多劃利益)하리라. 그러나 무덕지배(無德之輩)는 풍우(風雨)를 어찌 면하리오. 전정(前程)이 암담하도다.

姓數 7, 15, 23

姓 數	7		15		23	
名 數	18	42	2	26	10	34
總 數	25	49	17	41	33	57

清閑受福格 (청한수복격)

	(要 訣)
壬戌 ▮▮▮ 父母	1. 선곤후달격(先困後達格)이나 명리(名利)는 헛수고이며 입산수도객(入山修道客)이라.
壬申 ▮▮▮ 兄弟 (世)	2. 심강기장(心强氣壯)하니 천하지사(天下之事)를 도모하리라.
壬午 ▮▮▮ 子孫	
丁丑 ▮▮ ▮▮ 兄弟	
丁卯 ▮▮ ▮▮ 官鬼 (應)	
丁巳 ▮▮▮ 父母	

(解 說)

1. 합격자(合格者)는 출장입상격(出將入相格)이니 복리(福利)를 득(得)하고 양명천하(揚名天下)하리라.

2. 불합격자(不合格者)는 위인이 조달하고 독특한 소지(素志)로 자립단행(自立斷行)하여 명망이 높다.

姓 數	7		15		23	
名 數	10	34	18	42	2	26
總 數	17	41	33	57	25	49

如 履 虎 尾 格 (여이호미격)

（要 訣）

壬戌 ▬▬▬ 父母

壬申 ▬▬▬ 兄弟
　　　　(世)

壬午 ▬▬▬ 子孫

丁丑 ▬ ▬ 兄弟

丁卯 ▬ ▬ 官鬼
　　　　(應)

丁巳 ▬ ▬ 父母

1. 유기자(有氣者)는 천리(千里)를 내다보고 무기자(無氣者)는 추우(秋雨)를 만나리라.

2. 족질(足疾)과 수옥살(囚獄殺)이 있으니 매사 조심할 것.

（解 說）

1. 합격자(合格者)는 자존심이 강하여 방약무인(傍若無人)이라 스스로 화를 자초한다.

2. 불합격자(不合格者)는 부평초 신세라. 자초쟁송(自招爭訟)하고 망상과대(妄想過大)하니 수형지인(受刑之人)이다.

姓 數	7		15		23	
名 數	2	26	10	34	18	
總 數	9	33	25	49	41	

飛 龍 在 天 格 (비룡재천격)

	(要 訣)
壬戌 ▬▬▬ 父母	1. 여인삼가(女命三嫁)하고 자립성가(自立成家)하리라. 고과독숙격(孤寡獨宿格).
壬申 ▬▬▬ 兄弟 (世)	2. 외상(外傷)또는 외과적(外科的)질병(疾病) 혹은 신체이상(身體異常),부모 떠나 멀리 산다.
壬午 ▬▬▬ 子孫	
丁丑 ▬ ▬ 兄弟	
丁卯 ▬▬▬ 官鬼 (應)	
丁巳 ▬▬▬ 父母	

(解 說)

1. 합격자(合格者)는 덕(德)을 쌓아서 인심을 얻고, 정도(正道)를 행하여 만인의 칭송을 받게 되리라.

2. 不合格者는 상사(上士)는 이해(利害)를 떠나 정성을 다 하니 길(吉)하나 중사(中士)는 인정이 박(薄)하여 나아가지 못하고, 하사(下士)이하는 경거망동하니 어찌 무사하리오.

姓 數	7		15		23	
名 數	3	27	11	35	19	
總 數	10	34	26	50	42	

中 順 自 固 格 (중순자고격)

(要 訣)

丁未 ▬▬ ▬▬ 官鬼

丁酉 ▬▬ ▬▬ 父母

丁亥 ▬▬ ▬▬ 兄弟
　　　　(世)

己亥 ▬▬ ▬▬ 兄弟

己丑 ▬▬ ▬▬ 官鬼

(丙辰官鬼) 己卯 ▬▬ ▬▬ 子孫
　　　　(應)

1. 일신(一身)은 천금(千金)같으나 노년무자(老年無子)라 양방(兩房)에 드나들게 되리라.

2. 태양(太陽)이 구름 속에 들어가니 진퇴양난(進退兩難)이다.

(解 說)

1. 합격자(合格者)는 재지(才智)는 있으나 난시(亂時)는 전전(轉轉)하리라.
　분수를 지키면 무고하다.

2. 불합격자(不合格者)는 뜻이 외방(外方)에 있으니 조업(祖業)을 불수(不守)하고 동분서주하리라.

姓 數	7		15		23	
名 數	19	43	3	27	11	35
總 數	26	50	18	42	34	58

隨 風 乘 龍 格 (수풍승용격)

(要 訣)

丁未 ▬▬ ▬▬ 官鬼

丁酉 ▬▬▬▬▬ 父母

丁亥 ▬▬▬▬▬ 兄弟
(世)

己亥 ▬▬ ▬▬ 兄弟

己丑 ▬▬ ▬▬ 官鬼

己卯 ▬▬▬▬▬ 子孫
(應)

1. 세상인심이 도와주니 남북으로 천신(天神)이 우조(佑助)하리라.

2. 경망자(輕妄者)는 요절(夭折)하고 女命은 삼가지운(三嫁之運)이라.

(解 說)

 1. 합격자(合格者)는 주밀(周密)한 대인격자(大人格者)로서 대사(大事)를 성취하고 공명원대(功名遠大)하니 천추(千秋)에 흠앙(欽仰)을 받으리라.

 2. 불합격자(不合格者)는 당면한 대혁신기(大革新期)에 경거망동하므로 성소패다(成小敗多) 하리라.

姓 數	7		15		23	
名 數	11	35	19	43	3	27
總 數	18	42	34	58	26	50

大人虎變格 (대인호변격)

(要訣)

丁未 ▬▬ ▬▬ 官鬼

丁酉 ▬▬ ▬▬ 父母

丁亥 ▬▬ ▬▬ 兄弟 (世)

己亥 ▬▬ ▬▬ 兄弟

己丑 ▬▬ ▬▬ 官鬼

己卯 ▬▬ ▬▬ 子孫 (應)

1. 표변위호(豹變爲虎)하니 개구종신지상(改舊從新之象)이라 자성부귀(自成富貴)하리라.

2. 왕실(王室)의 비호(飛虎)이니 小人은 골육상쟁(骨肉相爭)하리라.

(解說)

1. 합격자(合格者)는 대도지정사(大道之正士)로서 군계일학(群鷄一鶴)이라 그 문장(文章)이 병연(炳然)하고 기재중망(奇才重望)은 백대(百代) 흠앙지기(欽仰之器)니라.

2. 不合格者는 역시 비범한 인사로서 복력(福力)이 많고 명성천하(名聲天下)하리라.
만약 자식 중 재앙이 없으면 신병(身病)으로 신고(辛苦)하리라.

姓 數	7		15		23	
名 數	12	36	20	44	4	28
總 數	19	43	35	59	27	51

去 去 高 山 格 (거거고산격)

(要 訣)

己巳 ▬▬ ▬▬ 子孫

1. 해가 져서 도궁(道窮)한데 女人혼자걸어가니 걸음마다 눈물이 나더라.

己未 ▬▬ ▬▬ 妻財
(世)

2. 족질(足疾)과 풍질(風疾)을 조심하라.

己酉 ▬▬ ▬▬ 官鬼

庚辰 ▬▬ ▬▬ 妻財

庚寅 ▬▬ ▬▬ 兄弟
(應)

庚子 ▬▬ ▬▬ 父母

(解 說)

 1. 합격자(合格者)는 독행정도(獨行正道)하니 역시 귀인이라 개과천선(改過遷善)하여 음덕(陰德)을 득(得)하리라.

 2. 불합격자(不合格者)는 족질(足疾)로 보행(步行)이 어렵고 죄(罪)를 지어 수형(受刑)하리니 근신(勤愼)하라.

姓 數	7		15		23	
名 數	4	28	12	36	20	
總 數	11	35	27	51	43	

小咎無咎格 (소인무구격)

(要 訣)

己巳 ▬▬ ▬▬ 子孫

己未 ▬▬ ▬▬ 妻財
　　　　　(世)

己酉 ▬▬▬▬▬ 官鬼

庚辰 ▬▬ ▬▬ 妻財

庚寅 ▬▬ ▬▬ 兄弟
　　　　　(應)

庚子 ▬▬ ▬▬ 父母

1. 일성일패(一成一敗)를 반복하니 무상(無常)하고 단명(短命)하리라.

2. 식중독(食中毒) 또는 심복불안(心腹不安)하리라.

(解 說)

1. 합격자(合格者)는 세사다난(世事多難)하니 출세 아니면 승도(僧道)가 갈길 이니라.

2. 불합격자(不合格者)는 호사다난(好事多難)하니 어찌 편안하리라. 행운유수(行雲流水)에 부평초 신세로다.

姓 數	7		15		23	
名 數	20	44	4	28	12	36
總 數	27	51	19	43	35	59

溫故知新格 (온고지신격)

(要 訣)

己巳 ▬▬ ▬▬ 子孫

1. 구십노객(九十老客)이 중도(中途)에 회귀(回歸)하니 처자유한(妻子有恨)이로다.

己未 ▬▬ ▬▬ 妻財
　　　　(世)

2. 혈압(血壓)과 풍질(風疾)로 손명(損名) 하리라.

己酉 ▬▬ ▬▬ 官鬼

庚辰 ▬▬ ▬▬ 妻財

庚寅 ▬▬ ▬▬ 兄弟
　　　　(應)

(己卯妻財) 庚子 ▬▬▬▬▬ 父母

(解 說)

1. 합격자(合格者)는 유덕지사(有德之士)로서 문장(文章)이 과인(過人)하고 도처(到處)에 유권(有權)하리라.

2. 불합격자(不合格者)는 의식(衣食)이 풍족하나 신고난면(辛苦難免)이라.
이주손명(以酒損命) 아니면 이색망신(以色亡身)하리라.

姓 數	7		15		23	
名 數	21	46	5	29	13	37
總 數	28	52	20	44	36	60

有情無情格 (유정무정격)

(要 領)

庚戌 ▬▬ ▬▬ 妻財
　　　　(應)

庚申 ▬▬ ▬▬ 官鬼

庚午 ▬▬▬▬▬ 子孫

辛酉 ▬▬▬▬▬ 官鬼
　　　　(世)

辛亥 ▬▬▬▬▬ 父母

辛丑 ▬▬ ▬▬ 妻財

1. 남자는 靑山으로 돌아가니 일찍 세상을 떠나리라.

2. 여자는 고독한 팔자라 고향을 떠나 살게 되리라.

(解 說)

1. 합격자(合格者)는 사회적으로 명망과 지위가 향상되며 능히 초지(初志)를 달성하여 금의환향하리라.

2. 불합격자(不合格者)는 비록 재주는 있으나 경거망동이 스스로 화를 자초하리라.

姓 數	7		15		23	
名 數	13	37	21	45	5	29
總 數	20	44	36	60	28	52

不 恒 基 德 格 (불항기덕격)	
	(要 領)
庚戌 ■ ■ 妻財 　　　(應)	1. 비록 처음은 곤란하나 나중에는 태평하게 지내게 되고 영귀(榮貴)하리라.
庚申 ■ ■ 官鬼	2. 쇠를 녹여 그릇을 만드니 멀지 않아서 천지를 진동케 하리라.
庚午 ■ ■ 子孫	
辛酉 ■ ■ 官鬼 　　　(世)	
辛亥 ■ ■ 父母	
辛丑 ■ ■ 妻財	

(解 說)
1. 합격자(合格者)는 노력하나, 그 결실을 맺지 못하니 유종의 미를 보지 못한다. 2. 불합격자(不合格者)는 하는 일 마다 덕망을 잃으니 이름을 더럽히리라.

姓數	7		15		23	
名數	5	29	13	37	21	
總數	12	36	28	52	44	

柔德爲恒格 (유덕위항격)

(要領)

庚戌 ▬▬ ▬▬ 妻財 (應)	1. 남자는 현처(賢妻)의 내조(內助)가 있고 재산과 명예가 따르리라.
庚申 ▬▬ ▬▬ 官鬼	2. 여자는 고독한 팔자라 과부를 면치 못하리라.
庚午 ▬▬▬▬ 子孫	
辛酉 ▬▬▬▬ 官鬼 (世)	
辛亥 ▬▬▬▬ 父母	
辛丑 ▬▬ ▬▬ 妻財	

(解說)

1. 합격자(合格者)는 덕망과 인덕이 있어 천하에 그 이름을 떨치리라.

2. 불합격자(不合格者)는 처가 방자하여 아첨하고 욕되게 하니 화를 당하리라.
그러므로 일시 영화라도 종내에는 패가하리라.

姓 數	7		15		23	
名 數	6	30	14	38	22	
總 數	13	37	29	53	45	

用 拯 馬 壯 格 (용증마장격)

(要 領)

辛卯 ▬▬ ▬▬ 父母

1. 득시자(得時者)는 출장입상(出將入相)격이요. 실시자(失時者)는 평지풍파로다.

辛巳 ▬▬▬ 兄弟
(世)

2. 가운(家運)이 역행하니 패가망신하고 평지풍파(平地風波)로다.

辛未 ▬▬ ▬▬ 子孫

戊午 ▬▬ ▬▬ 兄弟

戊辰 ▬▬▬ 子孫
(應)

戊寅 ▬▬ ▬▬ 父母

(解 說)

1. 합격자(合格者)는 재치가 있고 진퇴(進退)가 분명하니 많은 사람으로부터 인심을 얻게 되리라.

2. 不合格者는 윗사람과 동지의 후원으로 때를 만나 입신성공하리라.
 만일 때를 못 만나면 허송세월하리라.

姓 數	7		15		23	
名 數	22	46	6	30	14	38
總 數	29	53	21	45	37	61

蛇 化 爲 德 格 (사화위덕격)

(要 領)

辛卯 ▬▬▬ 父母

1. 마을을 닦는 성품이니 필시 승도(僧徒)가 부명하다.

辛巳 ▬▬▬ 兄弟
　(世)

2. 신병(身病)이 없으면 빈한한 인사로다.

辛未 ▬ ▬ 子孫

戊午 ▬ ▬ 兄弟

戊辰 ▬ ▬ 子孫
　(應)

戊寅 ▬ ▬ 父母

(解 說)

1. 합격자(合格者)는 일신의 고난을 무릅쓰고 만인을 구제하는 비범한 인사로다.

2. 不合格者는 역시 호인(好人)이나 다사다난하리라. 대개는 타향에서 자수성가하리라.

姓 數	7		15		23	
名 數	14	38	22	46	6	30
總 數	21	45	37	61	29	53

大 號 基 令 格 (대호기령격)

(要 領)

辛卯 ■ ■ 官鬼

　1. 대철인(大哲人), 대 사상가(思想家) 또는 큰 지도자가 되리라.

辛巳 ■■■ 父母
　　(世)

　2. 장부(丈夫)가 뜻을 얻으니 하사불성(何事不成)이리오.

辛未 ■ ■ 兄弟

戊午 ■ ■ 子孫

戊辰 ■■■ 父母
　　(應)

戊寅 ■ ■ 兄弟

(解 說)

　1. 합격자(合格者)는 한 나라의 위대한 지도자로서 큰 인물이 되리라.

　2. 不合格者는 뜻이 크고 담대하며 대중의 선도자가 되리라.
　　만약 성공치 못한 사람은 동분서주하리라.

姓數	7		15		23	
名數	15	39	23	47	7	41
總數	22	46	38	62	30	54

往蹇來譽格 (왕건래예격)

(要領)

戊子 ▬ ▬ 子孫

1. 천리(千里) 먼 타향에서 고향을 그리며 눈물짓는다.

戊戌 ▬ ▬ 父母

2. 자식은 늦게 두게 된다.

戊申 ▬ ▬ 兄弟
　(世)

丙申 ▬ ▬ 兄弟

丙午 ▬ ▬ 官鬼

丙辰 ▬ ▬ 父母
　(應)

(解說)

 1. 합격자(合格者)는 큰 인물로서 역경을 딛고 일어나 진퇴를 분명히 알고 처신하리라.

 2. 불합격자(不合格者)는 역시 때를 기다려 전진하며 실패를 하지 않으리라.

姓 數	7		15		23	
名 數	7	31	15	39	23	
總 數	14	38	30	54	46	

往 蹇 來 反 格 (왕건래반격)

(要 領)

戊子 ▬▬ ▬▬ 子孫

1. 四柱에 金이 많으면 부상당하기 쉽고. 상처(喪妻) 팔자로다.

戊戌 ▬▬ ▬▬ 父母

2. 주인공은 가난하고 단명하다.

戊申 ▬▬ ▬▬ 兄弟
(世)

丙申 ▬▬ ▬▬ 兄弟

丙午 ▬▬ ▬▬ 官鬼

丙辰 ▬▬ ▬▬ 父母
(應)

(解 說)

1. 합격자(合格者)는 기회를 보아 처신하니 모든 사람들이 도와주어 행복하리라.

2. 불합격자(不合格者)는 귀인이 도와주어 매사 즐거움이 있겠다. 그러나 어떤 사람은 타향에서 고생하고 관재구설 수가 있겠다.

姓 數	7		15		23	
名 數	23	47	7	31	15	39
總 數	30	54	22	46	38	62

大 蹇 朋 來 格 (대건붕래격)

(要 領)

戊子 ▬▬ ▬▬ 子孫

戊戌 ▬▬ ▬▬ 父母

戊申 ▬▬ ▬▬ 兄弟
(世)

丙申 ▬▬▬▬ 兄弟

丙午 ▬▬ ▬▬ 官鬼

丙辰 ▬▬ ▬▬ 父母
(應)

 1. 선곤후달(先困後達)격이라 필시 귀인이 분명하도다.

 2. 처자의 우환을 면키 어려우나 귀인의 도움이 있으면 가히 피흉(避凶)하리라.

(解 說)

 1. 합격자(合格者)는 자신을 낮추고 겸손한 자세로 남을 대하니 좋은 친구를 얻으리라.

 2. 불합격자(不合格者)는 가정이 어려우나 좋은 친구가 도와주겠다.

姓數	7		15		23	
名數	24	48	8	32	16	40
總數	31	55	23	47	39	63

百鍊自光格 (백연자광격)

(要 領)

丙寅 ▬▬ 妻財

丙子 ▬ ▬ 子孫
　(世)

丙戌 ▬ ▬ 父母

乙卯 ▬ ▬ 妻財

乙巳 ▬ ▬ 官鬼
　(應)

乙未 ▬ ▬ 父母

1. 파산하여 고향을 떠나 살게 되고 실패가 많겠다.

2. 여자는 고독하게 살 운명이로다.

(解 說)

1. 합격자(合格者)는 좋은 기회를 만나 어려웠던 일들이 잘 풀리겠다.

2. 불합격자(不合格者)는 육친무덕하고 세상일들이 뜬 구름이라 언제 좋은 인연을 만날 것인가.

姓 數	7		15		23	
名 數	16	40	24	48	8	32
總 數	23	47	39	63	31	55

超凡世塵格 (초범세진격)

丙寅 ▬▬ ▬▬ 官鬼

丙子 ▬▬ ▬▬ 妻財
　(世)

丙戌 ▬▬ ▬▬ 兄弟

乙卯 ▬▬ ▬▬ 兄弟

乙巳 ▬▬ ▬▬ 官鬼
　(應)

乙未 ▬▬ ▬▬ 父母

(要 訣)

1. 손에 주역(周易)책을 쥐고 운수(雲水)를 희롱하니 인생이 박복(薄福)하도다.

2. 문학(文學), 예술, 종교, 철학에 달통하리라.

(解 說)

1. 합격자(合格者)는 처음은 곤란하나 나중에는 성공하겠다.

2. 불합격자(不合格者)는 반복하여 그 처자에게 도움이 안 되고 자신은 배회하며 통곡하리라.

姓數	7		15		23	
名數	8	32	16	40	24	
總數	15	47	31	55	47	

一 魚 群 領 格 (일어군령격)

(要 訣)

丙寅 ▬▬ ▬▬ 官鬼

1. 자신을 돌아보니 대해(大海)에 일적(一適)이라 욕심을 버리고 중생을 제도(濟度)함이 옳다.

丙子 ▬▬ ▬▬ 妻財
　(應)

2. 여인은 귀천을 스스로 깨닫고 입산수도(入山修道)함이 좋겠다.

丙戌 ▬▬ ▬▬ 兄弟

乙卯 ▬▬ ▬▬ 兄弟

乙巳 ▬▬ ▬▬ 官鬼
　(應)

乙未 ▬▬ ▬▬ 父母

(解 說)

1. 합격자(合格者)는 대중을 통솔하는 높은 인사로서 큰 공을 세우리라.

2. 불합격자(不合格者)는 뭇 사람의 지도자로서 존경을 받게 되리라.

姓數	7		15		23	
名數	9	33	17	41	1	25
總數	16	40	32	56	24	48

三 陽 連 珠 格 (삼양연주격)

(要 訣)

癸酉 ▬▬ 子孫
(應)

癸亥 ▬▬ 妻財

癸丑 ▬▬ 兄弟

甲辰 ▬▬ 兄弟
(世)

甲寅 ▬▬ 官鬼

甲子 ▬▬ 妻財

1. 일찍 타향에 나가 성공하고 금의환향(錦衣還鄉) 하리니 자수성가할 사람이다.

2. 재혼하는 운명이고 일찍 결혼하면 생사이별 하는 팔자이다.

(解 說)

1. 합격자(合格者)는 공명정대한 군자로서 소인배(小人輩)를 멀리하니 날로 큰일을 성취하리라.

2. 불합격자(不合格者)는 뜻이 통하는 동지를 만나 의기투합하여 마음의 안정을 얻으리라.

姓 數	7		15		23	
名 數	1	25	9	33	17	41
總 數	8	32	24	48	40	64

挽回天運格 (만회천운격)

(要 訣)

癸酉 ■ ■ 子孫
　(鷹)

癸亥 ■ ■ 妻財

癸丑 ■ ■ 兄弟

甲辰 ■ ■ 兄弟
　(世)

甲寅 ■ 官鬼

甲子 ■ 妻財

1. 무엇을 주저하나뇨. 한번 결심하면 식복(食福)과 장수(長壽)하리라.

2. 만물이 생동(生動)하고 초곤후달(初困後達)하리니 한탄하지마라.

(解 說)

1. 합격자(合格者)는 음양(陰陽)이 화합하여 만사형통(萬事亨通)하리라.

2. 불합격자(不合格者)는 매사 불실하나 근면 성실하니 스스로 돕는 자는 하늘이 도우니라.

姓 數	7		15		23	
名 數	17	41	1	25	9	33
總 數	24	48	16	40	32	56

日 月 同 德 格 (일월동덕격)

(要 訣)

癸酉 ▬ ▬ 子孫
(應)

癸亥 ▬ ▬ 妻財

癸丑 ▬ ▬ 兄弟

甲辰 ▬▬▬ 兄弟
(世)

甲寅 ▬▬▬ 官鬼

甲子 ▬▬▬ 妻財

1. 총수 24는 문무재성격(文武財星格)이라 대고관(大高官), 대장군(大將軍)이니라.

2. 총수 48은 월인천강지격(月印千江之格)이라 대도덕가(大道德家), 혹은 대 정치가이니라.

(解 說)

1. 합격자(合格者)는 대인으로서 공명을 얻고 재물이 만당하리라.

2. 불합격자(不合格者)는 근검절약하여 백복(百福)이 모이니 행복하다.
 또한 현처내조(賢妻內助)하며 귀한 자손을 얻으리라.

姓數 8, 16, 24

姓　數	8		16		24	
名　數	9	33	17	41	1	25
總　數	17	41	33	57	25	49

見 龍 在 田 格 (견용재전격)

	(要 訣)
壬戌 ▬▬▬ 父母 　(世) 壬申 ▬▬▬ 兄弟 壬午 ▬▬▬ 官鬼 甲辰 ▬▬▬ 父母 　(應) 甲寅 ▬▬▬ 妻財 甲子 ▬▬▬ 子孫	1. 陽이 왕하고 陰이 쇠약하니 풍류가 심하다. 그러나 도덕군자로서 조달하겠다. 2. 여인은 후처(後妻)로 가면 좋겠으나 그렇지 않으면 과부 신세로다.

(解 說)

1. 합격자(合格者)는 지능이 뛰어나 만사형통(萬事亨通)하리라.

2. 불합격자(不合格者)는 종중(宗中)의 우두머리로서 의식(衣食)이 풍족하리라.

姓 數	8		16		24	
名 數	1	25	9	33	17	
總 數	9	33	25	49	41	

或 躍 在 淵 格 (혹약재연격)

(要 訣)

壬戌 ▬▬▬ 父母
(世)

壬申 ▬ ▬ 兄弟

壬午 ▬▬▬ 官鬼

甲辰 ▬ ▬ 父母
(應)

甲寅 ▬▬▬ 妻財

甲子 ▬ ▬ 子孫

1. 순천자(順天者)는 흥하나니 대귀격이니라.

2. 수흥자는 족질(足疾), 요통(腰痛)이 심하고, 여자는 고과신세(孤寡身世)이다.

(解 說)

1. 합격자(合格者)는 진퇴(進退)가 분명함으로써 명리(名利)를 대성하리라.

2. 불합격자(不合格者)는 심성(心性)이 고르지 못하니 수양(修養)하면 무사하나, 그렇지 않으면 크게 후회하리라.

姓 數	8		16		24	
名 數	17	41	1	25	9	33
總 數	25	49	17	41	33	57

亢龍有悔格 (항용유회격)

(要 訣)

壬戌　▆▆▆　父母
　(世)

壬申　▆▆▆　兄弟

壬午　▆▆▆　官鬼

甲辰　▆▆▆　父母
　(應)

甲寅　▆▆▆　妻財

甲子　▆▆▆　子孫

1. 단신으로 西北方을 가면 귀인이 도와준다. 그러나 南方은 불리하다.

2. 여자는 성격이 급하니 앞날이 암담하도다.

(解 說)

1. 합격자(合格者)는 강건한 인사로서 지모가 출중하나 대사(大事)를 이루지 못하고 부귀는 있으나 크게 후회할 일이 있도다.

2. 불합격자(不合格者)는 추초봉상격(秋草逢霜格)으로 가을 풀이 서리를 만난 격으로 혈육간에 다툼이 많겠고 무위도식(無爲徒食)하며 배회하리라.

姓 數	8		16		24	
名 數	18	42	2	26	10	34
總 數	26	50	18	42	34	58

終成大器格 (종성대기격)

(要訣)

1. 금옥(金玉)이 만당이면 처자가 불길하고 부부가 유정하면 가난하리라.
2. 연못 안에 나무가 썩으니 물이 흐르지 않는 연고이다. 옥중에서 허송세월하리라.

丁未 ▬▬ ▬▬ 父母
(世)

丁酉 ▬▬ ▬▬ 兄弟

丁亥 ▬▬ ▬▬ 子孫

丁丑 ▬▬ ▬▬ 父母
(應)

丁卯 ▬▬ ▬▬ 妻財

丁巳 ▬▬ ▬▬ 官鬼

(解說)

1. 합격자(合格者)는 재능이 출중하고 위인이 성실하니 상하(上下)의 인심을 얻어 능히 대성(大成)하리라.

2. 불합격자(不合格者)는 역시 성실하고 인정이 많아서 경사(慶事)가 겹치리라.

姓 數	8		16		24	
名 數	10	34	18	42	2	26
總 數	18	42	34	58	26	50

天乙照命格 (천을조명격)

	(要 訣)
丁未 ▬▬ ▬ ▬ 父母 　　(世) 丁酉 ▬▬▬▬▬ 兄弟 丁亥 ▬▬▬▬▬ 子孫 丁丑 ▬ ▬ ▬ ▬ 父母 　　(應) 丁卯 ▬▬▬▬▬ 妻財 丁巳 ▬▬▬▬▬ 官鬼	1. 돌을 깨어서 거울을 만드니 해묘미년에 반드시 성공하리라. 2. 단명하니 일찍 배우자와 이별하리라.

(解 說)

1. 합격자(合格者)는 현인(賢人)으로서 평생 만인의 부러움을 사리라.

2. 불합격자(不合格者)는 비록 강건한 인사이나 일이 없어 심기(心氣)가 항상 불안하리라.

姓 數	8		16		24	
名 數	2	26	10	34	18	
總 數	10	34	26	50	42	

萬花生蟲格 (만화생충격)

	(要 訣)
丁未 ▬▬ ▬▬ 父母 (世) 丁酉 ▬▬▬▬▬ 兄弟 丁亥 ▬▬▬▬▬ 子孫 丁丑 ▬▬ ▬▬ 父母 (應) 丁卯 ▬▬▬▬▬ 妻財 丁巳 ▬▬▬▬▬ 官鬼	1. 소시(少時)에 실부(失夫)하고 청춘(靑春)에 실배(失配)하고 말년에 실자(失子)하리라. 2. 여인은 조혼하면 개가(改嫁)하고 소실(小室), 창부팔자(唱婦八字)다. 사십 이후 대길.

(解 說)

1. 합격자(合格者)는 화기자생(和氣自生)하니 복택영원(福澤永遠)하리라. 그러나 평생 길흉이 반반이라. 적선지가(積善之家)에 필유여경(必有餘慶)이니라.

2. 불합격자(不合格者)는 희중유수(喜中有愁)하고 수중유비(愁中有悲)하고 비중유곡(悲中有哭)하니 천양만태(千樣萬態)니라.

姓 數	8		16		24	
名 數	3	27	11	35	19	
總 數	11	35	27	51	43	

黃離元吉格 (황이원길격)

(要 訣)

己巳 ▬▬▬ 兄弟
　　　(世)

己未 ▬ ▬ 子孫

己酉 ▬▬▬ 妻財

己亥 ▬▬▬ 官鬼
　　　(應)

己丑 ▬ ▬ 子孫

己卯 ▬▬▬ 父母

1. 망동(妄動)하면 옥석(玉石)이 모두 불 타버리니 횡액지화(橫厄之禍)를 불면(不免)하리라.

2. 정도(正道)를 가면 무사(無事)할 것이나 사도(邪道)로 가면 망가(亡家), 망국(亡國)하리라.

(解 說)

1. 합격자(合格者)는 겸손한 성품으로 중정지도(中正之道)하고 충효를 으뜸으로 하여 능히 큰 뜻을 달성하리라.

2. 불합격자(不合格者)는 역시 성실하고 너그러운 사람으로 上下가 화목하고 가업(家業)이 융성하리라. 만약 무도자(無道者)는 성질이 불같아서 평생 고독하게 지내리라.

姓數	8		16		24	
名數	19	43	3	27	11	35
總數	27	51	19	43	35	59

火光沖天格 (화광충천격)

	(要 訣)
己巳 ▬▬▬ 兄弟 (世)	1. 화광(火光)이 충천(沖天)하니 비록 넓은 천지(天地)이나 오척단신(五尺短身)을 숨길 곳이 없도다.
己未 ▬ ▬ 子孫	
己酉 ▬▬▬ 妻財	2. 전체(全体) 불길자(不吉者)는 단명하다.
己亥 ▬▬▬ 官鬼 (應)	
己丑 ▬ ▬ 子孫	
己卯 ▬▬▬ 父母	

(解 說)

1. 합격자(合格者)는 분수를 지키고 현상유지하면 행운이 찾아오리라. 더욱이 친지(親知)와 흉금(胸襟)을 털어놓고 화목하니 하늘의 도움이니라.

2. 불합격자(不合格者)는 불손(不遜)하고 무례지인(無禮之人)이라 경거망동(輕擧妄動)하니 재화(災禍)를 면키 어렵도다.

姓數	8		16		24	
名數	11	35	19	43	3	27
總數	19	43	35	59	27	51

王 用 出 征 格 (왕용출정격)

	(要 訣)
己巳 ▬▬▬ 兄弟 　　　(世) 己未 ▬ ▬ 子孫 己酉 ▬▬▬ 妻財 己亥 ▬ ▬ 官鬼 　　　(應) 己丑 ▬ ▬ 子孫 己卯 ▬▬▬ 父母	1. 크게는 원괴(元魁)가 되니 출사입공(出師入功)하니라. 2. 혹 상인(商人)이 되고 혹 스님인 경우도 있다. 대개 골육상쟁(骨肉相爭) 하니라.

(解 說)

 1. 합격자(合格者)는 파사현정(破邪顯正)하고 무도지배(無道之輩)를 멀리하니 이개천하(以開天下)하리라.

 2. 불합격자(不合格者)는 문무겸비(文武兼備)한 수괴적인물(首魁的人物)로서 강성무도(剛性無道)하여 강폭(强暴)하니 하늘이 용납(容納)치 않으리라.

姓 數	8		16		24	
名 數	12	36	20	44	4	28
總 數	20	44	36	60	28	52

孤 棹 遇 風 格 (고탁우풍격)

	（要　訣）
庚戌 ▬▬ ▬▬ 妻財 (世)	1. 대체로 이 이름은 유성무형지격(有聲無形之格)이라 한번 울고 한번 웃는다.
庚申 ▬▬ ▬▬ 官鬼	2. 송풍운행(松風雲行)하니 득자(得者)는 흥(興)하고 실자(失者)는 무심(無心)이로다.
庚午 ▬▬▬▬▬ 子孫	
庚辰 ▬▬ ▬▬ 妻財 (應)	
庚寅 ▬▬ ▬▬ 兄弟	
庚子 ▬▬ ▬▬ 父母	

（解　說）

1. 합격자(合格者)는 유재지덕(有才知德)하여 심사장려(深思長櫚)하고 능변능이(能變能移)하여 가보(可保) 백년지업(百年之業)하리라.

2. 불합격자(不合格者)는 평생여한(平生餘恨)이 유명무실(有名無實)이로다.
사송실탈(事訟失脫)과 음해(陰害)를 먼저 방지(防止)하라.

姓 數	8		16		24	
名 數	4	28	12	36	20	
總 數	12	36	28	52	44	

載冠販肉格 (재관반육격)

	(要 訣)
庚戌 ▬▬ ▬▬ 妻財 (世) 庚申 ▬▬ ▬▬ 官鬼 庚午 ▬▬ ▬▬ 子孫 庚辰 ▬▬ ▬▬ 妻財 (應) 庚寅 ▬▬ ▬▬ 兄弟 庚子 ▬▬ ▬▬ 父母	1. 영웅(英雄)이 때를 기다리니 만약 귀인(貴人)을 만나면 변화(變化)가 무상(無常)하리라. 2. 맑은 하늘에 벼락이 치니 男은 부지공구(不知恐懼)하고 女는 상부지상(傷夫之象)이니라.

(解 說)

1. 합격자(合格者)는 처음은 고달프나 결국 대업(大業)을 이루고 만성명리(晚成名利)하리라.

2. 불합격자(不合格者)는 남편을 따라 진흙에 파묻히니 일생동안 고생이 많겠다.
  만약 귀인을 만나게 되면 고생에서 벗어나리라. 아무리 영리한 사람이라도 기회를 못 잡으면 오래 동안 진흙탕을 벗어나기 어렵도다.

姓 數	8		16		24	
名 數	20	44	4	28		
總 數	28	52	20	44		

恐懼修省格 (공구수성격)

	(要 訣)
庚戌 ▬▬ ▬▬ 父母 　　　　(世) 庚申 ▬▬ ▬▬ 兄弟 庚辰 ▬▬▬▬▬ 子孫 庚辰 ▬▬ ▬▬ 兄弟 　　　　(應) 庚寅 ▬▬ ▬▬ 官鬼 庚子 ▬▬▬▬▬ 父母	1. 녹임후원(綠林後園)에 객신(客神)이 있고 조양생음(朝陽生陰)하니 곡성(哭聲)이 웬말이냐. 2. 처첩(妻妾)이 서로 불화(不和)하니 중구난방(衆口難防)이로다.

(解 說)

1. 합격자(合格者)는 아프기 전에 미리 선비(先備)하고 해(害)를 당하기 전에 미리 선방(先防)하니 무고하리라.

2. 불합격자(不合格者)는 상사(上士)는 가보신가(可保身家)하고 중사(中士)는 이사하여 손재(損財)하고 하사이하(下士以下)는 설상가상(雪上加霜)으로 신고다난(辛苦多難)하리라.

姓 數	8		16		24	
名 數	21	45	5	29		
總 數	29	53	21	45		

慶事誠實格 (경사성실격)

(要 訣)

辛卯 ▅▅ 兄弟
　　　(世)

1. 혹 의사(醫師)나 무속인(巫俗人)이며 승도(僧道)나 교사(敎師)도 적임(適任)이라.

辛巳 ▅▅ 子孫

辛未 ▅ ▅ 妻財

2. 女子는 허영(虛榮)과 공명심(公明心)이 강하거나 자립생활을 하게 된다.

辛酉 ▅▅ 官鬼
　　　(應)

辛亥 ▅▅ 父母

辛丑 ▅ ▅ 妻財

(解 說)

1. 합격자(合格者)는 겸손우아(謙遜優雅)한 덕성(德性)과 능변(能辯)은 민풍(民風)을 순화(淳化)하고 사회중견(社會中堅)으로서 명망(名望)이 높은 인사가 되리라.
2. 소소규모(小小規模)로 자립성가(自立成家)하고 성실근면(誠實勤勉)하니 성공하리라. 혹은 교직(敎職), 종교(宗敎), 의도(醫道), 무사(巫史) 등으로 진출하리라. 수흉자(數凶者)는 대천지한(戴天之恨)으로 처자(妻子)와 이별하는 수이다.

姓數	8		16		24	
名數	13	37	21	45	5	29
總數	21	45	37	61	29	53

田獲三品格 (전획삼품격)

(要訣)

辛卯 ▬▬▬ 兄弟
     (世)

辛巳 ▬▬▬ 子孫

辛未 ▬ ▬ 妻財

辛酉 ▬▬▬ 官鬼
     (應)

辛亥 ▬▬▬ 父母

辛丑 ▬ ▬ 妻財

1. 女命은 반드시 응부생자지상으로 남편을 공경하고, 생자(生子)하리라.

2. 초곤후태격(初困後泰格)이라 공명성수(功名成遂)하리라.

3. 인상(人相)은 호두(虎頭)와 같도다.

(解說)

1. 합격자(合格者)는 청재(淸才)로서 명예(名譽)가 있고 도처유권(到處有權)이라 삼공대부(三公大夫) 혹은 총제군문(總制軍門) 혹은 사직(社稷)의 대임(大任)을 맡게 되리라.

2. 불합격자(不合格者)는 선고후길지상(先苦後吉之象)이라 초년에는 고생이 심하나 나중에는 의식(衣食)이 풍족하리라.

姓數	8		16		24	
名數	5	29	13	37	21	
總數	13	37	29	53	45	

反成之美格 (반성지미격)

(要 訣)

辛卯 ▬▬ 兄弟
   (世)

1. 오랫동안 신고(辛苦)하였으나 결과(結果)가 좋지 못하니 애는 쓰나 공이 적다.

辛巳 ▬▬ 子孫

辛未 ▬ ▬ 妻財

2. 女子는 반드시 부부이별하고 신고(辛苦)하리라.

辛酉 ▬▬ 官鬼
   (應)

辛亥 ▬▬ 父母

辛丑 ▬ ▬ 妻財

(解 說)

1. 합격자(合格者)는 웅심(雄心)을 가지고 사악(邪惡)한 것을 물리치니 입공천하(立功天下) 하리로다.

2. 불합격자(不合格者)는 도모(圖謀)하는 일이 졸속(拙速)하여 간난신고(艱難辛苦) 하리라. 대개는 성패(成敗)가 무상(無常)한 운로(運路)를 걷게 되리라.

姓數	8		16		24	
名數	6	30	14	38	22	
總數	14	38	30	54	46	

九 秋 霜 菊 格 (구추상국격)

(要 訣)

戊子 ▬▬ ▬▬ 父母
　　　　(世)

戊戌 ▬▬▬▬ 兄弟

戊申 ▬▬▬▬ 子孫

戊午 ▬▬ ▬▬ 兄弟
　　　　(應)

戊辰 ▬▬▬▬ 官鬼

(己卯)
(妻財) 戊寅 ▬▬▬▬ 父母

1. 필시 재액(災厄)이 목전(目前)에 있으나 빨리 예방(豫防)하면 안전하리라.

2. 마상(馬上)의 거울이 깨진 격이라 부부(夫婦) 생이사별(生離死別)하리라.

(解 說)

1. 합격자(合格者)는 강중지덕(剛中之德)으로 능히 난관을 헤치고 가득소성(可得小成) 하리라.

2. 불합격자(不合格者)는 아무리 작은 일이라도 인덕이 없어 타인의 도움을 바랄 수 없다.

姓 數	8		16		24	
名 數	22	46	6	30	14	38
總 數	30	54	22	46	38	62

身 寒 骨 冷 格 (신한골냉격)

(要 訣)

戊子 ▬▬ ▬▬ 兄弟
　　　　　(世)

1. 함정에 빠진 격이나 귀인(貴人)을 만나면 형통(亨通)하리라.

戊戌 ▬▬ ▬▬ 官鬼

2. 과거에는 아무리 승자(勝者)리더 말년에는 무소지상(無巢之象)이로다.

戊申 ▬▬ ▬▬ 父母

戊午 ▬▬ ▬▬ 妻財
　　　　　(應)

戊辰 ▬▬ ▬▬ 官鬼

戊寅 ▬▬ ▬▬ 子孫

(解 說)

1. 합격자(合格者)는 인품(人品)이 검소(儉素)하고 성실후덕(誠實厚德)한 인사로서 비록 큰 재주는 없으나 근면(勤勉)하여 세파(世波)를 헤쳐 가리라.

2. 불합격자(不合格者)는 십년동안 공들인 일이 허사(虛事)로다. 신액중병(身厄重病)하니 재화(災禍)가 크고 비록 귀가출신(貴家出身)이라도 유리걸식(遊離乞食)하리라.

姓數	8		16		24	
名數	14	38	22	46	6	30
總數	22	46	38	62	30	54

落葉歸根格 (낙엽귀근격)

(要訣)

戊子 ▬▬ ▬▬ 兄弟
　　　　(世)

戊戌 ▬▬▬▬▬ 官鬼

戊申 ▬▬ ▬▬ 父母

戊午 ▬▬ ▬▬ 妻財
　　　　(應)

戊辰 ▬▬▬▬▬ 官鬼

戊寅 ▬▬ ▬▬ 子孫

1. 고목생화(枯木生花)하니 재영지상(再榮之象)이로다.

2. 二, 三 지기(知己)와 공책(共策)하여 만세태평(萬歲太平)이라.

(解說)

1. 합격자(合格者)는 은인자중(隱忍自重)하여 요산요수(樂山樂水)하리라.
만약 귀인을 만나면 크게 출세(出世)하리로다.

2. 불합격자(不合格者)는 경거망동(輕擧妄動)하니 상친파조(傷親破祖)하고 범형(犯形)하여 벌(罰)을 면치 못하리라. 심한즉 형무소의 죄인을 면키 어렵다.

姓數	8		16		24	
名數	15	39	23	47	7	31
總數	23	47	39	63	31	55

前 功 可 惜 格 (전공가석격)

(要 訣)

丙寅 ▬▬ ▬▬ 官鬼
　　　　(世)

1. 이름이 천리(千里)에 명진(名振)하고 명예(名譽)가 사방(四方)에 전하리라.

丙子 ▬▬ ▬▬ 妻財

丙戌 ▬▬ ▬▬ 兄弟

2. 혹자(或者)는 신고(辛苦)가 크고 혹은 시중잡배(市中雜輩)니라.

丙申 ▬▬ ▬▬ 子孫
　　　　(應)

丙午 ▬▬ ▬▬ 父母

丙辰 ▬▬ ▬▬ 兄弟

(解 說)

1. 합격자(合格者)는 중정지인(中正之人)으로서 재덕(才德)이 높은 人士이나 환경이 불여의(不如意)하여 소원불성(所願不成)이로다.

2. 불합격자(不合格者)는 심무정견(心無定見)하고 가도불화(家道不和)하니 처자유한(妻子有恨)이로다.

姓數	8		16		24	
名數	7	31	15	39	23	
總數	15	39	31	55	47	

柔而守正格 (유이수정격)

(要訣)

丙寅 ▬▬ 官鬼 (世)

丙子 ▬ ▬ 妻財

丙戌 ▬ ▬ 兄弟

丙申 ▬ ▬ 子孫 (應)

丙午 ▬ ▬ 父母

丙辰 ▬ ▬ 兄弟

1. 산위에 또 산이 있으니 세사다한(世事多恨)하나 능히 안택(安宅)에 오래 동안 거주하리라.

2. 신유생(申酉生) 女人은 십자가두(十字街頭)에 수심만장(愁心萬丈)이로다.

(解說)

1. 합격자(合格者)는 안은(安隱)하고 근실(勤實)하여 독선지지(獨善之志)하니 하는 일 마다 득안(得安)하리라.

2. 불합격자(不合格者)는 단신자모(單身自謨)하여 근가보신(謹可保身)하며 혹은 승도(僧道)가 되어 세속(世俗)을 떠나 산다.

姓 數	8		16		24	
名 數	23	47	7	31	15	39
總 數	13	55	23	47	39	63

獨 蒙 福 祉 格 (독몽복지격)

(要 訣)

丙寅 ■■ 官鬼
　　(世)

丙子 ■ ■ 妻財

丙戌 ■ ■ 兄弟

丙申 ■ ■ 子孫
　　(應)

丙午 ■ ■ 父母

丙辰 ■ ■ 兄弟

1. 세손단절지상(世孫斷絶之象)이라 무자팔자(無子八字)로다.

2. 女命은 유자(有子)면 극부(剋夫)하고 아이를 데리고 가출(家出)하리라.

(解 說)

1. 합격자(合格者)는 대인군자(大人君子)로서 신등주문(身登朱門)하고 명진사해(名振四海) 하리라.

2. 불합격자(不合格者)는 초곤후태격(初困後泰格)이라 성실(誠實)하여 시종(始終)이 여일(如一)하고 산업흥진(産業興振)하니 재화(財貨)가 풍융(豊隆)하리라. 단 선천명리(先天命理)에 일점혈육(一點血肉)이 없음이 한(恨)이로다.

姓 數	8		16		24	
名 數	24	48	8	32	16	40
總 數	32	56	24	48	40	64

九重慶雲格 (구중경운격)

(要 訣)

癸酉 ▬▬ ▬▬ 子孫
　　　　　　(世)

癸亥 ▬▬ ▬▬ 妻財

癸丑 ▬▬ ▬▬ 兄弟

乙卯 ▬▬ ▬▬ 官鬼
　　　　　　(應)

乙巳 ▬▬ ▬▬ 父母

乙未 ▬▬ ▬▬ 兄弟

1. 붕(鵬)이 충천(沖天)하늘로 비상(飛翔)하니 경사(慶事)로다.

2. 충언(忠言)을 듣지 아니하며 음해(陰害)를 받게 되니 미신축유년(未申丑酉年)에 속세(俗世)를 떠나리라.

(解 說)

1. 합격자(合格者)는 大貴格으로서 왕삼석명지상(王三錫命之象)이라 출장입상(出將入相)이요 대지만보(大地萬寶)로다.

2. 불합격자(不合格者)는 신입청산(身入靑山)하니 언제 또 만나게 될까 걱정이다.

姓 數	8		16		24	
名 數	16	40	24	48	8	32
總 數	24	48	40	64	32	56

順時順命格 (순시순명격)

	(要 訣)
癸酉 ▬▬ ▬▬ 子孫 (世)	1. 운(運)이 사십세(四十歲)에 만나게 되니 가히 천정(天庭)에 도달(到達)하리라.
癸亥 ▬▬ ▬▬ 妻財	
癸丑 ▬▬ ▬▬ 兄弟	2. 천지(天地)를 한탄하지 마라. 모두가 숙명(宿命)이니라.
乙卯 ▬▬ ▬▬ 官鬼 (應)	
乙巳 ▬▬ ▬▬ 父母	
乙未 ▬▬ ▬▬ 兄弟	

(解 說)

1. 합격자(合格者)는 대현정사(大賢正士)로서 근엄지기(謹嚴持己)하고 녹재사방(綠在四方)이라.

2. 불합격자(不合格者)는 어찌 망동(妄動)하나뇨. 근본(根本)이 노출(露出)하면 재화필지(災禍必至)하리라.

姓 數	8		16		24	
名 數	8	32	16	40	24	
總 數	16	40	32	56	48	

龍戰荒野格 (용전황야격)

(要 訣)

癸酉 ▅▅ ▅▅ 子孫
　　　 (世)

1. 부부상쟁(夫婦相爭)하고 생이사별(生離死別)하리라.

癸亥 ▅▅ ▅▅ 妻財

2. 父女는 적막강산(寂莫江山)이라 고과신세(孤寡身勢)를 면키 어렵고 병고(兵庫)로 소일(消日)하리로다.

癸丑 ▅▅ ▅▅ 兄弟

乙卯 ▅▅ ▅▅ 官鬼
　　　 (應)

乙巳 ▅▅ ▅▅ 父母

乙未 ▅▅ ▅▅ 兄弟

(解 說)

1. 합격자(合格者)는 난세지영웅(亂世之英雄)이요 치세지걸(治世之傑)이라 장수지명(將帥之命)이니라.

2. 불합격자(不合格者)는 위인(爲人)이 성폭(性暴)하고 호용쟁송(好勇爭訟)하니 시비(是非)를 어찌 면하리오. 진칙다난(進則多難)하고 진칙독숙지격(進則獨宿之格)이나 군자(君子)는 길(吉)이요 소인(小人)은 흉(凶)하니라.

제15장. 상호(商號) 짓는 법

제15장
상호 짓는 법

제15장. 상호(商號) 짓는 법

상호(商號)는 회사(會社)나 점포(店鋪)의 얼굴과 같다. 그러므로 신중하게 지어야 함은 물론이다. 상호(商號)를 짓기 전에 다음과 같은 사항을 유의해야 한다.

1. 먼저 사업주(事業主)의 사주(四柱)에 맞추어 지어야 한다. 왜냐하면 사업주의 사주(四柱)에 꼭 필요한 오행(五行)과 문자(文字)를 넣어서 지어야 사업이 번창하고 성공할 수 있기 때문이다.

2. 상호(商號)도 이름과 마찬가지로 수리오행(數理五行)과 음령오행(音靈五行)을 적용하지만 음령오행(音靈五行)은 반드시 상생(相生)이어야 하고, 수리오행(數理五行)은 상극(相剋)이 되어도 무방하다.

3. 상호의 업종(業種)은 음령오행(音靈五行)이 상극(相剋)이 되어도 무관하다. 왜냐하면 업종(業種)은 다양(多樣)하므로 일일이 맞추기가 어렵기 때문이다. 예를 들면 부동산(不動産)업종은 음령오행(音靈五行)이 水火金이 되는데 이것은 상극(相剋)이 된다. 또 ○○식당(食堂)도 오행(五行)상 金火가 되어 상극(相剋)이 되므로 어찌 할 수 없다.

4. 사업장(事業場)의 위치에 따라 상호를 지어야 한다. 예를 들어 사거리에 있는 식당을 개업할 때 <u>삼거리 식당</u>이라는 간판을 걸면 어울리지 않고 혼동을 줄 것이다.

5. 상호(商號)는 업종(業種)의 특성에 맞게 지어야 한다. 업종과는 전혀 관계없는 상호를 짓거나 사업장의 규모에 걸맞지 않은 상호는 삼가야 한다.

6. 상호(商號)는 개성(個性)이 있어야 한다. 취급하는 상품과 맞아야 하고 느낌이 좋은 상호이어야 한다. 한번 들으면 오래 동안 잊히지 않는 이름이면 더욱 좋다. 너무 상호가 길거나 외우기가 어려운 상호는 피해야 한다. 그리고 시대감각(時代感覺)에 맞는 상호이어야 한다.

(1) 여관(旅館)의 예 :

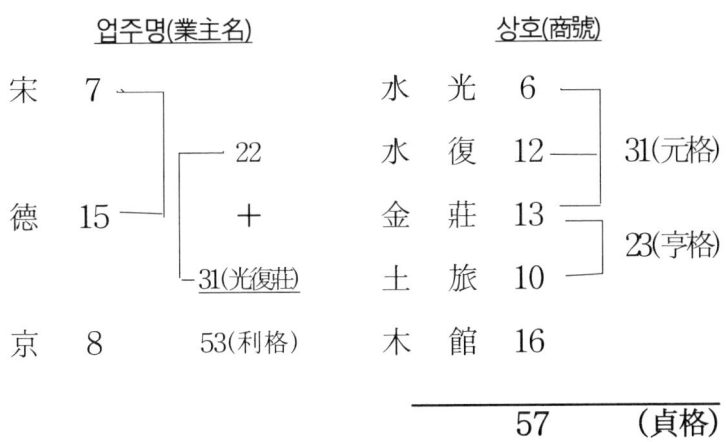

(해설)

1. 상호(商號)는 이름과 달리 상호 "光復莊"이 원격(元格)이 된다. 이름은 이름의 합(合)이 원격(元格)인데 반해서 상호(商號)는 반드시 상호의 합이 원격(元格)이다.

2. 이격(利格)은 상호(商號)의 합(合)인 원격(元格)의 획수(31)와 업주(業主)의 성수(姓數)와 이름의 상자(上字)의 획수 즉 宋과 德 합친 총수(總數) (22)를 합친 수인 53이 이격(利格)으로 삼는다는 것을 명심해야 한다.

위의 "光復莊"의 합수(合數)인 31 과 업주(業主)의 宋씨 성(性) 7획, 이름의 상자(上字)인 德 15 획을 합친 22는 53 이 된다. (31+22=53) 이것이 바로 이격(利格)이 된다.

3. 상호인 "光復莊"의 음령오행(音靈五行)은 반드시 상생(相生)되어야 하지만, 업종(業種)인 여관(旅館)은 음령오행(音靈五行)이 상극(相剋)이 되어도 무관하다.

(2) 부동산(不動産)의 예:

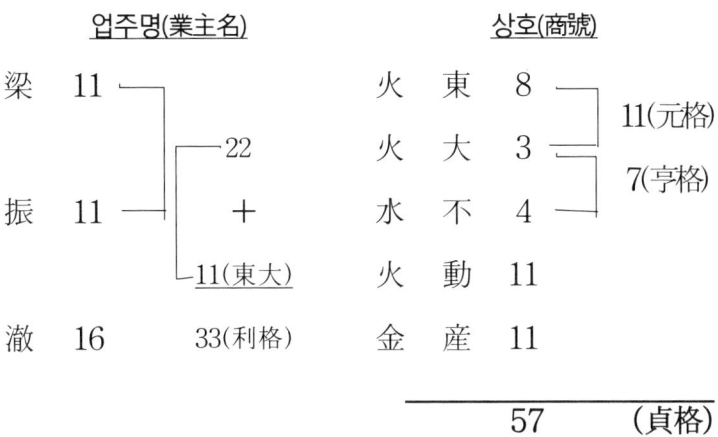

(해설)

1. 상호인 "東大"의 합수(合數)는 반드시 음령오행(音靈五行)이 상생(相生)되어야 하나, 업종(業種)은 상극(相剋)되어도 무관하다.

2. 이격(利格)은 상호인 "東大"의 합수(11)와 성(姓)의 梁(11)과 이름의 상자(上字)인 振(11)의 합수(合數)인 22를 합친 총수 33이 이격(利格)이 된다.

(3) 상회(商會)의 예:

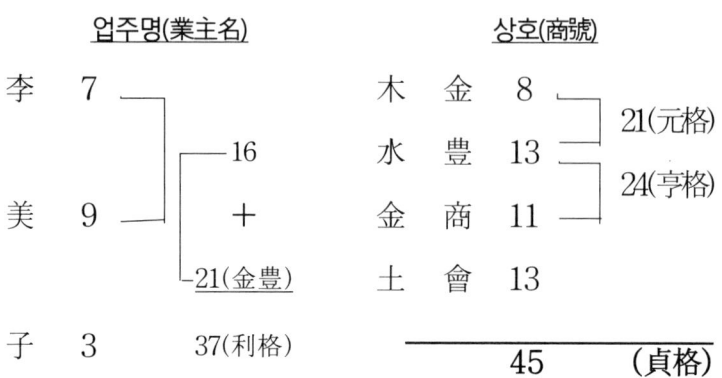

(해설)

상호인 "金豊"의 합(合)인 21과 이름의 "李美" 16의 합수(合數)는 37이 되는데 이것이 이격(利格)이다.

제16장. 아호(雅號) 짓는 법

제16장
아호 짓는 법

제16장. 아호(雅號) 짓는 법

　아호는 대개 성년(成年)이 되면서 갖게 되는데 특히 정치인이나 문예인(文藝人)이 주로 사용하고 있으며 어떤 단체에서는 회원 가입할 때 아호를 요구하는 경우도 있다. 이유는 이름대신 아호를 부르는 것이 편하기 때문이다.

　또한 개명(改名)하기 어려운 경우에 이름의 결함을 보완(補完)하기 위하여 이름대신 아호를 사용하기도 한다.

　아호를 지을 때 반드시 유의해야 할 점은 주인공의 타고난 사주(四柱)에 꼭 필요한 음양오행(陰陽五行)을 넣어야 한다.

　또한 자신의 소망을 담아 지어야 하며 자기의 직업과 성격 그리고 취미에 적합한 아호를 지어야 한다.

　옛날에 아호(雅號)를 지을 때는 소처이호(所處以号), 소지이호(所志以号), 소우이호(所遇以号)하라고 했다.

　즉 본인이 태어난 고향을 그리며 아호를 짓거나 본인의 의지와 소망을 담아 아호를 짓고, 혹은 본인이 숭모(崇慕)하는 위인이나 스승을 생각하며 아호를 지었다고 한다.

　예를 들어 산을 좋아하면 뫼 산(山)을 넣고, 바다를 좋아하면 바다 해(海)를 넣으며, 계곡 물을 좋아하면 시내 계(溪)자를 넣어 아호를 짓는다.

아호(雅號)의 예:

中　　4
樹　　16
　　(20)

※ 中樹 20획은 短命數
※ 雅號 + 姓名合이 44획은 破滅數로 不利

朴　　6
正　　5
熙　　13
　　(24)　　(20 + 24 = 44)
　　44가 총수

　아호(雅號)도 일정한 규칙이 있다. 즉 이름의 작명법과 같이 음양오행(陰陽五行)이 상생상극(相生相剋)의 원리에 맞추어 지어야 한다.

　위의 예는 故 朴正熙 전 대통령의 아호이다. 중수(中樹)의 깊은 뜻은 본인의 의지가 함축된 것이라 사료되지만, 짐작컨대 많은 수목(樹木)들 중에 우뚝 솟은 거목(巨木)을 뜻한다는 생각이 든다.

1. 먼저 아호의 합계가 수리(數理)상 길수(吉數)이어야 한다, 그러나 중수(中樹)는 20數가 되므로 단명수(短命數)가 되어 불길한 수리이다. (제7장 수리의 길흉 참조)

2. 아호는 사주의 명조(命造)에 부족한 오행을 넣어주어야 좋은 아호이다. 그런데 고, 박정희 대통령의 명조는 火 五行이 좋은데 중수(中樹)는 子音상 ㅅ. ㅈ. ㅊ의 金 五行이라 불리하다.

故　朴正熙 전 대통령 사주

```
戊　庚　辛　丁
寅　申　亥　巳
土　金　金　火
木　金　水　火
```

3. 아호의 합수(合數)와 이름의 합수를 합친 총수(總數)가 좋은 수리(數理)이어야 한다. 위의 예는 아호와 이름의 합친 총수가 44가 되므로 불길한 수리이다.

이름 數理의 吉凶

1. 공망수(空亡數)
   9, 19, 39, 10, 20, 30, 40, 50

   조실부모(早失父母), 부모형제의 덕이 없다. 또한 일찍부터 객지생활을 하게 되고, 실패와 좌절을 겪게 된다. 부부운도 좋지 않으며, 자녀를 상극(相剋)하고, 시비와 관재구설수가 따른다.

2. 단명수(短命數)
   4, 9, 10, 19, 20, 34, 44

3. 미모수리(美貌數理)
   4, 12, 14, 22

4. 수령수리(首領數理)
   3, 16, 21, 23, 31, 33

5. 과부수리(寡婦數理)
   21, 23, 33, 39

6. 재물풍부(財物豊富)
   24, 29, 32, 33

7. 부상(負傷), 고난(苦難)
   4, 9, 10, 19, 20, 34

8. 중상(重傷), 형벌(刑罰)
   27, 28

부록1. 성명수리 영동운(姓名數理 靈動運)

◎ 盛運　○ 平運　△ 衰運　X 凶運

二八	二七	二六	二五	二四	二三	二二	二一	二十	十九	十八	十七	十六	十五	數理
X	X	△	◎	◎	◎	X	◎	X	X	◎	◎	◎	◎	吉凶
風雲遭難運	英雄中折運	大望怪傑運	安全建暢運	立身蓄財運	革新隆昌運	薄弱中折運	自立頭領運	虛妄短壽運	盛衰病惡運	剛健發展運	勇進建暢運	德化豐厚運	統率福壽運	運
亂世壯士之象	中途挫折之象	英雄晚器之象	安康無難之象	財星照門之象	改舊從新之象 X 女	秋草逢霜之象	光風霽月之象 X 女	萬事空虛之象	鳳鶴傷翼之象	開發進取之象	自奮暢達之象	天地合德之象	萬物統合之象	象
X	X	X	◎	◎	◎	X	◎	X	X	◎	◎	◎	◎	雄崎式
遭難運	中折運	變怪運	建暢運	蓄財運	隆昌運	薄弱運	頭領運	短壽運	病惡運	發達運	剛健運	德望運	福壽運	

성명수리 영동운(姓名數理 靈動運)

◎ 盛運　○ 平運　△ 衰運　X 凶運

十四	十三	十二	十一	十	九	八	七	六	五	四	三	二	一	數理
X	◎	X	◎	X	X	◎	◎	◎	◎	X	◎	X	◎	吉凶
離散破壞運	明智智達運	軟弱孤獨運	更新興家運	歸空短命運	大望窮迫運	開發健康運	成培發達運	繼成豊富運	紫徽成功運	歸魂破壞運	新生壽福運	孤愁分離運	始生頭首運	運
混沌四散之象	久而自明之象	薄弱失意之象	自力更生之象	空虛無限之象	大材無用之象	自取發展之象	剛健前進之象	陰德始胎之象	能生萬物之象	東西名飛之象	萬物始旺之象	諸事分離之象	君王玉座之象	象
X	◎	X	◎	X	X	◎	◎	◎	◎	X	◎	X	◎	雄崎式
破壞運	智達運	破壞運	興家運	短命運	窮迫運	健康運	發達運	豊厚運	成功運	破滅運	福壽運	分離運	頭首運	

성명수리 영동운(姓名數理 靈動運)

◎ 盛運　○ 平運　△ 衰運　X 凶運

五六	五五	五四	五三	五二	五一	五十	四九	四八	四七	四六	四五	四四	四三	數理
X	X	X	○	◎	○	X	X	◎	◎	X	◎	X	X	吉凶
嗚呼破亡運	太極反盛運	無爲破壞運	不測障害運	御龍躍進運	春秋成敗運	解脫成敗運	明暗變化運	濟衆榮達運	出世展開運	潛修悲哀運	大覺順調運	魔障破滅運	錯綜散財運	運
咀艱屯難之象	龍動水中之象	求珠深海之象	吉凶混線之象	萬事通達之象	吉凶相半之象	眞去假存之象	隨時隱顯之象	月印千江之象	丈夫得時之象	玉在鹿中之象	圓滿具備之象	百鬼晝出之象	花間花落之象	象
X	X	X	○	◎	○	X	X	◎	◎	X	◎	X	X	雄崎式
破亡運	反盛運	破壞運	障害運	躍進運	盛衰運	盛敗運	相半運	榮達運	展開運	悲哀運	順調運	破滅運	散財運	

성명수리 영동운(姓名數理 靈動運)

◎ 盛運   ○ 平運   △ 衰運   X 凶運

數理	二九	三十	三一	三二	三三	三四	三五	三六	三七	三八	三九	四十	四一	四二
吉凶	◎	X	◎	◎	◎	◎	X	◎	X	◎	◎	X	◎	X
運	成功受福運	春夢浮沈運	覺世開拓運	破竹旺盛運	登龍旺盛運	變亂破壞運	平和安康運	英雄波瀾運	政治奏功運	創意文藝運	泰極長壽運	無常變化運	正道高名運	苦行失意運
象	奏功亨福之象	燕雀無巢之象	自立興家之象	意外亨福之象	旭日昇天之象	運將破滅之象	安過泰平之象	或歌或泣之象	奏功天下之象	文理高峰之象	將軍揮刀之象	隨緣生滅之象	乾坤中心之象	行者逢難之象
雄崎式	◎	X	◎	X	◎	X	◎	X	◎	◎	◎	X	◎	X
	受福運	浮沈運	開拓運	僥倖運	旺盛運	破亂運	平安運	破亂運	奏功運	文藝運	長壽運	變化運	高名運	失意運

성명수리 영동운(姓名數理 靈動運)

◎ 盛運　○ 平運　△ 衰運　X 凶運

數理	七一	七二	七三	七四	七五	七六	七七	七八	七九	八十	八一	
吉凶	○	X	◎	X	◎	△	△	△	X	X	◎	八十一을 超過하는 數는 八十을 除之하고 다시 一에서부터 適用시킨다
運	龍示堅實運	吉凶相半運	大凡平福運	暗昧不遇運	得之安吉運	先吉後盛運	吉凶相半運	吉凶相半運	窮極不伸運	乎也隱遁運	折出還喜運	
象	貴人隱山之象	陰雲履月之象	登山平安之象	晝中火燭之象	山中植木之象	平地難行之象	隨綠果報之象	日傾四山之象	臨終遺吉之象	天地終末之象	雷門雲間之象	
雄崎式	○ 堅實運	X 相半運	○ 平福運	X 不遇運	◎ 安吉運	△ 不和運	△ 相半運	△ 相半運	X 不伸運	X 隱遁運	◎ 還喜運	

성명수리 영동운(姓名數理 靈動運)

◎ 盛運　○ 平運　△ 衰運　X 凶運

數理	五七	五八	五九	六十	六一	六二	六三	六四	六五	六六	六七	六八	六九	七十
吉凶	○	◎	X	◎	X	◎	X	◎	X	◎	X	◎	X	X
運	時乘剛健運	普化後福運	雲外逆難運	眞空不安運	妙理名利運	何時莫莫運	現證發展運	正乎蓬霜運	滿地興家運	茫茫艱難運	天海通達運	妙玄發明運	空谷窮迫運	四離寂莫運
象	寒鶯春鳴之象	橋上往來之象	密雲不雨之象	上下動搖之象	丹桂可折之象	桂花間落之象	曉光浮海之象	千里滿雲之象	順風擧帆之象	兩人溺水之象	海天一碧之象	靜觀自得之象	鳳別梧桐之象	黑海暗夜之象
雄崎式	◎	○	X	○	X	○	X	◎	X	X	X	◎	X	X
	剛健運	後福運	逆難運	不安運	名利運	莫莫運	發伸運	滅離運	繁榮運	艱難運	通達運	發明運	窮迫運	寂莫運

부록2. **인명용 한문자전**(漢字字典)

ㄱ/ㅋ(木 五行)

가 18	可 ⑤ 옳을	加 ⑤ 더할	伽 ⑦ 절	佳 ⑧ 아름다울	架 ⑨ 시렁	柯 ⑨ 가지
	家 ⑩ 집	假 ⑪ 거짓	街 ⑫ 거리	迦 ⑫ 부처이름	嫁 ⑬ 시집갈	暇 ⑬ 틈
	賈 ⑬ 값	嘉 ⑭ 아름다울	歌 ⑭ 노래	駕 ⑮ 멍에	稼 ⑮ 심을	價 ⑮ 값
각 10	各 ⑥ 각각	却 ⑦ 물리칠	角 ⑦ 뿔	刻 ⑧ 새길	恪 ⑨ 정성	玨 ⑨ 쌍옥
	殼 ⑫ 껍질	脚 ⑬ 다리	閣 ⑭ 집	覺 ⑳ 깨달을		
간 18	干 ③ 방패	刊 ⑤ 새길	艮 ⑥ 괘이름	玕 ⑦ 옥돌	杆 ⑦ 줄기	侃 ⑧ 굳셀
	姦 ⑨ 간사할	竿 ⑨ 낚싯대	看 ⑨ 볼	肝 ⑨ 간	栞 ⑩ 표할	揀 ⑫ 가릴
	間 ⑫ 사이	幹 ⑬ 줄기	諫 ⑯ 간할	墾 ⑯ 개간할	懇 ⑰ 간절할	簡 ⑱ 대쪽
갈 2	渴 ⑫ 목마를	葛 ⑮ 칡				

370 손중산의 역리작명법

ㄱ/ㅋ (木 五行)

감 10	甘 ⑤ 달	勘 ⑪ 헤아릴	敢 ⑫ 구태여	減 ⑬ 덜	感 ⑬ 느낄	堪 ⑬ 견딜
	監 ⑭ 볼	瞰 ⑰ 굽어볼	鑒 ㉒ 거울	鑑 ㉒ 거울		
갑 6	甲 ⑤ 갑옷	鉀 ⑬ 갑옷				
강 17	江 ⑥ 물	杠 ⑦ 외나무다리	岡 ⑧ 산등성이	姜 ⑨ 성씨	剛 ⑩ 굳셀	康 ⑪ 편안
	堈 ⑪ 언덕	崗 ⑪ 산등성이	強 ⑪ 강할	强 ⑫ 강할	降 ⑭ 내릴	綱 ⑭ 벼리
	慷 ⑮ 강개할	鋼 ⑯ 강철	彊 ⑯ 굳셀	橿 ⑰ 박달나무	講 ⑰ 외울	
개 14	介 ④ 낄	价 ⑥ 클	改 ⑦ 고칠	皆 ⑨ 모두	個 ⑩ 낱	盖 ⑪ 덮을
	凱 ⑫ 개선할	開 ⑫ 열	箇 ⑭ 낱	愷 ⑭ 편안할	槪 ⑮ 대개	慨 ⑭ 슬퍼할
	漑 ⑮ 물댈	蓋 ⑯ 덮을				

ㄱ/ㅋ (木 五行)

객 1	客 ⑨ 손					
갱 2	更 ⑦ 다시	坑 ⑦ 구덩이				
거 12	去 ⑤ 갈	巨 ⑤ 클	車 ⑦ 수레	拒 ⑧ 막을	居 ⑧ 살	炬 ⑨ 횃불
	距 ⑫ 막을	渠 ⑬ 개천	鉅 ⑬ 클	據 ⑰ 응거할	擧 ⑰ 들	遽 ⑳ 급히
건 8	巾 ③ 수건	件 ⑥ 물건	建 ⑨ 세울	虔 ⑩ 공경할	乾 ⑪ 하늘	健 ⑪ 굳셀
	楗 ⑬ 문빗장	鍵 ⑰ 열쇠				
걸 2	杰 ⑧ 뛰어날	傑 ⑫ 뛰어날				
검 4	儉 ⑮ 검소할	劍 ⑮ 칼	劒 ⑯ 칼	檢 ⑰ 검사할		

ㄱ/ㅋ (木 五行)

게2	揭⑫ 들	憩⑯ 쉴				
격5	格⑩ 격식	擊⑰ 칠	檄⑰ 격문	激⑱ 격할		
견8	犬④ 개	見⑦ 볼	肩⑩ 어깨	牽⑪ 이끌	堅⑪ 굳을	絹⑬ 비단
	遣⑰ 보낼	鵑⑱ 두견이				
결5	決⑧ 결단할	缺⑩ 이지러질	訣⑪ 이별할	結⑫ 맺을	潔⑯ 깨끗할	
겸3	兼⑩ 겸할	謙⑰ 겸손할	鎌⑱ 낫			
경41	更⑦ 고칠	冏⑦ 빛날	京⑧ 서울	炅⑧ 빛날	庚⑧ 천간	坰⑧ 들
	俓⑨ 곧을	勁⑨ 굳셀	耕⑩ 밭갈	勍⑩ 셀	勍⑩ 굳셀	徑⑩ 지름길
	耿⑩ 빛	竟⑪ 마침내	頃⑪ 이랑	涇⑪ 통할	卿⑪ 벼슬	梗⑪ 정직할

ㄱ/ㅋ (木 五行)

경 41	景⑫ 볕	硬⑫ 굳을	敬⑬ 공경	傾⑬ 기울	莖⑬ 줄기	經⑬ 지날
	輕⑭ 가벼울	境⑭ 지경	逕⑭ 길	儆⑮ 경계할	慶⑮ 경사	熲⑮ 빛날
	憬⑮ 깨달을	暻⑯ 볕	檠⑰ 등잔대	擎⑰ 받들	璟⑰ 옥빛	鏡⑲ 거울
	鯨⑲ 고래	警⑳ 경계할	瓊⑳ 구슬	競⑳ 다툴	驚㉓㉓ 놀랄	
계 17	系⑦ 맬	戒⑦ 경계할	季⑧ 계절	癸⑨ 북방	界⑨ 지경	契⑨ 맺을
	計⑨ 셀	係⑨ 맬	炷⑩ 화덕	桂⑩ 계수나무	啓⑪ 열	械⑪ 기계
	誡⑭ 경계할	溪⑭ 시내	階⑰ 섬돌	繼⑳ 이을	鷄㉑㉑ 닭	
고 19	古⑤ 예	叩⑤ 두드릴	考⑥ 생각할	攷⑥ 생각할	告⑦ 알릴	固⑧ 굳을
	孤⑧ 외로울	姑⑧ 시어머니	故⑨ 연고	枯⑨ 마를	庫⑩ 곳집	高⑩ 높을

ㄱ/ㅋ(木 五行)

고 19	苦⑪ 괴로울	皐⑪ 언덕	鼓⑬ 북칠	敲⑭ 두드릴	嗃⑭ 힐	稿⑮ 볏집
	顧㉑ 돌아볼					
곡 4	曲⑥ 굽을	谷⑦ 골	哭⑩ 울	穀⑮ 곡식		
곤 4	困⑦ 곤할	坤⑧ 땅	昆⑧ 맏	袞⑩ 곤룡포	崑⑪ 산 이름	錕⑯ 붉은 쇠
골 1	骨⑩ 뼈					
공 13	工③ 장인	公④ 공평할	孔④ 구멍	功⑤ 공훈	共⑥ 한가지	攻⑦ 칠
	供⑧ 이바지할	空⑧ 빌	恐⑩ 두려울	恭⑩ 공손할	貢⑩ 바칠	珙⑪ 크고둥근옥
	控⑪ 당길					
과 9	戈④ 창	瓜⑤ 외	果⑧ 실과	科⑨ 과목	誇⑬ 자랑할	菓⑭ 과자

부록 2. 인명용 한문자전 375

ㄱ/ㅋ (木 五行)

과9	寡⑭ 적을	課⑮ 공부할	過⑯ 지날			
곽2	廓⑭ 둘레	郭⑮ 성				
관16	官⑧ 벼슬	冠⑨ 갓	貫⑪ 꿸	梡⑪ 도마	款⑫ 항목	琯⑬ 옥피리
	管⑭ 주관할	慣⑭ 익숙할	寬⑮ 너그러울	舘⑯ 줏대	舍⑯ 집	館⑰ 집
	關⑲ 관계할	灌㉒㉔ 물댈	瓘㉓ 옥	觀㉕ 볼		
괄1	括⑩ 맺을					
광11	広⑤ 넓을	光⑥ 빛	匡⑥ 바를	侊⑧ 성찬	昡⑧ 빛	洸⑩ 성낼
	珖⑩ 옥피리	桄⑩ 베틀	廣⑮ 넓을	曠⑲ 빌	鑛㉓㉓ 쇳돌	
괘1	掛⑫ 걸		쾌2	夬④ 쾌이름	快⑧ 쾌할	

ㄱ/ㅋ (木 五行)

괴 4	怪 ⑨ 괴이할	塊 ⑬ 덩어리	愧 ⑭ 부끄러울	壞 ⑲ 무너질		
굉 1	宏 ⑦ 클					
교 13	巧 ⑤ 공교할	交 ⑥ 사귈	校 ⑩ 학교	敎 ⑪ 가르칠	敎 ⑪ 가르칠	喬 ⑫ 높을
	較 ⑬ 비교할	郊 ⑬ 들	僑 ⑭ 더부살이	嬌 ⑮ 아리따울	橋 ⑯ 다리	膠 ⑰ 아교
	矯 ⑰ 바로잡을					
구 32	口 ③ 입	久 ③ 오랠	丘 ⑤ 언덕	句 ⑤ 글귀	求 ⑦ 구할	究 ⑦ 연구할
	坵 ⑧ 언덕	具 ⑧ 갖출	玖 ⑧ 옥돌	九 ⑨ 아홉	狗 ⑨ 개	拘 ⑨ 잡을
	枸 ⑨ 구기자	矩 ⑩ 모날	俱 ⑩ 함께	苟 ⑪ 진실로	區 ⑪ 구분할	救 ⑪ 구원할
	耉 ⑪ 늙을	邱 ⑫ 언덕	球 ⑫ 옥경쇠	鳩 ⑬ 비둘기	構 ⑭ 지을	銶 ⑮ 끌

ㄱ/ㅋ(木 五行)						
구 32	龜 ⑯ 거북	購 ⑰ 살	溝 ⑰ 개천	軀 ⑱ 몸	舊 ⑱ 예	驅 ㉑㉑ 몰
	懼 ㉒㉑ 두려워할	鷗 ㉒㉒ 갈매기				
국 5	局 ⑦ 판	囯 ⑧ 나라	國 ⑪ 나라	菊 ⑫ 국화	鞠 ⑰ 국문	
군 4	君 ⑦ 임금	軍 ⑨ 군사	群 ⑬ 무리	郡 ⑭ 고을		
굴 2	屈 ⑧ 굽힐	窟 ⑬ 굴				
궁 4	弓 ③ 활	宮 ⑩ 집	躬 ⑩ 몸	窮 ⑮ 다할		
권 7	券 ⑧ 책	卷 ⑧ 문서	拳 ⑩ 주먹	圈 ⑪ 둥글	眷 ⑪ 돌볼	勸 ⑳ 권할
	權 ㉒㉒ 권세					
궐 2	厥 ⑫ 그	闕 ⑱ 대궐				

ㄱ/ㅋ (木 五行)					
케1	軌⑨ 바퀴				
귀4	鬼⑩ 귀신	貴⑫ 귀할	龜⑯ 거북	歸⑱ 돌아갈	
규10	叫⑤ 부르짖을	圭⑥ 홀	奎⑨ 별	珪⑪ 서옥	規⑪ 법	揆⑬ 헤아릴
	閨⑭ 안방	達⑮ 길거리	葵⑮ 해바라기	窺⑯ 엿볼		
균4	均⑦ 고를	昀⑨ 개간할	鈞⑫ 무거울	菌⑭ 버섯		
귤1	橘⑯ 귤					
극5	克⑦ 이길	剋⑨ 이길	極⑬ 다할	劇⑮ 연극	隙⑱ 틈	
근13	斤④ 도끼	劤⑥ 힘	根⑩ 뿌리	近⑪ 가까울	筋⑫ 힘줄	勤⑬ 부지런할
	僅⑬ 겨우	墐⑭ 진흙	嫤⑭ 고울	漌⑮ 맑을	槿⑮ 무궁화	瑾⑯ 붉은옥

ㄱ/ㅋ (木 五行)

근 13	謹 ⑱ 삼가할				
금 9	今 ④ 이제	金 ⑧ 쇠	吟 ⑧ 읊을	衾 ⑩ 이불	禁 ⑬ 금지할	琴 ⑬ 거문고
	禽 ⑬ 새	錦 ⑯ 비단	襟 ⑲ 옷깃			
급 5	及 ④ 미칠	汲 ⑧ 길을	急 ⑨ 급할	級 ⑩ 등급	給 ⑫ 줄	
긍 5	亘 ⑥ 뻗칠	亙 ⑥ 뻗칠	矜 ⑨ 수긍할	肯 ⑩ 조심할	兢 ⑭ 자랑할	
기 24	己 ③ 몸	企 ⑥ 꾀할	伎 ⑥ 재간	岐 ⑦ 높을	圻 ⑦ 언덕	忌 ⑦ 꺼릴
	杞 ⑦ 구기자	其 ⑧ 그	技 ⑧ 재주	汽 ⑧ 물 끓는 김	玘 ⑧ 패옥	沂 ⑦ 물 이름
	奇 ⑧ 기이할	祈 ⑨ 빌	紀 ⑨ 벼리	起 ⑩ 일어날	記 ⑩ 기록할	豈 ⑩ 어찌
	氣 ⑩ 기운	耆 ⑩ 늙을	基 ⑪ 터	崎 ⑪ 험할	寄 ⑪ 부칠	旣 ⑪ 이미

ㄴ/ㄷ/ㄹ/ㅌ (火 五行)

나 5	奈 ⑧ 어찌	拏 ⑨ 잡을	奈 ⑨ 어찌	娜 ⑩ 아름다울	那 ⑪ 어찌	
낙 1	諾 ⑯ 허락할					
난 3	煖 ⑬ 따뜻할	暖 ⑬ 따뜻할	難 ⑲ 어려울			
날 1	捺 ⑫ 누를					
남 4	男 ⑦ 사내	南 ⑨ 남녘	楠 ⑬ 녹나무	湳 ⑬ 물이름		
납 1	納 ⑩ 들일			낭 1	娘 ⑩ 아씨	
내 5	乃 ② 이에	內 ④ 안	奈 ⑧ 어찌	柰 ⑨ 능금나무	耐 ⑨ 견딜	
녀 1	女 ③ 계집					
년 3	年 ⑥ 해	秊 ⑧ 해				

ㄴ/ㄷ/ㄹ/ㅌ (火 五行)						
념₁	念⑧ 생각할					
녕₁	寧⑭ 편안할					
노₃	奴⑤ 종	努⑦ 힘쓸	怒⑨ 성낼			
농₂	農⑬ 농사	濃⑰ 짙을				
뇌₂	惱⑬ 번뇌할	腦⑮ 골				
뉴₂	紐⑩ 맺을	鈕⑫ 인꼭지				
능₁	能⑫ 능할					
니₁	泥⑨ 진흙					
다₂	多⑥ 많을	茶⑫ 차				

ㄴ/ㄷ/ㄹ/ㅌ(火 五行)						
단 13	丹 ④ 붉을	旦 ⑤ 아침	但 ⑦ 다만	段 ⑨ 층계	短 ⑫ 짧을	單 ⑫ 홀
	端 ⑭ 끝	團 ⑭ 둥글	緞 ⑮ 비단	壇 ⑯ 단	檀 ⑰ 박달나무	鍛 ⑰ 불릴
	斷 ⑱ 끊을					
달 1	達 ⑯ 통달할					
담 8	淡 ⑫ 맑을	覃 ⑫ 깊을	談 ⑮ 말씀	潭 ⑯ 연못	擔 ⑰ 맡을	澹 ⑰ 담백할
	譚 ⑲ 클	膽 ⑲ 쓸개				
답 3	畓 ⑨ 논	答 ⑫ 대답	踏 ⑮ 밟을			
당 8	唐 ⑩ 당나라	堂 ⑪ 집	當 ⑬ 마땅	塘 ⑬ 못	糖 ⑯ 엿	撞 ⑯ 두들릴
	黨 ⑯ 무리	鐺 ㉑ 쇠사슬				

	ㄴ/ㄷ/ㄹ/ㅌ (火 五行)					
대 14	大 ③ 큰	代 ⑤ 대신할	昊 ⑦ 햇빛	垈 ⑧ 집터	待 ⑨ 기다릴	玳 ⑨ 대모
	袋 ⑪ 자루	帶 ⑪ 띠	貸 ⑫ 빌릴	對 ⑭ 대답할	臺 ⑭ 집	隊 ⑰ 무리
	戴 ⑰ 일	擡 ⑱ 들				
덕 2	悳 ⑫ 덕	德 ⑮ 큰				
도 27	刀 ② 칼	到 ⑧ 이를	度 ⑨ 법도	桃 ⑩ 복숭아	挑 ⑩ 끌어낼	徒 ⑩ 무리
	倒 ⑩ 넘어질	島 ⑩ 섬	堵 ⑫ 담	盜 ⑫ 도둑	棹 ⑫ 노	渡 ⑬ 건널
	逃 ⑬ 도망할	塗 ⑬ 진흙	跳 ⑬ 뛸	圖 ⑭ 그림	途 ⑭ 길	稻 ⑮ 벼
	道 ⑯ 길	導 ⑯ 인도할	陶 ⑯ 질그릇	都 ⑯ 도읍	蹈 ⑰ 밟을	鍍 ⑰ 도금할
	燾 ⑱ 비출	濤 ⑱ 큰물결	禱 ⑲ 빌			

	ㄴ/ㄷ/ㄹ/ㅌ (火 五行)					
독 5	毒 ⑧ 독할	督 ⑬ 감독할	篤 ⑯ 도타울	獨 ⑯ 홀로	讀 ㉒㉒ 읽을	
돈 7	豚 ⑪ 돼지	敦 ⑫ 도타울	惇 ⑫ 도타울	頓 ⑬ 조아릴	墩 ⑮ 돈대	暾 ⑯ 아침해
	燉 ⑯ 빛날					
돌 2	乭 ⑥ 이름	突 ⑨ 갑자기				
동 15	冬 ⑤ 겨울	同 ⑥ 한가지	東 ⑧ 동녘	垌 ⑨ 항아리	凍 ⑩ 얼	洞 ⑩ 고을
	桐 ⑩ 오동나무	動 ⑪ 움직일	童 ⑫ 아이	棟 ⑫ 들보	銅 ⑭ 구리	蝀 ⑭ 무지개
	董 ⑮ 동독할	潼 ⑯ 물이름	瞳 ⑰ 눈동자			
두 5	斗 ④ 말	豆 ⑦ 콩	杜 ⑦ 막을	枓 ⑧ 주공	頭 ⑯ 머리	
둔 3	屯 ④ 진칠	鈍 ⑫ 둔할	遁 ⑯ 숨을			

부록 2. 신명용 한문자전 385

ㄴ/ㄷ/ㄹ/ㅌ(火 五行)					
득₁	得⑪ 얻을				
등₇	登⑫ 오를	等⑫ 무리	燈⑯ 등불	謄⑰ 베낄	鄧⑲ 나라이름	騰⑳ 오를
	藤㉑ 덩굴				
라₂	螺⑰ 소라	羅⑳ 벌일			
락₆	洛⑩ 물 이름	珞⑪ 목걸이	絡⑫ 이을	酪⑬ 쇠젖	樂⑮ 즐길	落⑮ 떨어질
란₇	卵⑦ 알	亂⑬ 어지러울	瀾㉑ 큰물결	爛㉑ 빛날	欄㉑ 난간	瓓㉒ 옥 광채
	蘭㉓ 난초				
람₃	濫⑱ 넘칠	藍⑳ 쪽	覽㉒ 볼		
랑₆	浪⑪ 물결	朗⑪ 밝을	琅⑪ 옥돌	廊⑬ 사랑채	郎⑭ 사내	瑯⑮ 고을이름

		ㄴ/ㄷ/ㄹ/ㅌ (火 五行)					
래 5	火	来 ⑦ 올	來 ⑧ 올	崍 ⑪ 산이름	萊 ⑭ 명아주		
랭 1	火(土)	冷 ⑦ 찰					
략 2	火(木)	掠 ⑪ 노략질할	略 ⑪ 간략할				
량 14	火(土)	良 ⑦ 어질	兩 ⑧ 두	亮 ⑨ 밝을	倆 ⑩ 재주	凉 ⑪ 서늘할	梁 ⑪ 들보
		涼 ⑫ 서늘할	量 ⑫ 헤아릴	諒 ⑮ 살펴	樑 ⑮ 들보	糧 ⑱ 양식	
려 18	火	呂 ⑦ 성씨	侶 ⑨ 짝	旅 ⑩ 나그네	慮 ⑮ 생각할	閭 ⑮ 이문	黎 ⑮ 검을
		勵 ⑰ 힘쓸	麗 ⑲ 고을				
력 7	火(木)	力 ② 힘	歷 ⑯ 지날	曆 ⑯ 책력			
련 13	火(火)	煉 ⑬ 달굴	漣 ⑭ 잔물결	練 ⑮ 익힐	憐 ⑯ 사랑할	璉 ⑯ 제기	蓮 ⑰ 연꽃

부록 2. 인명용 한문자전 387

ㄴ/ㄷ/ㄹ/ㅌ (火 五行)

련9		聯⑰ 연이을	鍊⑰ 불릴	戀㉓㉓ 생각할		
렬6	火(火)	劣⑥ 못할	列⑥ 벌일	烈⑩ 매울	洌⑨ 맑을	裂⑫ 찢을
렴5	火(水)	廉⑬ 청렴할	濂⑯ 물 이름	斂⑰ 거둘	殮⑰ 염할	簾⑲ 발
렵1	火(水)	獵⑲ 사냥				
령12	火(土)	令⑤ 하여금	伶⑦ 영리할	姈⑧ 영리할	怜⑨ 영리할	昤⑨ 영롱할	玲⑩ 옥소리
		零⑬ 영	鈴⑬ 방울	領⑭ 거느릴	嶺⑰ 고개	齡⑳ 나이	靈㉔ 신령
레6	火	礼⑥ 예도	例⑧ 법식	禮⑱ 예도		
로19	火	老⑥ 늙을	勞⑫ 일할	路⑬ 길	魯⑮ 노나라	盧⑯ 성씨	露㉑⑳ 이슬
		爐⑳ 화로	鷺㉔㉓ 백로				

ㄴ/ㄷ/ㄹ/ㅌ (火 五行)

록 5	彔 ⑧ 새길	鹿 ⑪ 사슴	祿 ⑬ 녹	綠 ⑭ 푸를	錄 ⑯ 기록할	
론 1	論 ⑮ 논할					
롱 7	弄 ⑦ 희롱할	瀧 ⑳ 비올	瓏 ㉑ 옥소리	籠 ㉒ 채롱		
뢰 9	雷 ⑬ 우레	賴 ⑯ 의뢰할	瀨 ⑳ 여울			
료 11	了 ② 마칠	料 ⑩ 헤아릴	僚 ⑭ 동관	遼 ⑲ 멀		
룡 2	竜 ⑩ 용	龍 ⑯ 용				
루 15	累 ⑪ 여러	淚 ⑪ 눈물	屢 ⑭ 여러	樓 ⑮ 다락	漏 ⑮ 샐	
류 14	柳 ⑨ 버들	留 ⑩ 머무를	流 ⑪ 흐를	硫 ⑫ 유황	琉 ⑫ 유리	劉 ⑮ 묘금도
	瑠 ⑮ 유리	類 ⑲ 무리				

	ㄴ/ㄷ/ㄹ/ㅌ (火 五行)					
류 3	六 ⑥ 여섯	陸 ⑯ 뭍				
륜 8	侖 ⑧ 생각할	倫 ⑩ 인륜	崙 ⑪ 산이름	綸 ⑭ 실	輪 ⑮ 바퀴	
률 5	律 ⑨ 법칙	栗 ⑩ 밤	率 ⑪ 헤아릴			
륭 1	隆 ⑫ 높을					
름 3	凜 ⑮ 찰					
릉 6	稜 ⑬ 위엄	綾 ⑭ 비단	菱 ⑭ 마름	陵 ⑯ 언덕		
리 30	吏 ⑥ 아전	李 ⑦ 오얏	利 ⑦ 이로울	里 ⑦ 마을	俚 ⑨ 힘입을	俐 ⑨ 똑똑할
	梨 ⑪ 배	悧 ⑪ 영리할	离 ⑪ 떠날	理 ⑪ 다스릴	裏 ⑬ 속	莉 ⑬ 꽃이름
	裡 ⑬ 속	履 ⑮ 밟을	璃 ⑯ 유리	離 ⑲ 떠날		

ㄴ/ㄷ/ㄹ/ㅌ (火 五行)

린 4	潾 ⑯ 맑을	璘 ⑰ 옥빛	隣 ⑳ 이웃	麟 ㉓ 기린		
림 5	林 ⑧ 수풀	淋 ⑫ 물뿌릴	琳 ⑬ 옥	霖 ⑯ 장마	臨 ⑰ 임할	
립 3	立 ⑤ 설	笠 ⑪ 삿갓	粒 ⑪ 낟알			
타 4	他 ⑤ 다를	打 ⑥ 칠	妥 ⑦ 온당할	墮 ⑮ 떨어질		
탁 13	托 ⑦ 맡길	卓 ⑧ 높을	拓 ⑨ 박을	度 ⑨ 헤아릴	託 ⑩ 부탁할	倬 ⑩ 클
	晫 ⑫ 밝을	琢 ⑬ 옥다듬을	琸 ⑬ 사람이름	濁 ⑰ 흐를	濯 ⑱ 씻을	擢 ⑱ 뽑을
	鐸 ㉑ 방울					
탄 7	呑 ⑦ 삼킬	坦 ⑧ 넓을	炭 ⑨ 숯	誕 ⑭ 낳을	彈 ⑮ 탄알	歎 ⑮ 탄식할
	灘 ㉓㉒ 여울					
탈 2	脫 ⑪ 벗을	奪 ⑭ 빼앗을				
탐 3	耽 ⑩ 즐길	貪 ⑪ 탐낼	探 ⑪ 찾을			

ㄴ/ㄷ/ㄹ/ㅌ (火 五行)

탑 1	塔⑬ 탑					
탕 1	湯⑬ 끓일					
태 10	太④ 클	台⑤ 별	兌⑦ 바꿀	汰⑧ 일	怠⑨ 게으를	泰⑩ 클
	殆⑨ 거의	胎⑪ 아이밸	邰⑫ 나라이름	態⑭ 모습		
택 4	宅⑥ 집	坨⑨ 언덕	擇⑰ 가릴	澤⑰ 못		
토 4	土③ 흙	吐⑥ 토할	兔⑧ 토끼	討⑩ 칠		
통 4	桶⑪ 통	統⑫ 거느릴	痛⑫ 아플	通⑭ 통할		
퇴 2	堆⑪ 쌓을	退⑬ 물러날				
투 3	投⑧ 던질	透⑭ 사무칠	鬪⑳ 싸울	☞	특 1	特⑩ 특별할

ㅇ/ㅎ (土 五行)

아 14	牙④ 어금니	児⑦ 아이	亞⑦ 버금	我⑦ 나	兒⑧ 아이	亞⑧ 버금
	妸⑧ 고울	娥⑩ 예쁠	峨⑩ 높을	芽⑩ 싹	雅⑫ 맑을	阿⑬ 언덕
	衙⑬ 마을	餓⑯ 주릴				
악 5	岳⑧ 큰산	堊⑪ 흰흙	惡⑫ 악할	樂⑮ 노래	嶽⑰ 큰산	
안 9	安⑥ 편안	岸⑧ 언덕	案⑩ 책상	晏⑩ 늦을	桉⑩ 안석	眼⑪ 눈
	雁⑫ 기러기	鴈⑮ 기러기	顔⑱ 얼굴			
알 1	謁⑯ 뵐					
암 5	岩⑧ 바위	庵⑪ 암자	暗⑬ 어두울	菴⑭ 암자	巖㉓ 바위	
압 3	押⑨ 누를	鴨⑯ 오리	壓⑰ 누를			

ㅇ/ㅎ (土 五行)

앙 5	央 ⑤ 가운데	仰 ⑥ 우러를	昂 ⑨ 밝을	殃 ⑨ 재앙	鴦 ⑯ 원앙	
애 6	艾 ⑧ 쑥	厓 ⑧ 언덕	哀 ⑨ 슬플	崖 ⑪ 언덕	涯 ⑫ 물가	愛 ⑬ 사랑
액 7	厄 ④ 액	液 ⑫ 진액	額 ⑱ 이마			
앵 2	鶯 ㉑ 꾀꼬리	櫻 ㉑ 앵두				
야 5	也 ③ 잇기	冶 ⑦ 풀무	夜 ⑧ 밤	耶 ⑨ 어조사	野 ⑪ 들	
약 5	約 ⑨ 맺을	弱 ⑩ 약할	若 ⑪ 같을	藥 ㉑ 약	躍 ㉑㉑ 뛸	
양 12	羊 ⑥ 양	洋 ⑩ 큰바다	揚 ⑬ 날릴	楊 ⑬ 버들	樣 ⑮ 모양	漾 ⑮ 출렁거릴
	養 ⑮ 기를	陽 ⑰ 볕	襄 ⑰ 도울	壤 ⑳ 흙덩이	孃 ⑳ 아가씨	讓 ㉔ 사양할
어 5	於 ⑧ 어조사	魚 ⑪ 물고기	御 ⑪ 거느릴	語 ⑭ 말씀	漁 ⑮ 고기잡을	

이/흫(土 五行)

억 4	抑 ⑧ 누를	億 ⑮ 억	憶 ⑯ 생각할	檍 ⑰ 감탕나무		
언 4	言 ⑦ 말씀	彦 ⑨ 선비	焉 ⑪ 어찌	諺 ⑯ 언문		
엄 4	奄 ⑧ 문득	俺 ⑩ 클	掩 ⑫ 가릴	嚴 ⑳ 엄할		
업 2	業 ⑬ 업	嶪 ⑯ 높고험할			☞	輿 ⑰ 수레
여 15	予 ④ 나	如 ⑥ 같을	汝 ⑥ 너	余 ⑦ 나	與 ⑭ 더불	餘 ⑯ 남을
역 10	亦 ⑥ 또	役 ⑦ 부릴	易 ⑧ 바꿀	疫 ⑨ 전염병	域 ⑪ 지경	逆 ⑬ 거스릴
	暘 ⑬ 해 반짝 날	譯 ⑳ 번역할	驛 ㉓ 역			
연 23	延 ⑦ 늘일	沇 ⑧ 강이름	衍 ⑨ 넓을	沿 ⑨ 물따라갈	妍 ⑨ 고울	埏 ⑩ 빛날
	宴 ⑩ 잔치	烟 ⑩ 연기	娟 ⑩ 예쁠	研 ⑪ 갈	軟 ⑪ 연할	涓 ⑪ 시내

ㅇ/ㅎ (土 五行)

연 23	硯⑫ 벼루	然⑫ 그럴	淵⑬ 못	煙⑬ 연기	鉛⑬ 납	筵⑬ 대자리
	瑌⑭ 옥돌	演⑭ 펼	緣⑮ 인연	燃⑯ 탈	燕⑯ 제비	
열 4	悅⑪ 기쁠	說⑭ 기뻐할	熱⑮ 더울	閱⑮ 볼		
염 6	炎⑧ 불꽃	染⑨ 물들	琰⑬ 옥	艶⑲㉔ 탐스러울	艷㉔ 고울	鹽㉔ 소금
엽 3	葉⑮ 잎	燁⑯ 빛날	曄⑯ 빛날			
영 23	永⑤ 길	咏⑧ 읊을	泳⑨ 헤엄칠	映⑨ 비칠	栄⑨ 영화	盈⑨ 찰
	迎⑧ 맞을	英⑪ 꽃부리	詠⑫ 읊을	煐⑬ 빛날	暎⑬ 비칠	渶⑬ 물맑을
	楹⑭ 기둥	瑛⑭ 옥빛	榮⑭ 영화	瑩⑮ 밝을	影⑮ 그림자	穎⑯ 빼어날
	營⑰ 지을	鍈⑰ 방울소리	嬰⑰ 어린아이	瀯㉑ 물소리	瓔㉒ 옥돌	

이/ㅎ (土 五行)

예 9	乂 ② 벨	芮 ⑩ 성씨	預 ⑬ 말길	睿 ⑭ 슬기	銳 ⑮ 날카로울	叡 ⑯ 밝을
	豫 ⑯ 미리	藝 ㉑ 재주	譽 ㉑ 기릴			

오 33	午 ④ 낮	五 ⑤ 다섯	伍 ⑥ 다섯사람	吾 ⑦ 나	吳 ⑦ 성씨	汚 ⑦ 더러울
	旿 ⑧ 밝을	烏 ⑩ 까마귀	娛 ⑩ 즐길	悟 ⑪ 깨달을	梧 ⑪ 오동나무	晤 ⑪ 총명할
	珸 ⑫ 옥돌	奧 ⑬ 깊을	嗚 ⑬ 슬플	傲 ⑬ 거만할	誤 ⑭ 그르칠	

옥 5	玉 ⑤ 구슬	沃 ⑦ 기름질	屋 ⑨ 집	鈺 ⑬ 보배	獄 ⑭ 우리	

온 4	媼 ⑬ 할머니	溫 ⑬ 따뜻할	瑥 ⑮ 사람이름	穩 ⑲ 편안할		

옹 4	翁 ⑩ 늙은이	雍 ⑬ 화할	壅 ⑯ 막을	擁 ⑰ 안을		

와 2	瓦 ⑤ 기와	臥 ⑧ 누울				

이/ㅎ (土 五行)

완 11	完⑦ 완전할	宛⑧ 완연할	玩⑧ 구경할	垸⑩ 바를	婠⑪ 몸고을	婉⑪ 순할
	浣⑪ 옷빨	琓⑫ 옥이름	莞⑬ 웃을	琬⑬ 홀	緩⑮ 느릴	
왈 1	曰④ 가로					
왕 5	王④ 임금	旺⑧ 왕성할	往⑧ 갈	汪⑧ 못	枉⑧ 굽을	
외 2	外⑤ 바깥	畏⑨ 두려워할		☞	耀⑳ 빛날	饒⑳ 배부를
요 12	夭④ 일찍죽을	要⑨ 요긴할	姚⑨ 예쁠	堯⑫ 요임금	搖⑭ 흔들	僥⑭ 요행
	腰⑮ 허리	瑤⑮ 구슬	樂⑮ 좋아할	謠⑰ 노래	遙⑰ 멀	曜⑱ 빛날
욕 4	浴⑩ 목욕할	辱⑩ 욕될	欲⑪ 하고자할	褥⑮ 요	慾⑮ 욕심	縟⑯ 꾸밀 욕
용 17	用⑤ 쓸	甬⑦ 길	勇⑨ 날랠	容⑩ 얼굴	埇⑩ 길 돋을	涌⑪ 물솟을

ㅇ/ㅎ (土 五行)

용 17	庸⑪ 떳떳할	茸⑫ 풀날	湧⑬ 물솟을	溶⑭ 녹을	墉⑭ 담	踊⑭ 뛸
	榕⑭ 나무	瑢⑮ 옥소리	蓉⑯ 연꽃	鎔⑱ 쇠녹일	鏞⑲ 쇠북	
우 21	又② 또	于③ 어조사	尤④ 더욱	友④ 벗	牛④ 소	右⑤ 오른쪽
	宇⑥ 집	羽⑥ 깃	佑⑦ 도울	盱⑧ 클	玗⑧ 옥돌	雨⑧ 비
	禹⑨ 성씨	迂⑩ 에돌	祐⑩ 복	偶⑪ 짝	釪⑪ 창고달	寓⑫ 붙일
	堣⑫ 모퉁이	愚⑬ 어리석을	瑀⑭ 패옥	霛⑭ 물소리	郵⑮ 우편	憂⑮ 근심
	遇⑯ 만날	隅⑰ 모퉁이	優⑰ 넉넉할			
욱 6	旭⑥ 아침해	昱⑨ 햇빛밝을	彧⑩ 문채	煜⑬ 빛날	郁⑬ 성할	頊⑬ 삼갈
운 9	云④ 이를	夽⑦ 높을	汶⑧ 끊을	耘⑩ 김맬	雲⑫ 구름	運⑯ 옮길

이/흥 (土 五行)

운19	澐⑯ 큰물결	贇⑯ 넉넉할	韻⑲ 운			
울1	蔚⑰ 고을이름					
웅2	雄⑫ 수컷	熊⑭ 곰				
원22	元④ 으뜸	沅⑦ 강이름	阮⑦ 나라 이름	杬⑧ 나무 이름	朊⑧ 희미할	苑⑨ 나라동산
	爰⑨ 이에	貟⑨ 수효	袁⑩ 성	原⑩ 언덕	冤⑩ 원통할	員⑩ 인원
	寃⑪ 원통할	援⑫ 도울	媛⑫ 여자	湲⑫ 흐를	瑗⑬ 구슬	源⑬ 근원
	猿⑬ 원숭이	遠⑭ 멀	愿⑭ 원할	褑⑭ 패옥 띠	鴛⑯ 원앙	鋺⑯ 저울판
월2	月④ 달	越⑫ 넘을				
위21	危⑥ 위태할	位⑦ 자리	委⑧ 맡길	威⑨ 위엄	韋⑨ 다른가죽	胃⑨ 밥통

ㅇ/ㅎ (土 五行)

위 15	尉⑪ 벼슬	偉⑪ 클	爲⑫ 할	圍⑫ 에워쌀	暐⑬ 햇빛	渭⑫ 물이름
	僞⑭ 거짓	瑋⑭ 옥	緯⑮ 씨	慰⑮ 위로할	衛⑮ 지킬	衛⑯ 지킬
	謂⑯ 이를	違⑯ 어긋날	魏⑱ 나라이름			
유 35	由⑤ 말미암을	幼⑤ 어릴	有⑥ 있을	酉⑦ 닭	攸⑦ 바	侑⑧ 권할
	乳⑧ 젖	柚⑨ 유자	幽⑨ 깊을	油⑨ 기름	宥⑨ 너그러울	柔⑨ 부드러울
	兪⑨ 대답할	釉⑩ 무성할	洧⑩ 강이름	唯⑪ 오직	悠⑪ 멀	喩⑫ 깨우칠
	釉⑫ 광택	庾⑫ 곳집	惟⑫ 생각할	琟⑬ 옥돌	猶⑬ 오히려	裕⑬ 넉넉할
	愈⑬ 나을	愉⑬ 기쁠	楡⑬ 느릅나무	猷⑬ 꾀	維⑭ 벼리	誘⑭ 꾈
	瑜⑭ 옥빛	儒⑯ 선비	遊⑯ 놀	濡⑱ 젖을	遺⑲ 남길	

ㅇ/ㅎ (土 五行)

육 3	肉 ⑥ 고기	育 ⑩ 기를	堉 ⑪ 기름진땅			
윤 9	允 ④ 맏	尹 ④ 성씨	玧 ⑨ 옥빛	胤 ⑪ 자손	鈗 ⑫ 병기	阭 ⑫ 높을
	閏 ⑫ 윤달	奫 ⑮ 물깊고넓을	潤 ⑯ 부를			
융 1	融 ⑯ 녹을					
은 8	垠 ⑨ 지경	恩 ⑩ 은혜	殷 ⑩ 성할	珢 ⑪ 옥돌	銀 ⑭ 은	溵 ⑭ 물소리
	闇 ⑮ 향기	隱 ㉒ 숨을				
을 1	乙 ① 새					
음 5	吟 ⑦ 읊을	音 ⑨ 소리	淫 ⑫ 음란할	飮 ⑬ 마실	陰 ⑯ 그늘	
읍 2	邑 ⑦ 고을	泣 ⑨ 울				

이/ㅎ (土 五行)

음 4	凝 ⑯ 엉길	膺 ⑰ 가슴	應 ⑰ 응할	鷹 ㉔ 매		
의 15	衣 ⑥ 옷	矣 ⑦ 어조사	宜 ⑧ 마땅	依 ⑧ 의지할	倚 ⑩ 의지할	義 ⑬ 옳을
	意 ⑬ 뜻	疑 ⑭ 의심할	儀 ⑮ 거동	誼 ⑮ 옳을	毅 ⑮ 굳셀	醫 ⑱ 의원
	擬 ⑱ 헤아릴	議 ⑳ 의논	懿 ㉒ 아름다울			
이 18	二 ② 두	已 ③ 이미	以 ⑤ 써	耳 ⑥ 귀	弛 ⑥ 늦출	而 ⑥ 말 이을
	伊 ⑥ 저	夷 ⑥ 오랑캐	易 ⑧ 쉬울	怡 ⑨ 기쁠	移 ⑪ 옮길	珥 ⑩ 귀고리
	異 ⑪ 다를	貳 ⑫ 두	爾 ⑭ 너	頤 ⑮ 턱	彞 ⑯ 떳떳할	彝 ⑱ 떳떳할
익 6	益 ⑩ 더할	翌 ⑪ 명일	翊 ⑪ 도울	謚 ⑰ 웃을	翼 ⑱ 날개	瀷 ㉑ 강이름
인 10	人 ② 사람	刃 ③ 칼날	仁 ④ 어질	引 ④ 끌	印 ⑥ 도장	因 ⑥ 인할

	ㅇ/ㅎ(土 五行)					
인 10	忍 ⑦ 참을	姻 ⑨ 혼인	寅 ⑪ 범	認 ⑭ 알		
일 8	一 ① 한	日 ④ 날	佾 ⑧ 줄춤	壹 ⑭ 한	溢 ⑭ 넘칠	馹 ⑭ 역말
	逸 ⑮ 편안할	鎰 ⑱ 무게이름				
임 6	壬 ④ 북방	任 ⑥ 맡을	妊 ⑦ 아이밸	姙 ⑨ 아이밸	賃 ⑬ 품삯	稔 ⑬ 여물
입 1	入 ② 들					
잉 1	剩 ⑫ 남을					

	_	_	_	ㅇ/ㅎ(土 五行)			
하 10	下 ③ 아래	何 ⑦ 어찌	河 ⑨ 물	昰 ⑨ 여름	夏 ⑩ 여름	賀 ⑫ 하례할	
	厦 ⑫ 문간방	廈 ⑬ 문간방	荷 ⑬ 연꽃	霞 ⑰ 노을			
학 3	学 ⑧ 배울	學 ⑯ 배울	鶴 ㉑ 학				
한 12	旱 ⑦ 가물	汗 ⑦ 땀	恨 ⑩ 한	寒 ⑫ 찰	閑 ⑫ 한가할	閒 ⑫ 한가할	
	限 ⑭ 한정	漢 ⑭ 한나라	翰 ⑯ 편지	澣 ⑰ 빨래할	韓 ⑰ 한국	瀚 ⑳ 질펀할	

ㅇ/ㅎ (土 五行)

할 2	割 ⑫ 벨	轄 ⑰ 다스릴				
함 6	含 ⑦ 머금을	函 ⑧ 함	咸 ⑨ 다	涵 ⑫ 젖을	陷 ⑯ 빠질	艦 ⑳ 큰배
합 1	合 ⑥ 합할					
항 10	亢 ④ 높을	抗 ⑧ 겨룰	沆 ⑧ 넓을	巷 ⑨ 거리	姮 ⑨ 항아	恆 ⑩ 항상
	恒 ⑩ 항상	航 ⑩ 배	項 ⑫ 항목	港 ⑫ 항구		
해 9	亥 ⑥ 돼지	奚 ⑩ 어찌	害 ⑩ 해할	海 ⑪ 바다	偕 ⑫ 함께	該 ⑬ 갖출
	解 ⑬ 풀	楷 ⑬ 본보기	諧 ⑯ 화할			
핵 1	核 ⑩ 씨					
행 3	行 ⑥ 다닐	杏 ⑦ 살구	幸 ⑧ 다행			

ㅇ/ㅎ (土 五行)

향6	向⑥ 향할	享⑧ 누릴	香⑨ 향기	珦⑪ 옥이름	鄕⑬ 시골	響㉒ 울릴
허3	許⑪ 허락할	虛⑫ 빌	墟⑮ 터			
헌4	軒⑩ 집	憲⑯ 법	櫶⑳ 나무	獻⑳ 드릴		
험2	險⑯ 험할	驗㉓ 시험				
혁4	革⑨ 가죽	奕⑨ 클	赫⑭ 빛날	爀⑱ 불빛		
현20	玄⑤ 검을	見⑦ 뵈올	呟⑧ 소리	弦⑧ 시위	汯⑨ 물깊을	炫⑨ 밝을
	晛⑨ 햇빛	眩⑩ 현황할	玹⑩ 옥돌	峴⑩ 고개	絃⑪ 줄	晛⑪ 햇살
	絢⑫ 무늬	現⑪ 나타날	鉉⑬ 솥귀	賢⑮ 어질	縣⑯ 고을	顯⑰ 나타날
	懸⑳ 달릴	顯㉓ 나타날				

ㅇ/ㅎ (土 五行)

혈 2	穴 ⑤ 구멍	血 ⑥ 피				
협 6	協 ⑧ 화합할	俠 ⑨ 협기	峽 ⑩ 골짜기	挾 ⑪ 낄	浹 ⑪ 젖을	脅 ⑫ 갈빗대
형 15	兄 ⑤ 형님	刑 ⑥ 형벌	形 ⑦ 모양	亨 ⑦ 형통할	炯 ⑨ 빛날	型 ⑨ 모형
	洞 ⑨ 찰	珩 ⑩ 노리개	邢 ⑪ 나라이름	熒 ⑭ 등불	瑩 ⑮ 밝을	衡 ⑯ 저울대
	螢 ⑯ 반딧불	瀅 ⑲ 맑을	馨 ⑳ 꽃다울			
혜 9	兮 ④ 어조사	惠 ⑩ 은혜	彗 ⑪ 살별	惠 ⑫ 은혜	慧 ⑮ 슬기로울	憲 ⑮ 밝힐
	憓 ⑮	蕙 ⑯ 풀 이름	譓 ㉒ 슬기로울			
호 31	戶 ④ 집	互 ④ 서로	乎 ⑤ 어조사	好 ⑥ 좋을	虎 ⑧ 범	昊 ⑧ 하늘
	呼 ⑧ 부를	祜 ⑩ 복	扈 ⑪ 따를	胡 ⑨ 어찌	浩 ⑪ 넓을	晧 ⑪ 밝을

ㅇ/ㅎ(土 五行)

호 31	毫 ⑪ 터럭	壺 ⑫ 병	淏 ⑫ 맑을	皓 ⑫ 힐	號 ⑬ 이름	湖 ⑬ 호수
	琥 ⑬ 호박	豪 ⑭ 호걸	瑚 ⑭ 산호	滸 ⑮ 물가	澔 ⑯ 넓을	壕 ⑰ 해자
	濩 ⑱ 퍼질	濠 ⑱ 호수	鎬 ⑱ 호경	護 ㉑ 도울	顥 ㉑ 클	頀 ㉓ 구할
	灝 ㉕ 넓을					
혹 2	或 ⑧ 혹	惑 ⑫ 미혹할				
혼 5	昏 ⑧ 저물	婚 ⑪ 혼인할	混 ⑬ 섞일	渾 ⑬ 흐릴	魂 ⑭ 넋	
홀 2	忽 ⑧ 갑자기	惚 ⑫ 황홀할				
홍 11	弘 ⑤ 클	虹 ⑨ 무지개	紅 ⑨ 붉을	泓 ⑧ 물깊을	洪 ⑨ 넓을	烘 ⑩ 화톳불
	鉷 ⑭ 쇠뇌 고동	鴻 ⑰ 기러기				

ㅇ/ㅎ (土 五行)

화 13	化 ④ 될	火 ④ 불	禾 ⑤ 벼	和 ⑧ 화할	花 ⑧ 꽃	貨 ⑪ 재물
	畵 ⑫ 그림	畵 ⑬ 그림	話 ⑬ 말씀	華 ⑬ 빛날	禍 ⑭ 재앙	嬅 ⑮ 탐스러울
	樺 ⑯ 벚나무					
학 4	確 ⑮ 굳을	碻 ⑮ 굳을	穫 ⑲ 거둘	擴 ⑲ 넓힐		
환 15	丸 ③ 둥글	幻 ④ 환상	奐 ⑨ 빛날	桓 ⑩ 굳셀	患 ⑪ 근심	晥 ⑪ 환할
	喚 ⑫ 부를	渙 ⑬ 흩어질	換 ⑬ 바꿀	煥 ⑬ 불꽃	環 ⑱ 고리	還 ⑳ 돌아올
	鐶 ㉑ 고리	歡 ㉒ 기쁠	驩 ㉘ 기뻐할			
활 3	活 ⑨ 살	闊 ⑰ 넓을	潤 ⑱ 넓을			
황 13	皇 ⑨ 임금	況 ⑨ 하물며	晃 ⑩ 밝을	凰 ⑪ 봉황	黃 ⑫ 누를	荒 ⑫ 거칠

ㅇ/ㅎ (土 五行)

황 13	堭 ⑫ 당집	媓 ⑫ 어머니	煌 ⑬ 빛날	榥 ⑭ 책상	熿 ⑭ 이글거릴	滉 ⑭ 깊을
	璜 ⑰ 패옥					
회 14	回 ⑥ 돌아올	灰 ⑥ 재	廻 ⑨ 돌	恢 ⑩ 넓을	悔 ⑪ 뉘우칠	晦 ⑪ 그믐
	绘 ⑫ 그림	會 ⑬ 모일	誨 ⑭ 가르칠	檜 ⑰ 노송나무	澮 ⑰ 개천	繪 ⑲ 그림
	懷 ⑳ 품을					
획 2	劃 ⑭ 그을	獲 ⑱ 얻을				
횡 2	橫 ⑯ 가로	鐄 ⑲ 종				
효 8	爻 ④ 사귈	孝 ⑦ 효도	效 ⑧ 본받을	効 ⑩ 복받을	涍 ⑪ 물가	曉 ⑯ 새벽
	斅 ⑳ 가르칠	驍 ㉒ 날랠				

	○/ㅎ (土 五行)							
후 8	后 ⑥ 황후	侯 ⑨ 제후	厚 ⑨ 두터울	後 ⑨ 뒤	垕 ⑨ 두터울	候 ⑩ 기후	
	喉 ⑫ 목구멍	逅 ⑬ 만날					
훈 11	訓 ⑩ 가르칠	焄 ⑪ 향내	勛 ⑫ 공	塤 ⑬ 질나발	熏 ⑭ 불길	勳 ⑮ 공	
	勲 ⑯ 공	壎 ⑰ 질나발	燻 ⑱ 연기낄	薰 ⑳ 향풀	鑂 ㉒ 금빛투색할		
훤 3	喧 ⑫ 지껄일	暄 ⑬ 온난할	萱 ⑮ 원추리				
훼 1	毁 ⑬ 헐						
휘 6	揮 ⑬ 휘두를	暉 ⑬ 빛	煇 ⑬ 빛날	彙 ⑬ 고슴도치	輝 ⑮ 빛날	徽 ⑰ 표기	
휴 3	休 ⑥ 쉴	烋 ⑩ 아름다울	携 ⑬ 이끌				
흉 2	凶 ④ 흉할	胸 ⑫ 가슴					

ㅇ/ㅎ(土 五行)

흑1	黑⑫ 검을					
흔3	欣⑧ 기쁠	忻⑧ 성할	昕⑧ 해돋을			
흘1	屹⑥ 우뚝솟을					
흠1	欽⑫ 공경할					
흡4	吸⑦ 마실	恰⑩ 흡사할	洽⑩ 화할	翕⑫ 모일		
흥1	興⑮ 일					
희20	希⑦ 바랄	俙⑨ 비슷할	姬⑨ 여자	晞⑪ 마를	喜⑫ 기쁠	稀⑫ 드물
	熙⑬ 빛날	僖⑭ 기쁠	嬉⑮ 아름다울	熺⑯ 빛날	椿⑯ 길할	熹⑯ 밝을
	憙⑯ 기뻐할	噫⑯ 한숨 쉴	戲⑯ 희롱할	禧⑰ 복	義⑰ 슘	熙⑱ 빛날
	曦㉑ 햇빛	爔㉑ 불		☞	힐1	詰⑬ 꾸짖을

ㅅ/ㅈ/ㅊ(金 五行)

士③ 선비	巳③ 뱀	四④ 넉	司⑤ 맡을	史⑤ 사기	仕⑤ 섬길
糸⑥ 실	寺⑥ 절	死⑥ 죽을	私⑦ 사사로울	似⑦ 닮을	沙⑦ 모래
事⑧ 일	社⑧ 모일	舍⑧ 집	使⑧ 하여금	祀⑧ 제사	思⑨ 생각
査⑨ 조사할	泗⑧ 콧물	砂⑨ 모래	師⑩ 스승	紗⑩ 비단	娑⑩ 춤출
射⑩ 쏠	邪⑪ 간사할	蛇⑪ 긴 뱀	斜⑪ 비낄	徙⑪ 옮길	赦⑪ 용서할
捨⑪ 버릴	詞⑫ 말씀	詐⑫ 속일	斯⑫ 이	絲⑫ 실	奢⑫ 사치
嗣⑬ 이을	寫⑮ 베낄	賜⑮ 줄사	謝⑰ 사례할	辭⑲ 말씀	

사 41

	ㅅ/ㅈ/ㅊ(金 五行)					
삭 2	削 ⑨ 깎을	朔 ⑩ 초하루				
산 7	山 ③ 뫼	珊 ⑩ 산호	産 ⑪ 낳을	散 ⑫ 흩을	傘 ⑫ 우산	算 ⑭ 셈할
	酸 ⑭ 실					
살 2	殺 ⑪ 죽일	薩 ⑱ 보살				
삼 6	三 ③ 석	杉 ⑦ 삼나무	衫 ⑨ 적삼	參 ⑪ 석	森 ⑫ 수풀	蔘 ⑰ 삼
삽 2	挿 ⑪ 꽂을	插 ⑬ 꽂을				
상 27	上 ③ 윗	床 ⑦ 평상	狀 ⑧ 평상	尙 ⑧ 오히려	狀 ⑧ 형상	相 ⑨ 서로
	庠 ⑨ 학교	桑 ⑩ 뽕나무	常 ⑪ 떳떳할	爽 ⑪ 시원할	祥 ⑪ 상서	商 ⑪ 장사
	象 ⑫ 코끼리	喪 ⑫ 잃을	翔 ⑫ 날개	想 ⑬ 생각	詳 ⑬ 자세할	傷 ⑬ 다칠

ㅅ/ㅈ/ㅊ(金 五行)

상 27	湘 ⑫ 강이름	嘗 ⑭ 맛볼	塽 ⑭ 높고 밝은 땅	像 ⑭ 모양	裳 ⑭ 치마	賞 ⑮ 상줄
	箱 ⑮ 상자	霜 ⑰ 서리	償 ⑰ 갚을			
쌍 1	雙 ⑱ 쌍				새 1	塞 ⑬ 변방
색 4	色 ⑥ 빛	索 ⑩ 찾을	嗇 ⑬ 아낄	穡 ⑱ 거둘		
생 1	生 ⑤ 날					
서 43	西 ⑥ 서녘	序 ⑦ 차례	抒 ⑧ 풀	叙 ⑨ 펼	書 ⑩ 글	徐 ⑩ 천천히
	栖 ⑩ 쉴	恕 ⑩ 용서할	敍 ⑪ 펼	庶 ⑪ 여러	暑 ⑫ 더울	棲 ⑫ 쉴
	壻 ⑫ 사위	婿 ⑫ 사위	舒 ⑫ 펼	惰 ⑬ 슬기	瑞 ⑭ 상서	誓 ⑭ 맹세할
	緒 ⑮ 실마리	署 ⑮ 마을	諝 ⑰ 슬기	曙 ⑱ 새벽		

			人/ㅈ/ㅊ (金 五行)			
석 15	夕 ③ 저녁	石 ⑤ 돌	汐 ⑦ 조수	昔 ⑧ 예	析 ⑧ 쪼갤	秙 ⑩ 섬
	席 ⑩ 자리	惜 ⑫ 아낄	淅 ⑫ 일	晳 ⑫ 밝을	鉐 ⑬ 놋쇠	碩 ⑭ 클
	奭 ⑮ 클	錫 ⑯ 주석	釋 ⑳ 풀			
선 25	仙 ⑤ 신선	先 ⑥ 먼저	宣 ⑨ 베풀	扇 ⑩ 부채	船 ⑪ 배	旋 ⑪ 돌
	珗 ⑪ 옥돌	善 ⑫ 착할	琔 ⑫ 옥	渲 ⑬ 물적실	羨 ⑬ 부러워할	愃 ⑬ 잊을
	瑄 ⑭ 도리옥	銑 ⑭ 무쇠	嫙 ⑭ 예쁠	線 ⑮ 줄	嬋 ⑮ 고울	墡 ⑮ 백토
	璇 ⑯ 옥	禪 ⑰ 선	鮮 ⑰ 고울	膳 ⑱ 선물	繕 ⑱ 기울	璿 ⑱ 구슬
	選 ⑲ 가릴					

ㅅ/ㅈ/ㅊ (金 五行)

설 7	舌 ⑥ 혀	雪 ⑪ 눈	設 ⑪ 베풀	高 ⑪ 사람이름	楔 ⑬ 문설주	說 ⑭ 말씀
	薛 ⑱ 성씨					
섬 3	暹 ⑯ 나아갈	蟾 ⑲ 두꺼비	纖 ㉓ 가늘			
섭 4	涉 ⑪ 건널	葉 ⑮ 땅 이름	燮 ⑰ 불꽃	攝 ㉒ 다스릴		
성 17	成 ⑦ 이룰	姓 ⑧ 성씨	性 ⑧ 성품	星 ⑨ 별	省 ⑨ 살필	城 ⑩ 재
	娍 ⑩ 아름다울	晟 ⑪ 밝을	晠 ⑪ 밝을	盛 ⑫ 성할	珹 ⑫ 옥 이름	聖 ⑬ 성인
	惺 ⑬ 깨달을	誠 ⑭ 정성	理 ⑭ 옥빛	醒 ⑯ 깰	聲 ⑰ 소리	
세 7	世 ⑤ 인간	洗 ⑩ 씻을	細 ⑪ 가늘	稅 ⑫ 부세	貰 ⑫ 빌릴	歲 ⑬ 해
	勢 ⑬ 형세					

ㅅ/ㅈ/ㅊ(金 五行)

소 25	小③ 작을	少④ 적을	召⑤ 부를	所⑧ 바	昭⑨ 밝을	沼⑨ 못
	招⑨ 흔들릴	炤⑨ 밝을	玿⑩ 아름다운 옥	素⑩ 본디	笑⑩ 웃음	疏⑪ 소통할
	消⑪ 사라질	紹⑪ 이을	巢⑪ 새집	訴⑫ 호소할	掃⑫ 쓸	邵⑫ 높을
	疎⑫ 성길	韶⑭ 풍류 이름	燒⑯ 사를	遡⑯ 거스릴	蔬⑱ 나물	騷⑳ 떠들
	蘇㉒ 되살아날					
속 6	束⑦ 묶을	俗⑨ 풍속	粟⑫ 조	速⑭ 빠를	屬㉑ 무리	續㉑ 이을
손 4	孫⑩ 손자	巽⑫ 낮을	損⑬ 덜	遜⑰ 겸손할		
솔 2	帥⑨ 장수	率⑪ 거느릴				

ㅅ/ㅈ/ㅊ (金 五行)

송 7	宋 ⑦ 성씨	松 ⑧ 소나무	訟 ⑪ 송사할	淞 ⑫ 강 이름	頌 ⑬ 칭송할	送 ⑬ 보낼
	誦 ⑭ 외울					
쇄 2	刷 ⑧ 문지를	鎖 ⑱ 쇠사슬				
쇠 2	衰 ⑩ 쇠할	釗 ⑩ 쇠				
수 39	水 ④ 물	手 ④ 손	囚 ⑤ 가둘	守 ⑥ 지킬	收 ⑥ 거둘	秀 ⑦ 빼어날
	壽 ⑧ 목숨	受 ⑧ 받을	垂 ⑧ 거의	首 ⑨ 머리	帥 ⑨ 장수	殊 ⑩ 다를
	洙 ⑩ 물가	修 ⑩ 닦을	袖 ⑩ 소매	琇 ⑫ 옥돌	授 ⑫ 줄	須 ⑫ 모름지기
	脩 ⑬ 길	愁 ⑬ 근심	睡 ⑬ 졸음	銖 ⑭ 저울눈	壽 ⑭ 목숨	粹 ⑭ 순수할
	需 ⑭ 쓰일	搜 ⑭ 찾을	數 ⑮ 셈	誰 ⑮ 누구	穗 ⑮ 이삭	樹 ⑯ 나무

人/ス/ㅊ(金 五行)

수 39	遂 ⑯ 이를	輸 ⑯ 실을	雖 ⑰ 비록	穗 ⑰ 이삭	隋 ⑰ 나라	繡 ⑲ 수놓을
	獸 ⑲ 짐승	隨 ㉑ 뼛골	髓 ㉓ 뼛골			
숙 10	叔 ⑧ 아저씨	宿 ⑪ 잘	孰 ⑪ 누구	淑 ⑪ 맑을	肅 ⑫ 엄숙할	琡 ⑬ 구슬
	塾 ⑭ 글방	熟 ⑮ 익을	橚 ⑰ 즐지어 설	璹 ⑲ 옥그릇		
순 19	旬 ⑥ 열흘	巡 ⑦ 돌	盾 ⑨ 방패	純 ⑩ 순수할	殉 ⑩ 순장	洵 ⑩ 참으로
	珣 ⑪ 옥이름	順 ⑫ 순할	循 ⑫ 돌	荀 ⑫ 풀이름	筍 ⑫ 죽순	舜 ⑫ 순임금
	焞 ⑫ 밝을	淳 ⑫ 순박할	脣 ⑬ 입술	諄 ⑮ 타이를	醇 ⑮ 전국술	錞 ⑯ 악기이름
	瞬 ⑰ 깜짝일					
슬 3	戌 ⑥ 개	術 ⑪ 재주	述 ⑫ 지을			

	ㅅ/ㅈ/ㅊ(金 五行)					
숭 2	崇 ⑪ 숭상할	嵩 ⑬ 높을				
슬 3	瑟 ⑭ 큰거문고	膝 ⑰ 무릎	璱 ⑱ 푸른 구슬			
습 4	拾 ⑩ 주을	習 ⑪ 익힐	濕 ⑱ 젖을	襲 ㉒ 엄습할		
승 9	升 ④ 오를	丞 ⑥ 정승	昇 ⑧ 오를	承 ⑧ 이을	乘 ⑩ 탈	勝 ⑫ 이길
	僧 ⑭ 중	陞 ⑮ 오를	繩 ⑲ 노끈			
시 14	市 ⑤ 저자	示 ⑤ 보일	矢 ⑤ 화살	侍 ⑧ 모실	始 ⑧ 비로소	是 ⑨ 옳을
	屍 ⑨ 주검	施 ⑨ 베풀	柴 ⑨ 섶	恃 ⑩ 의지할	時 ⑩ 때	視 ⑫ 볼
	詩 ⑬ 글	試 ⑬ 시험				
씨 1	氏 ④ 각시					

	ㅅ/ㅈ/ㅊ (金 五行)					
식 12	式 ⑥ 법	食 ⑨ 밥	息 ⑩ 쉴	栻 ⑩ 점통	埴 ⑪ 찰흙	植 ⑫ 심을
	殖 ⑫ 번성할	植 ⑫ 심을	軾 ⑬ 수레나무	湜 ⑬ 물맑을	飾 ⑭ 꾸밀	識 ⑲ 알
신 15	申 ⑤ 납	臣 ⑥ 신하	辛 ⑦ 매울	伸 ⑦ 펼	身 ⑦ 몸	信 ⑨ 믿을
	神 ⑩ 신령	訊 ⑩ 물을	迅 ⑩ 빠를	紳 ⑪ 큰띠	晨 ⑪ 새벽	新 ⑬ 새
	莘 ⑬ 족두리풀	愼 ⑭ 삼갈	薪 ⑲ 섶			
실 5	失 ⑤ 잃을	実 ⑧ 열매	室 ⑨ 집	悉 ⑪ 다할	實 ⑭ 열매	
심 10	心 ④ 마음	沁 ⑧ 찾을	沈 ⑧ 성씨	甚 ⑨ 심할	深 ⑫ 깊을	尋 ⑫ 찾을
	審 ⑮ 살필					
십 3	什 ④ 열사람	十 ⑩ 열	拾 ⑩ 열			

	ㅅ/ㅈ/ㅊ(金 五行)					
자 18	子 ③ 아들	仔 ⑤ 자세할	字 ⑥ 글자	自 ⑥ 스스로	姉 ⑧ 누이	姊 ⑧ 누이
	刺 ⑧ 찌를	者 ⑨ 놈	姿 ⑨ 모양	恣 ⑩ 방자할	紫 ⑪ 자줏빛	瓷 ⑪ 사기그릇
	玆 ⑫ 불을	資 ⑬ 재물	雌 ⑬ 암컷	滋 ⑭ 부를	慈 ⑭ 사랑	磁 ⑮ 자석
작 8	作 ⑦ 지을	灼 ⑦ 불사를	昨 ⑨ 어제	芍 ⑨ 함박꽃	酌 ⑩ 술	雀 ⑪ 참새
	爵 ⑱ 벼슬	鵲 ⑲ 까치				
잔 1	殘 ⑫ 남을					
잠 5	暫 ⑮ 잠깐	箴 ⑮ 바늘	潛 ⑯ 잠길	潜 ⑱ 잠길	蠶 ㉔ 누에	
잡 1	雜 ⑱ 섞일					
장 30	丈 ③ 어른	庄 ⑥ 씩씩할	匠 ⑥ 장인	杖 ⑦ 지팡이	壯 ⑦ 장할	長 ⑧ 길
	奘 ⑩ 클	章 ⑪ 글	張 ⑪ 베풀	帳 ⑪ 장막	將 ⑪ 장수	場 ⑫ 마당
	粧 ⑫ 단장할	掌 ⑫ 손바닥	裝 ⑬ 꾸밀	莊 ⑬ 씩씩할	獎 ⑭ 권면할	葬 ⑮ 장사 지낼

ㅅ/ㅈ/ㅊ(金 五行)

장 30	暲 ⑮ 밝을	漳 ⑮ 물 이름	樟 ⑮ 녹나무	腸 ⑮ 창자	墻 ⑯ 담	璋 ⑯ 홀
	蔣 ⑯ 성씨	牆 ⑰ 담	薔 ⑲ 장미	障 ⑲ 막힐	藏 ⑳ 감출	臟 ㉔ 오장
재 15	才 ③ 재주	在 ⑥ 있을	再 ⑥ 두	材 ⑦ 재목	災 ⑦ 재앙	哉 ⑨ 어조사
	財 ⑩ 재물	宰 ⑩ 재상	栽 ⑩ 심을	梓 ⑪ 가래나무	裁 ⑫ 판결할	載 ⑬ 실을
	㉑渽 ⑬ 맑을	縡 ⑯ 일	齋 ⑰ 재계할			
쟁 2	爭 ⑧ 다툴	錚 ⑯ 쇳소리				
저 9	低 ⑦ 낮을	底 ⑧ 밑	抵 ⑨ 막을	沮 ⑨ 그칠	苧 ⑪ 모시풀	貯 ⑫ 쌓을
	邸 ⑫ 집	楮 ⑬ 닥나무	著 ⑮ 나타날			
적 15	赤 ⑦ 붉을	的 ⑧ 과녁	寂 ⑪ 고요할	笛 ⑪ 피리	迪 ⑫ 나아갈	跡 ⑬ 자취

부록 2. 인명용 한문자전 425

ㅅ/ㅈ/ㅊ(金 五行)						
적 15	賊 ⑬ 도둑	摘 ⑮ 들춰낼	滴 ⑮ 물방울	敵 ⑮ 대적할	積 ⑯ 쌓을	績 ⑰ 길쌈할
	適 ⑱ 맞을	蹟 ⑱ 자취	籍 ⑳ 문서			
전 23	田 ⑤ 밭	全 ⑥ 온전할	甸 ⑦ 경기	典 ⑧ 법	佺 ⑧ 신선 이름	前 ⑨ 앞
	栓 ⑩ 마개	展 ⑩ 펼	專 ⑪ 오로지	奠 ⑫ 정할	筌 ⑫ 통발	雋 ⑬ 들
	電 ⑬ 번개	詮 ⑬ 설명할	琠 ⑬ 구슬	傳 ⑬ 전할	塡 ⑬ 메울	殿 ⑬ 전각
	銓 ⑭ 저울질할	戰 ⑯ 싸움	錢 ⑯ 돈	轉 ⑱ 구를	顚 ⑲ 정수리	
절 5	切 ④ 끊을	折 ⑧ 꺾을	晢 ⑪ 밝을	絶 ⑫ 끊을	節 ⑬ 마디	
점 5	占 ⑤ 점령할	店 ⑧ 가게	点 ⑨ 점	漸 ⑮ 점점	點 ⑰ 점	
접 2	接 ⑫ 이을	蝶 ⑮ 나비				

ㅅ/ㅈ/ㅊ(金 五行)

丁② 고무래	井④ 우물	正⑤ 바를	汀⑥ 물가	叮⑦ 옥 소리	町⑦ 밭두둑
呈⑦ 드릴	廷⑦ 조정	征⑧ 칠	政⑧ 정사	定⑧ 정할	姃⑧ 단정할
亭⑨ 정자	柾⑨ 사람 이름	貞⑨ 곧을	訂⑨ 바로잡을	炡⑨ 빛날	庭⑩ 뜰
釘⑩ 못	涏⑪ 곧을	停⑪ 머무를	挺⑪ 빼어날	頂⑪ 정수리	偵⑪ 염탐할
桯⑪ 기둥	珽⑫ 옥 이름	程⑫ 한도	婷⑫ 예쁠	幀⑫ 그림 족자	晸⑫ 해 뜨는 모양
晶⑫ 맑을	情⑫ 뜻	淨⑫ 깨끗할	珵⑫ 패옥	淀⑫ 앙금	鼎⑬ 솥
湞⑬ 물 이름	鉦⑬ 징 소리	靖⑬ 편안할	楨⑬ 광나무	綎⑬ 가죽 띠	渟⑬ 물 괼
精⑭ 정할	禎⑭ 상서로울	鋌⑮ 칼날 세울	鋌⑮ 쇳덩이	靚⑮ 단장할	錠⑯ 덩이
靜⑯ 고요	静⑯ 고요할	整⑯ 가지런할	정⑰ 아름다울	鄭⑲ 나라	

ㅅ/ㅈ/ㅊ (金 五行)					
제 17	弟 ⑦ 아우	制 ⑧ 절제할	帝 ⑨ 임금	悌 ⑩ 공손할	梯 ⑪ 사다리	祭 ⑪ 제사
	第 ⑪ 차례	堤 ⑫ 둑	提 ⑬ 끌	製 ⑭ 지을	齊 ⑭ 가지런할	瑅 ⑮ 옥 이름
	除 ⑮ 덜	諸 ⑯ 모두	題 ⑱ 제목	濟 ⑱ 건널	際 ⑲ 모들	
조 28	弔 ④ 조상할	兆 ⑥ 조	早 ⑥ 이를	助 ⑦ 도울	祖 ⑩ 할아버지	租 ⑩ 조세
	祚 ⑩ 복	晁 ⑩ 아침	組 ⑪ 짤	釣 ⑪ 낚을	條 ⑪ 가지	窕 ⑪ 안존할
	彫 ⑪ 새길	鳥 ⑪ 새	曹 ⑪ 무리	眺 ⑪ 바라볼	措 ⑫ 둘	朝 ⑫ 아침
	詔 ⑫ 조서	照 ⑬ 비칠	肇 ⑭ 비롯할	趙 ⑭ 나라	造 ⑭ 지을	調 ⑮ 고를
	潮 ⑯ 밀물	燥 ⑰ 마를	操 ⑰ 잡을	遭 ⑱ 만날		
족 2	足 ⑦ 발	族 ⑪ 겨레				

	ㅅ/ㅈ/ㅊ (金 五行)					
존 2	存 ⑥ 있을	尊 ⑫ 높을				
졸 3	卒 ⑧ 마칠	拙 ⑨ 옹졸할				
종 14	宗 ⑧ 마루	倧 ⑩ 상고 신인	從 ⑪ 좇을	終 ⑪ 마칠	淙 ⑫ 물소리	悰 ⑫ 즐길
	椶 ⑫ 종려나무	琮 ⑬ 옥홀	種 ⑭ 씨	綜 ⑭ 모을	瑽 ⑯ 패옥 소리	縱 ⑰ 세로
	鍾 ⑰ 쇠북	鐘 ⑳ 쇠북				
좌 5	左 ⑤ 왼	佐 ⑦ 도울	坐 ⑦ 앉을	座 ⑩ 자리		
죄 1	罪 ⑭ 허물					
주 29	主 ⑤ 임금	朱 ⑥ 붉을	舟 ⑥ 배	州 ⑥ 고을	住 ⑦ 살	走 ⑦ 달릴
	周 ⑧ 두루	姝 ⑧ 예쁠	宙 ⑧ 집	炷 ⑨ 심지	注 ⑨ 부을	柱 ⑨ 기둥

	ㅅ/ㅈ/ㅊ (金 五行)					
주 29	奏⑨ 아뢸	姝⑨ 예쁠	柱⑩ 기둥	洲⑩ 물가	晝⑪ 낮	酒⑪ 술
	冑⑪ 투구	珠⑪ 구슬	註⑫ 글 뜻 풀	湊⑬ 모일	逎⑭ 닥칠	週⑮ 돌
	駐⑮ 머무를	遒⑯ 굳셀	澍⑯ 단비	疇⑲ 이랑	鑄㉒ 불릴	
죽 1	竹⑥ 대					
준 17	俊⑨ 준걸	峻⑩ 높을	埈⑩ 높을	隼⑩ 송골매	准⑩ 준할	浚⑪ 깊게 할
	晙⑪ 밝을	焌⑪ 구울	埻⑪ 과녁	竣⑫ 마칠	雋⑫ 영특할	畯⑫ 농부
	準⑭ 준할	儁⑮ 준걸	駿⑰ 준마	濬⑱ 깊을	遵⑲ 좇을	
줄 1	茁⑪ 싹					
중 3	中④ 가운데	仲⑥ 버금	重⑨ 무거울	衆⑫ 무리		

ㅅ/ㅈ/ㅊ(金 五行)						
즉1	卽 ⑨ 곧					
즐1	櫛 ⑲ 빗					
즙1	汁 ⑥ 즙					
증9	烝 ⑩ 김 오를	症 ⑩ 증세	曾 ⑫ 일찍	增 ⑮ 더할	蒸 ⑯ 찔	憎 ⑯ 미울
	甑 ⑰ 시루	贈 ⑲ 줄	證 ⑲ 증거			
지26	之 ④ 갈	支 ④ 지탱할	止 ④ 그칠	只 ⑤ 다만	至 ⑥ 이를	旨 ⑥ 뜻
	地 ⑥ 땅	志 ⑦ 뜻	池 ⑦ 못	址 ⑦ 터	枝 ⑧ 가지	知 ⑧ 알
	沚 ⑧ 물가	祉 ⑨ 복	紙 ⑩ 종이	指 ⑩ 가리킬	持 ⑩ 가질	祗 ⑩ 다만
	芝 ⑩ 지초	趾 ⑪ 발	脂 ⑫ 기름	智 ⑫ 슬기	誌 ⑭ 기록할	鋕 ⑮ 기록할

	ㅅ/ㅈ/ㅊ (金 五行)					
지 26	摯⑮ 잡을	遲⑲ 더딜				
직 5	直⑧ 곧을	稙⑬ 올벼	稷⑮ 피	職⑱ 직분	織⑱ 짤	
진 28	辰⑦ 별	抮⑨ 되돌릴	眞⑨ 참	珍⑩ 보배	晉⑩ 진나라	晋⑩ 나아갈
	津⑩ 나루	眞⑩ 참	秦⑩ 성씨	振⑪ 떨칠	軫⑫ 수레 뒷바퀴	診⑫ 진찰할
	塡⑬ 진정할	賑⑭ 구휼할	盡⑭ 다할	塵⑭ 티끌	溱⑭ 성할	進⑮ 나아갈
	禛⑮ 복 받을	陣⑮ 진 칠	震⑮ 우레	瑱⑮ 귀고리	瑨⑮ 옥돌	瑨⑮ 옥돌
	陳⑯ 베플	縉⑯ 고울	璡⑰ 옥돌	鎭⑱ 진압할		
질 5	姪⑨ 조카	秩⑩ 차례	疾⑩ 병	質⑮ 바탕	瓆⑳ 이름	
집 8	什④ 세간	執⑪ 잡을	集⑫ 모을	楫⑬ 노	輯⑯ 모을	潗⑯ 샘솟을

ㅅ/ㅈ/ㅊ(金 五行)

집 8	潗 ⑯ 샘솟을	鏶 ⑳ 판금				
징 3	澄 ⑮ 맑을	徵 ⑮ 부를	懲 ⑲ 징계할			
차 8	叉 ③ 갈래	且 ⑤ 또	次 ⑥ 버금	此 ⑥ 이	車 ⑦ 수레	借 ⑩ 빌릴
	差 ⑩ 다를	瑳 ⑮ 고울				
착 3	捉 ⑪ 잡을	着 ⑫ 붙을	錯 ⑯ 어긋날			
찬 13	粲 ⑬ 선명할	賛 ⑮ 도울	撰 ⑯ 지을	燦 ⑰ 빛날	澯 ⑰ 맑을	璨 ⑰ 옥빛
	贊 ⑲ 찬성할	纂 ⑳ 모을	讃 ㉒㉒ 도울	瓚 ㉔㉓ 옥잔	纘 ㉕㉕ 이을	讚 ㉖㉖ 기릴
	鑽 ㉗㉗ 뚫을					
찰 2	札 ⑤ 편지	察 ⑭ 살필				

부록 2. 인명용 한문자전 433

	ㅅ/ㅈ/ㅊ (金 五行)					
참 4	參⑪ 참여할	慘⑮ 참혹할	慚⑮ 부끄러울	慙⑮ 부끄러울		
창 13	昌⑧ 창성할	昶⑨ 해 길	倉⑩ 곳집	唱⑪ 부를	窓⑪ 창문	創⑫ 비롯할
	敞⑫ 시원할	滄⑭ 큰 바다	暢⑭ 화창할	彰⑭ 드러날	菖⑭ 창포	廠⑮ 공장
	蒼⑯ 푸를					
채 9	采⑧ 풍채	彩⑪ 채색	埰⑪ 사패지	寀⑪ 녹봉	採⑫ 캘	債⑬ 빚
	綵⑭ 비단	菜⑭ 나물	蔡⑰ 성씨			
책 4	冊⑤ 책	册⑤ 책	責⑪ 꾸짖을	策⑫ 꾀		
처 3	妻⑧ 아내	處⑪ 곳	悽⑫ 슬퍼할			
척 6	尺④ 자	斥⑤ 물리칠	坧⑧ 터	拓⑨ 넓힐	戚⑪ 친척	陟⑮ 오를

ㅅ/ㅈ/ㅊ(金 五行)

천11	千 ③ 일천	川 ③ 내	天 ④ 하늘	仟 ⑤ 일천	泉 ⑨ 샘	阡 ⑪ 두렁
	淺 ⑪ 얕을	踐 ⑮ 밟을	賤 ⑮ 천할	薦 ⑲ 천거할	遷 ⑲ 옮길	
철8	哲 ⑩ 밝을	喆 ⑫ 밝을	綴 ⑭ 엮을	徹 ⑮ 통할	澈 ⑯ 맑을	撤 ⑯ 거둘
	轍 ⑲ 바퀴 자국	鐵 ㉑ 쇠				
첨4	尖 ⑥ 뾰족할	添 ⑫ 더할	僉 ⑬ 다	瞻 ⑱ 볼	聽 ㉒㉓ 들을	廳 ㉕㉓ 관청
첩3	妾 ⑧ 첩	帖 ⑧ 문서	捷 ⑫ 빠를	☞	請 ⑮ 청할	청 ⑮ 청할
청8	青 ⑧ 푸를	青 ⑧ 푸를	清 ⑫ 맑을	청 ⑫ 맑을	晴 ⑫ 갤	청 ⑫ 갤
체5	替 ⑫ 바꿀	締 ⑮ 맺을	諦 ⑯ 살필	遞 ⑰ 갈릴	體 ㉓㉓ 몸	
초12	艸 ⑥ 풀	初 ⑦ 처음	抄 ⑧ 뽑을	肖 ⑨ 닮을	招 ⑨ 부를	草 ⑫ 풀

ㅅ/ㅈ/ㅊ (金 五行)

초 12	超⑫ 뛰어넘을	焦⑫ 탈	楚⑬ 초나라	樵⑯ 나무할	蕉⑱ 파초	礎⑱ 주춧돌
촉 3	促⑨ 재촉할	燭⑰ 촛불	觸⑳ 닿을			
촌 2	寸③ 마디	村⑦ 마을				
총 6	銃⑭ 총	聡⑭ 귀 밝을	總⑰ 다	聰⑰ 귀 밝을	叢⑱ 떨기	寵⑲ 사랑할
최 3	崔⑪ 성씨	最⑫ 가장	催⑬ 재촉할			
추 10	秋⑨ 가을	抽⑨ 뽑을	推⑫ 밀	追⑬ 쫓을	楸⑬ 가래	樞⑯ 지도리
	錐⑯ 송곳	錘⑯ 저울추	醜⑰ 추할	鄒⑰ 추나라		
축 8	丑④ 소	畜⑩ 짐승	祝⑩ 빌	軸⑫ 굴대	逐⑫ 쫓을	築⑯ 쌓을
	蓄⑯ 모을	縮⑰ 줄일				

	ㅅ/ㅈ/ㅊ (金 五行)					
춘 4	春 ⑨ 봄	椿 ⑬ 참죽나무	瑃 ⑭ 옥 이름	賰 ⑯ 넉넉할		
출 3	出 ⑤ 날					
충 9	充 ⑥ 채울	虫 ⑥ 벌레	冲 ⑥ 화할	忠 ⑧ 충성	沖 ⑧ 깊을	衷 ⑩ 속마음
	珫 ⑩ 귀고리 옥	衝 ⑮ 찌를	蟲 ⑱ 벌레			
췌 1	萃 ⑭ 모을					
취 8	吹 ⑦ 불	取 ⑧ 가질	臭 ⑩ 냄새	就 ⑫ 나아갈	翠 ⑭ 푸를	聚 ⑭ 모을
	醉 ⑮ 취할	趣 ⑮ 뜻				
측 2	側 ⑪ 곁	測 ⑫ 헤아릴				
층 1	層 ⑮ 층					

	ㅅ/ㅈ/ㅊ (金 五行)					
치 11	治 ⑧ 다스릴	致 ⑨ 이를	峙 ⑨ 언덕	值 ⑩ 값	恥 ⑩ 부끄러울	稚 ⑬ 어릴
	雉 ⑬ 꿩	馳 ⑬ 달릴	置 ⑭ 둘	齒 ⑮ 이	熾 ⑯ 성할	
칙 2	則 ⑨ 법칙	勅 ⑨ 경계할				
친 1	親 ⑯ 친할					
칠 2	七 ⑦ 일곱	漆 ⑮ 옻				
침 7	沈 ⑧ 잠길	枕 ⑧ 베개	侵 ⑨ 침노할	針 ⑩ 바늘	浸 ⑩ 잠길	琛 ⑬ 보배
	寢 ⑭ 잘					
칩 1	蟄 ⑰ 숨을					
칭 2	秤 ⑩ 저울	稱 ⑭ 일컬을				

ㅁ/ㅂ/ㅍ(水 五行)

마4	馬⑩ 말	麻⑪ 삼	瑪⑮ 차돌	磨⑯ 갈		
막3	莫⑬ 없을	漠⑮ 넓을	幕⑯ 장막			
만20	万③ 일만	晚⑪ 늦을	曼⑪ 길게 끌	漫⑮ 흩어질	慢⑮ 거만할	萬⑮ 일만
	滿⑮ 찰	蔓⑰ 덩굴	鏋⑲ 금	蠻㉕ 오랑캐		
말2	末⑤ 끝	茉⑪ 말리				
망8	亡③ 망할	妄⑥ 망령될	忘⑦ 잊을	忙⑦ 바쁠	罔⑨ 그물	望⑪ 바랄
	茫⑫ 아득할	網⑭ 그물				

ㅁ/ㅂ/ㅍ (水 五行)						
매 7	每 ⑦ 매양	妹 ⑧ 누이	埋 ⑩ 묻을	梅 ⑪ 매화	媒 ⑫ 중매	買 ⑫ 살
	賣 ⑮ 팔					
맥 2	麥 ⑪ 보리	脈 ⑩ 줄기				
맹 6	孟 ⑧ 맏	盲 ⑧ 어두울	猛 ⑫ 사나울	盟 ⑬ 맹세	萌 ⑭ 움	
면 7	免 ⑦ 면할	面 ⑨ 낯	勉 ⑨ 힘쓸	眠 ⑩ 잘	冕 ⑪ 면류관	棉 ⑫ 목화
	綿 ⑭ 이어질					
멸 1	滅 ⑭ 꺼질					
명 7	名 ⑥ 이름	明 ⑧ 밝을	命 ⑧ 목숨	冥 ⑩ 어두울	鳴 ⑭ 울	銘 ⑭ 새길
	溟 ⑭ 바다					

ㅁ/ㅂ/ㅍ (水 五行)

모 14	毛④ 터럭	矛⑤ 창	母⑤ 어머니	牟⑥ 클	某⑨ 아무	冒⑨ 무릅쓸
	募⑬ 모을	貌⑭ 모양	模⑮ 본뜰	摸⑮ 본뜰	慕⑮ 그릴	謀⑯ 꾀
	暮⑰ 저물	謨⑱ 꾀				
목 6	木④ 나무	目⑤ 눈	牧⑧ 칠	沐⑧ 머리 감을	睦⑬ 화목할	穆⑯ 화목할
몰 1	沒⑧ 빠질					
몽 2	夢⑭ 꿈	蒙⑯ 어릴				
묘 8	卯⑤ 토끼	妙⑦ 묘할	畝⑩ 이랑	苗⑩ 모	描⑬ 그릴	廟⑮ 사당
	墓⑯ 무덤	錨⑯ 닻				

ㅁ/ㅂ/ㅍ(水 五行)

무 14	无 ④ 없을	戊 ⑤ 천간	武 ⑧ 호반	拇 ⑨ 엄지손가락	畝 ⑩ 이랑	茂 ⑪ 무성할
	務 ⑪ 힘쓸	無 ⑫ 없을	貿 ⑫ 무역할	珷 ⑫ 옥돌	舞 ⑭ 춤출	撫 ⑯ 어루만질
	懋 ⑰ 무성할	霧 ⑲ 안개				
묵 2	墨 ⑮ 먹	默 ⑯ 잠잠할				
문 7	文 ④ 글월	門 ⑧ 문	汶 ⑧ 물이름	炆 ⑧ 따뜻할	紋 ⑩ 무늬	問 ⑪ 물을
	聞 ⑭ 들을					
물 2	勿 ④ 말	物 ⑧ 물건				
미 30	未 ⑤ 아닐	米 ⑥ 쌀	尾 ⑦ 꼬리	味 ⑧ 맛	弥 ⑧ 미륵	眉 ⑨ 눈썹
	美 ⑨ 아름다울	嵋 ⑪ 산	媄 ⑫ 아름다울	媚 ⑫ 예쁠	微 ⑬ 작을	迷 ⑬ 미혹할

\multicolumn{7}{c}{ㅁ/ㅂ/ㅍ(水 五行)}

미 15	渼 ⑬ 물놀이	彌 ⑰ 두루	薇 ⑲ 장미			
민 18	民 ⑤ 백성	旻 ⑧ 하늘	旼 ⑧ 화할	忞 ⑧ 힘쓸	岷 ⑧ 산 이름	玟 ⑨ 옥돌
	砇 ⑨ 옥돌	敃 ⑨ 강인할	泯 ⑨ 빠질	珉 ⑩ 옥돌	敏 ⑪ 민첩할	閔 ⑫ 성씨
	暋 ⑬ 굳셀	愍 ⑬ 근심할	頣 ⑭ 강할	慜 ⑮ 총명할	潤 ⑮ 물 흐를	憫 ⑮ 민망할
밀 2	密 ⑪ 빽빽할	蜜 ⑭ 꿀				
박 11	朴 ⑥ 성씨	泊 ⑨ 머무를	拍 ⑨ 칠	珀 ⑩ 호박	舶 ⑪ 배	博 ⑫ 넓을
	迫 ⑫ 핍박할	鉑 ⑬ 금박	撲 ⑯ 두드릴	璞 ⑰ 옥돌	薄 ⑲ 엷을	
반 13	反 ④ 돌이킬	半 ⑤ 반	伴 ⑦ 짝	叛 ⑨ 배반할	畔 ⑩ 밭두둑	般 ⑩ 가지

ㅁ/ㅂ/ㅍ (水 五行)

반 13	班⑩ 나눌	返⑪ 돌아올	飯⑬ 밥	斑⑫ 아롱질	盤⑮ 소반	磐⑮ 너럭바위
	潘⑮ 성씨					
발 6	拔⑨ 뽑을	發⑫ 필	鉢⑬ 바리때	渤⑬ 바다	髮⑮ 터럭	潑⑯ 물 뿌릴
방 15	方④ 모	坊⑦ 동네	彷⑦ 헤맬	妨⑦ 방해할	放⑧ 놓을	昉⑧ 밝을
	房⑧ 방	芳⑩ 꽃다울	倣⑩ 본뜰	訪⑪ 찾을	邦⑪ 나라	防⑫ 막을
	傍⑫ 곁	榜⑭ 방목할	龐⑲ 클			
배 13	杯⑧ 잔	盃⑨ 잔	拜⑨ 절	倍⑩ 곱	配⑩ 나눌	培⑪ 북돋을
	背⑪ 등	排⑫ 밀칠	湃⑬ 물결칠	裵⑭ 성씨	輩⑮ 무리	
	陪⑯ 도울					

	ㅁ/ㅂ/ㅍ (水 五行)					
백 7	白 ⑤ 흰	百 ⑥ 일백	伯 ⑦ 맏	佰 ⑧ 일백	帛 ⑧ 비단	柏 ⑨ 측백
	栢 ⑩ 잣나무					
번 6	番 ⑫ 차례	煩 ⑬ 번거로울	繁 ⑰ 번성할	蕃 ⑱ 우거질	翻 ⑱ 번역	飜 ㉑ 펄럭일
벌 3	伐 ⑥ 칠	閥 ⑭ 문벌	罰 ⑮ 벌할			
범 9	凡 ③ 무릇	犯 ⑥ 범할	帆 ⑥ 돛	氾 ⑥ 넘칠	汎 ⑦ 넓을	机 ⑦ 뗏목
	范 ⑪ 성씨	梵 ⑪ 불경	範 ⑮ 법			
법 1	法 ⑨ 법					
벽 3	碧 ⑭ 푸를	壁 ⑯ 바람	璧 ⑱ 구슬	闢 ㉑ 열		
변 6	卞 ④ 성씨	弁 ⑤ 고깔	辨 ⑯ 분별할	辯 ㉑ 말씀	邊 ㉒ 가	變 ㉓㉓ 변할

ㅁ/ㅂ/ㅍ (水 五行)

별 1	別 ⑦ 나눌					
병 18	丙 ⑤ 남녘	幷 ⑥ 아우를	兵 ⑦ 병사	並 ⑧ 나란히	竝 ⑧ 나란히	并 ⑧ 아우를
	秉 ⑧ 잡을	炳 ⑨ 불꽃	柄 ⑨ 자루	昞 ⑨ 불꽃	昺 ⑨ 불꽃	病 ⑩ 병
	倂 ⑩ 아우를	屛 ⑪ 병풍	棅 ⑫ 자루	甁 ⑬ 병	鉼 ⑭ 판금	軿 ⑮ 수레
보 13	步 ⑦ 걸음	甫 ⑦ 클	宝 ⑧ 보배	保 ⑨ 지킬	報 ⑫ 갚을	普 ⑫ 넓을
	堡 ⑫ 막을	補 ⑬ 기울	輔 ⑭ 도울	菩 ⑭ 보살	潽 ⑯ 물 이름	譜 ⑲ 족보
	寶 ⑳ 보배					
복 9	卜 ② 점	伏 ⑥ 엎드릴	服 ⑧ 옷	復 ⑫ 회복할	福 ⑭ 복	腹 ⑮ 배
	複 ⑮ 겹칠	鍑 ⑰ 솥	馥 ⑱ 향기			

	ㅁ/ㅂ/ㅍ (水 五行)					
본 1	本 ⑤ 근본					
봉 14	奉 ⑧ 받들	封 ⑨ 봉할	俸 ⑩ 녹	峰 ⑩ 봉우리	峯 ⑩ 봉우리	烽 ⑪ 봉화
	捧 ⑫ 받들	棒 ⑫ 막대	蜂 ⑬ 벌	琫 ⑬ 칼 장식	逢 ⑭ 만날	鳳 ⑭ 봉새
	鋒 ⑮ 칼날	蓬 ⑰ 쑥				
부 25	父 ④ 아버지	夫 ④ 지아비	付 ⑤ 줄	孚 ⑦ 기쁠	否 ⑦ 아닐	府 ⑧ 마을
	扶 ⑧ 도울	負 ⑨ 질	赴 ⑨ 다다를	芙 ⑨ 연꽃	符 ⑪ 부호	婦 ⑪ 며느리
	浮 ⑪ 뜰	副 ⑪ 버금	富 ⑫ 부유할	傅 ⑫ 스승	復 ⑫ 다시	附 ⑬ 붙을
	腐 ⑭ 썩을	溥 ⑭ 펼	賦 ⑮ 부세	部 ⑮ 떼	敷 ⑮ 펼	膚 ⑮ 살갗
	簿 ⑲ 문서					

ㅁ/ㅂ/ㅍ (水 五行)

북 1	北 ⑤ 북녘					
분 10	分 ④ 나눌	汾 ⑧ 클	奔 ⑨ 달릴	盆 ⑨ 동이	粉 ⑩ 가루	紛 ⑩ 어지러울
	芬 ⑩ 향기	墳 ⑮ 무덤	憤 ⑯ 분할	奮 ⑯ 떨칠		
불 4	不 ④ 아닐	弗 ⑤ 아닐	佛 ⑦ 부처	彿 ⑨ 비슷할		
붕 3	朋 ⑧ 벗	崩 ⑪ 무너질	鵬 ⑲ 붕새			
비 20	比 ④ 견줄	妃 ⑥ 왕비	庇 ⑦ 덮을	批 ⑧ 비평할	非 ⑧ 아닐	枇 ⑧ 비파
	卑 ⑧ 낮을	飛 ⑨ 날	秘 ⑩ 숨길	祕 ⑩ 숨길	肥 ⑩ 살찔	婢 ⑪ 여자 종
	悲 ⑫ 슬플	備 ⑫ 갖출	扉 ⑫ 사립문	費 ⑫ 쓸	碑 ⑬ 비석	琵 ⑬ 비파
	鼻 ⑭ 코	譬 ⑳ 비유할				

ㅁ/ㅂ/ㅍ (水 五行)

파 12	巴 ④ 꼬리	坡 ⑧ 언덕	杷 ⑧ 비파나무	波 ⑨ 물결	把 ⑨ 잡을	派 ⑩ 갈래
	破 ⑩ 깨뜨릴	芭 ⑩ 파초	琶 ⑬ 비파	頗 ⑭ 자못	罷 ⑯ 마칠	播 ⑯ 뿌릴
판 6	判 ⑦ 판단할	坂 ⑦ 언덕	板 ⑧ 널빤지	版 ⑨ 판목	販 ⑪ 팔	阪 ⑫ 언덕
팔 1	八 ⑧ 여덟					
패 6	貝 ⑦ 조개	佩 ⑧ 찰	敗 ⑪ 패할	浿 ⑪ 강 이름	牌 ⑫ 패	霸 ㉑ 으뜸
팽 2	彭 ⑫ 성씨	澎 ⑮ 물소리				
편 7	片 ④ 조각	便 ⑨ 편할	扁 ⑨ 작을	偏 ⑪ 치우칠	篇 ⑮ 책	編 ⑮ 엮을
	遍 ⑯ 두루					

ㅁ/ㅂ/ㅍ (水 五行)					
평 5	平 ⑤ 평평할	坪 ⑧ 들	枰 ⑨ 바둑판	泙 ⑨ 물소리	評 ⑫ 평할	
폐 7	肺 ⑩ 허파	閉 ⑪ 닫을	廢 ⑮ 폐할	弊 ⑮ 폐단	陛 ⑮ 천지	幣 ⑮ 화폐
	蔽 ⑱ 덮을					
포 11	布 ⑤ 베	包 ⑤ 쌀	抱 ⑨ 안을	砲 ⑩ 대포	捕 ⑩ 잡을	胞 ⑪ 세포
	浦 ⑪ 물가	飽 ⑭ 배부를	葡 ⑮ 포도	褒 ⑮ 기릴	鋪 ⑮ 펼	
폭 3	幅 ⑫ 폭	暴 ⑮ 사나울	爆 ⑲ 터질			
표 8	杓 ⑦ 북두자루	表 ⑨ 겉	豹 ⑩ 표범	票 ⑪ 표	彪 ⑪ 범	標 ⑮ 표할
	漂 ⑮ 뜰	驃 ㉑㉑ 날쌘				
품 2	品 ⑨ 물건	稟 ⑬ 여쭐				

ㅁ/ㅂ/ㅍ (水 五行)						
풍 4	風 ⑨ 바람	楓 ⑬ 단풍	豊 ⑬ 풍년	豐 ⑱ 풍년		
피 5	皮 ⑤ 가죽	彼 ⑧ 저	疲 ⑩ 피곤할	被 ⑪ 입을	避 ⑳ 피할	
필 11	匹 ④ 짝	必 ⑤ 반드시	佖 ⑦ 점잖을	泌 ⑨ 스며흐를	珌 ⑩ 칼장식	苾 ⑪ 향기로울
	畢 ⑪ 마칠	弼 ⑫ 도울	筆 ⑫ 붓	鉍 ⑬ 창자루	馝 ⑭ 향기	

부록-대법원 선정 인명용 한자 8,142자

인명용 한자표

(가족관계의 등록 등에 관한 규칙 제37조)

한글	한문 교육용 기초한자 (2007. 8. 현재)	인명용 추가 한자 및 허용 한자	
		별표1	별표2
가	家佳街可歌加架暇	嘉伽家稼茄賈駕迦枷柯呵哥珂痂苛茄	
각	各角脚閣却覺刻	珏恪殼卻咯埆擱桷	
간	干間看刊肝幹簡姦懇	艮侃杆竿揀諫墾慳栞桿澗癎看稈衎赶迂	杆(桿) 癎(癇)
갈	渴	葛乫喝曷碣竭褐蝎鞨噶楬秸羯蠍	
감	甘減感敢監鑑	堪塉坎嵌憾戡柑橄疳紺邯龕玲歛轗欿酣鹼	鑑(鑒)
갑	甲	鉀匣胛閘	
강	江降講强剛鋼綱	杠堈岡崗姜橿彊慷畺疆糠絳羌腔舡薑襁鱇江堽江	强(強) 鋼(鋼) 綱(綱)
개	改皆個開介概蓋	价凱溉塏愷慨漑芥豈鎧玠剴匃揩槪磕闓	個(箇) 蓋(盖)

한글	한문 교육용 기초한자 (2007. 8. 현재)	인명용 추가 한자 및 허용 한자	
		별표1	별표2
가	客	喀	
갱	更	坑粳羹硜鏗	
갹		醵	
거	去巨居車擧距拒據	渠遽胠祛袪鉅炬倨踞据祛裾 居莒蘧齢筥筥莒踞腒	
건	建乾件健	巾虔愆腱鍵蹇騫搴湕漧鞬楗	建(湕)乾(漧)
걸	傑乞	桀乞朅榤	傑(杰)
검	儉劍檢	險芡黔鈐劫	劍(劒)
겁		劫怯	
게		揭偈憩	
격	格擊激隔	檄膈覡挌骼鬲骼	
견	犬見堅肩絹遣	鵑甄繭譴狷畎筧繾縳羂鰹	
결	決結潔缺	訣抉炔関契	潔(潔)
겸	兼謙	鎌慊箝鉗岭歉縑蒹鼸黚	

한글	한문 교육용 기초한자 (2007. 8. 개정)	인명용·추가 한자 및 허용 한자	
		별표1	별표2
경	京景經耕敬驚輕竟境頃鏡慶竸頃徑卿	倞鯨莖涇硬勁扃更梗|梗|瓊|徑|涇 耿頃潁冏焗礩剄綱|璥|頸|頸|鶊 勍涇憬曔敻暻熲刦|京|癸|癸|牼 倞輕儆鏡褧譻颥黥	卿(卿) 冏(囧) 景(暻) 檠(橄) 京(亰) 璟(璄)
계	癸季界計溪鷄系械戒繼契桂啓階	誡烓屆悸堦揆痵谿緊屆禊冀鮭 雞炷髻	界(堺) 谿(磎)
고	古故固苦考高告枯姑庫孤鼓稿顧	叩敲暠呆拷槁沽痼睾羔股膏雇 敍觚袴辜詁鈷誥賈鑞估牯梏涸 稿翱胯觚郜酤靠鴣鵠	考(攷) 皐(皋)
곡	谷曲穀哭	斛穀||
곤	困坤	昆崑琨錕梱棍滾鯤袞堃髡悃捆緄 裩褌閫髡鵾鶤	袞(衮)
골	骨	汨滑榾鶻	

한글	한문 교육용 기초한자 (2007. 8. 현재)	인명용 추가 한자 및 허용 한자	
		별표1	별표2
공	工功空公孔供恭攻恐貢	拱控珙鞏輂倥崆栱箜蛩贛跫	
곶		串	
과	果課過	菓跨鍋顆夸撾猓稞窠	
곽	郭	廓槨藿霍癨	
관	官觀關館管慣冠寬	款琯錧灌瓘梡綰鑵鸛	館(舘) 寬(寛)
괄		括刮恝适佸栝	
광	光廣鑛狂	侊洸珖桄匡曠胱	廣(広) 光(茪·耾)
괘	掛	卦罫挂咼詿	
괴	塊愧怪壞	乖拐槐魁媿廥瑰蒯襘	
괵		馘	
굉		宏紘肱轟浤觥	

한글	한문 교육용 기초한자 (2007. 8. 현재)	인명용 추가 한자 및 허용 한자 별표1	별표2
교	交校橋敎郊較巧矯	僑喬餃驕鮫嗧攪膠咬佼嶠筊皎晈姣絞皎翹蕎嬌咬	敎(教)
구	九口求救舊驅丘具俱狗區苟拘狗懼龜構球權龜構	玖寇鉤銶劬矩邱歐毆璩柩昫姁屨謳覯裘鞠麹駒駒吿苟坵屨拘緱遭恂毆媾彀媾彀篝婁鞠麹駒駒吿苟坵屨拘緱遭恂毆媾彀媾彀篝婁	丘(坵) 蒿(蒿) 廄(廐)
국	國菊局	鞠鞫麴毱掬	國(国)
군	君郡軍群	箟裙桾皸	
굴	屈	窟掘倔崛詘	
궁	弓宮躬	躬穹芎躳	
권	券權勸卷拳	圈眷倦捲劵惓睠綣蜷	權(権)
궐	厥	闕獗蕨蹶	
궤	軌	机繢跪餽闠 几劂匱饋撌潰氿簋	

한글	한문 교육용 기초한자 (2007. 8. 현재)	인명용 추가 한자 및 허용 한자	
		별표1	별표2
귀	貴歸鬼	句晷龜	龜(龜)
규	叫規糾	主奎珪揆葵赳頍槻硅閨邽 湀達到煃馗潙暌楏樛嫢嬀閨 頍湀馗邽硅	糾(糺)
균	均菌	畇鈞筠勻龜覠囷麕	勻(勻) 龜(龜)
귤		橘	
극	極克劇	剋隙戟亟尅屐郄	
근	近勤根斤僅謹	墐槿瑾嫤筋劤懃芹菫覲饉廑觔赾	
글		契勎	
금	金今禁錦禽琴	衾襟昑檎芩黅笒唫噙嶔澿등黚黅錦芩唫衾	
급	及給急級	汲伋扱圾岌礏笈	
긍	肯	亘兢矜肯	亘(亙)

한글	한문 교육용 기초한자 (2007. 8. 현재)	별표1 인명용 추가 한자	별표2 인명용 허용 한자
기	己 記 起 其 期 基 氣 技 忌 旗 旣 紀 奇 騎 寄 棄 祈 企 饑 器 機	淇 琪 璂 祺 錤 麒 玘 杞 埼 崎 琦 綺 錡 箕 岐 汽 沂 耆 璣 磯 譏 璣 暣 伎 夔 芰 剞 哛 祁 祇 羈 嗜 稽 榿 低 欹 歧 皈 忯 蟣 肌 玂 碁 朞 蘷 基 歧 禨 旣 跂 蹟 蘷 芰 所 鼓 斧 薹 臮 機 覬 隑 嘰 碩 鬐 譏 饉 鱀 鰭	棋(碁) 磯(礀)
긴	緊		
길	吉	佶 桔 姞	
김		金	
끽		喫	
나	那	奈 柰 娜 拏 儒 喇 拿 挐 挪 儺 拏	
낙	諾		
난	暖 難	煖 偄 便 餪	
날		捺 捏	
남	南 男	楠 湳 枏 喃	
납	納	衲	

한글	한문 교육용 기초한자 (2007. 8. 현재)	인명용 추가 한자 및 허용 한자	
		별표1	별표2
냥	娘	囊 孃	
내	內乃奈耐	柰 嬭 迺 鼐	
녀	女		
년	年	碾	年(秊)
념	念	拈 捻	
녑		惗	
녕	寧	佞 儜 嚀 獰	寧(寗)
노	怒奴努	弩 駑 猱 瑙	
농	農	膿 濃 儂 穠 醲	
뇌	腦惱	餒	
뇨		尿 撓 嫋 嬲 淖 鐃	
누		耨 啂	
눈		嫩	
눌		訥 肭	
뉴		紐 鈕 杻 狃	

한글	한문 교육용 기초한자 (2007. 8. 현재)	인명용 추가 한자 및 허용 한자	
		별표1	별표2
뉵		衄	
능	能		
니	泥	尼 柅 濔 膩 眤 憹 呢 怩 祢 禰	
닉		匿 溺	
닐		昵 暱	
다	多 茶	爹 袤 楺 爹 觰	多(夛)
단	丹 但 單 短 端 旦 段 壇 檀 斷 團	緞 鍛 亶 彖 湍 簞 蛋 袒 鄲 煓 旦 担 慱 椴 溥 癉 耑 胆 腶 蜑	
달	達	撻 澾 獺 疸 妲 怛 闥 靼 韃	
담	談 淡 擔	譚 膽 澹 覃 啖 坍 憺 曇 湛 痰 聃 蕁 錟 潭 倓 啿 埮 炎 儋 啗 噉 壜 壜 毯 禫 罎 薝 郯 黮 黵	
답	答 畓 踏	沓 遝	
당	堂 當 唐 糖 黨	塘 鐺 撞 幢 戇 棠 螳 倘 儻 搪 檔 溏 瑭 璫 瞠 礑 蟷 襠 讜 鎲 餳 餹	
대	大 代 待 對 帶 臺 貸 隊	垈 玳 袋 戴 擡 旲 岱 黛 昊 嚉 懟 懟 汏 碓 鐓	臺(坮) 擡(抬)

한글	한문 교육용 기초한자 (2007. 8. 현재)	인명용 추가 한자 및 허용 한자	
		별표1	별표2
댁		宅	
덕	德		德(悳・惪)
도	刀到度道 島倒圖徒 都桃挑跳 逃渡陶塗 稻導盜塗 讀獨毒 篤	堵棹燾壔鍍 睹賭藉蹈屠捯 悼掏搯佻絢鯛叨 淘搗淊濤兔除闍 纛磴韜饕 瀆贖櫝禿 纛	
돈	豚敦	墩惇暾頓旽	
돌	突	乭咄堗	
동	同洞童冬 東動銅凍	棟童桐疼瞳胴桶烔 權侗僮衕憧潼朣曈	同(仝)
두	斗豆頭	杜枓兜荳逗阧枓斁肚脰斢	
둔	鈍屯	遁臀遯芚迍	
득			

한글	한문 교육용 기초한자 (2007. 8. 현재)	인명용 추가 한자 및 허용 한자	
		별표1	별표2
득	得	藤	
등	等 登 橙 騰	螣 鄧 橙 凳 燈 膳 鐙	
라	羅	喇 懶 賴 羅 瀨 癩 糯 何	
락	洛 樂 絡	酪 駱 洛 烙	
란	卵 亂 蘭 欄	瀾 蘭 嬾 欄 鸞 灤 斕 闌	
랄		剌 辣	
람		嵐 攬 籃 藍 襤 婪 壈 惏	擥(擥・擥)
랍		拉 臘 蠟 鑞	
랑	浪 郎 廊	琅 狼 朗 烺 駺 閬 稂 莨	娘(嬢) 郞(郎)
래	來	崍 萊 倈 淶 騋	來(来・倈)
랭	冷		

한글	한문 교육용 기초한자 (2007. 8. 현재)	인명용 추가 한자 및 허용 한자	
		별표1	별표2
략	略掠	畧	
량	良兩量涼梁糧諒	亮倆樑粱輛駺俍喨悢踉閬	糧(粮) 涼(凉)
려	旅麗慮勵	呂侶閭黎儷廬戾櫚藜濾礪驢驪	
력	力歷曆	瀝礫轢霳攊皪櫟酈	
련	連練鍊憐聯戀蓮	煉璉攣漣輦變鏈鰱鍊	
렬	列烈裂劣	洌冽捩挒颲	
렴	廉	濂簾斂殮瀲	
렵	獵	躐鬣	
령	令領嶺零靈	伶玲昤囹綾翎聆逞另呤吟齡囹	岺(岑)
례	例禮隷	澧醴隸鱧	禮(礼)

한글	한문 교육용 기초한자 (2007. 8. 첨제)	인명용 추가 한자 및 허용 한자 별표1	별표2
로	路 露 老 勞 爐	魯 盧 鷺 壚 擄 櫓 潞 瀘 璐 虜 輅 鱸 艫 鑪 顱 鸕 艪 艣 窂 簬 簵 鏴 輅 轤	虜(虜)
록	綠 祿 錄 鹿	彔 碌 菉 麓 淥 漉 簏 轆 騼	
론	論		
롱	弄	瀧 瓏 籠 聾 朧 壟 弄 儱 攏 曨 礱 蘢 隴	
뢰	雷 賴	瀨 儡 牢 磊 賂 賚 耒 攂 礌 礧 籟 纇 罍 蕾 誄 酹	賴(頼)
료	料 丁 僚	遼 寮 廖 燎 療 瞭 繚 蓼 暸 撩 噸 嘹 嫽 撩 獠 繆 醪 鐐 飂 飉	
룡	龍	龒	龍(竜)
루	屢 樓 累 漏	壘 婁 瘻 縷 蔞 褸 鏤 陋 慺 熡 嶁 耬 蕌 僂 嘍 瘻	
류	柳 留 流 類	琉 劉 硫 榴 溜 瀏 謬 橊 瑠 鶹 旒 塯 嶒 騮 鏐 飀	琉(瑠)
륙	六 陸	戮 勠	

한글	한문 교육용 기초한자 (2007. 8. 현재)	인명용 추가 한자 및 허용 한자	
		별표1	별표2
륜	倫 輪	侖 崙 崘 淪 錀 圇 掄	崙(崘)
률	律 栗 率	慄 稞 瑮 溧	
륭	隆	癃 窿	
륵		勒 肋 泐	
름		凜 廩 菻 澟	凜(凛)
릉	陵	綾 菱 稜 倰 蔆	楞(楞)
리	里 理 利 李 吏 離 履 裏	俚 莉 璃 俐 唎 浬 狸 痢 籬 罹 羸 釐 鯉 裡(裏) 埋(厘) 離(离) 犁(犂)
린	鄰	潾 潾 璘 麟 獜 橉 鱗 繗 嶙 悋 躪 鏻 撛 鄰(隣) 麟(麐)
림	林 臨	琳 霖 淋 棽 玲 痳	
립	立	笠 粒 砬	
마	馬 麻 磨	瑪 摩 瘭 碼 痲 媽 劘 螞 蟇 麽	

한글	한문 교육용 기초한자 (2007. 8. 쵀제)	인명용 추가 한자 및 허용 한자	
		별표1	별표2
막	莫幕漠	寞邈膜	
만	萬晚滿慢漫	曼蔓鏋縵 卍挽婉 彎縊 輓饅鰻彎	萬(万)
말	末	茉沫襪帕 秣	
망	亡忙忘望 茫妄罔	網芒輞邙莽網 汒澌魍	莽(莽) 望(望)
매	每買妹 梅埋媒	寐枚煤罵 酶苺 邁魅 呆楳沫玫昧苺	
맥	麥脈	貊陌驀 貘貘	
맹	孟猛盟盲	萌氓甍虻	
멱		冪覓 幎	
면	免勉面眠 綿	冕棉沔眄麵俛湎緬	麵(麵)
멸	滅	蔑篾 蠛	

한글	한문 교육용 기초한자 (2007. 8. 회제)	인명용 추가 한자 및 허용 한자	
		별표1	별표2
명	名命明鳴冥	洺皿暝茗嫇酩㝠佲眀鴫	
몌		袂	
모	母毛暮某謀模貌募慕冒侮	摸牟姆帽摹謨牡眸髦侔 眉耗芼茅矛嘄蝥蟊髳	
목	木目牧睦	穆鶩沐苜	
몰	沒	歿	
몽	夢蒙	朦曚溕濛瞢曇幪懞蠓 鸏	
묘	卯妙苗廟墓	描錨昴杳渺猫淼眇藐貓	妙(玅)
무	戊茂武務無舞貿霧	拇珷毋巫誣憮撫碔橅儛鵡廡膴蕪騖 騖	無(无)
묵	墨默	嘿	

한글	한문 교육용 기초한자 (2007. 8. 현재)	인명용 추가 한자 및 허용 한자	
		별표1	별표2
문	門問聞文	汶 炆 們 刎 紊 雯 抆 俛 悗 押 璊	
물	勿物	沕	
미	米未味美尾迷微眉	渼 媄 彌 媚 侎 渳 湄 謎 敉 麋 瀰 薇 嵄 娓 煝 嵋 洣 瑂 枾 蘪 躾	彌(弥)
민	民敏憫	玟 旻 旼 閔 珉 岷 忞 慜 敃 潣 暋 頣 泯 笢 緡 顝 繁 冺 鈱 脗 磩 忟	旼(旻・潣) 志(忟)
밀	密蜜	謐 樒 滵	
박	泊拍迫朴博薄	珀 撲 鉑 剝 樸 毫 欂 鏄 牔 駮	
반	反飯半般班返叛伴	畔 頒 潘 磐 拌 搬 攀 斑 盼 磻	
발	發拔髮	潑 鉢 勃 撥 跋 醱 魃 哱 浡 脖 鈸 鵓	

한글	한문 교육용 기초한자 (2007. 8. 개제)	인명용 추가 한자 및 허용 한자	
		별표1	별표2
방	方房防放訪芳傍做邦	坊仿厖榜庬旁滂磅紡肪舫髣鲂	幫(幇)
배	拜杯倍培配排輩背	陪裵湃徘俳焙胚褙賠北陪貝坏扒	杯(盃) 裴(裵)
백	白百伯	佰帛魄柏苔趄珀	柏(栢)
번	番煩繁飜	蕃幡幡磻藩膰繁袢	飜(翻)
벌	伐罰	閥筏橃罸	
범	凡犯範	帆机氾汎梵泛釩渢訊颯	
법	法	琺	
벽	壁碧	壁闢劈擘檗璧癖霹襞鼊鷿	檗(蘗)
변	變辯辨邊	卞弁便釆忭抃籩胼腁賆駢骿鴘	

- 18 -

한글	한문 교육용 조한자 (2007. 8. 현재)	인명용 추가 한자 및 허용 한자	
		별표1	별표2
별	別	瞥 徹 瞥 瞥 鱉 鳖 憋 弊 瞥 弊	鱉(鳖)
병	丙病兵並屏	幷 倂 瓶 鮃 迸 餅 舸 炳 晒 柄 棅 竝 柄 餅 鉼 瓶	竝(並) 柄(棅) 晒(昺) 餅(餅)
보	保步報普譜補寶	堡 甫 菩 輔 潽 溥 珤 葆 靈 鸨 鴇 晡 盡 簠 葆	寶(宝·珤·玜) 步(歩)
복	福伏服復腹覆腹卜	馥 餞 僕 輻 蝠 朋 鰒 匐 茯 菔 輹 馥 樸 扑 濮	
본	本		
볼		乭	
봉	奉峯峰蜂封鳳	俸 捧 琫 鋒 峯 烽 棒 逢 縫 漨 瓦 丰 峯 蓬	峯(峰) 蓬(漨)

한글	한문 교육용 기초한자 (2007. 8. 개제)	인명용 추가 한자 및 허용 한자	
		별표1	별표2
부	夫扶父富 部婦否浮 付符附府 腐負副簿 赴賦	孚芙傅溥敷復不俯 腑孵斧復膚跗剖咐 拊抬捊桴榑祔符缶 趺䮕䄳裒袝罘苻罦 麩鮒頫	
북	北		
분	分紛粉奔 墳憤奮	汾芬盆吩噴忿扮昐 盼焚賁雰 顐	
불	不佛拂	彿弗敀韍髴紱艴	
붕	朋崩	鵬棚硼繃鬅漰	
비	比非悲飛 鼻備批卑 婢碑妃肥 祕費	庇枇琵扉譬丕匕匪 泌毖毘沸泚痺砒秕粃 緋翡臂菲蜚匱碑 俾俾埤妣屁庀敀榌 梐榧毞淝濞狉狒貔郫 閟陴饛騑騛髀鼙圮 腓剕腓	祕(秘) 毗(毘)

한글	한문 교육용 기초한자 (2007. 8. 현재)	인명용 추가 한자 및 허용 한자	
		별표1	별표2
빈	貧賓頻	彬斌璸儐 濱嬪檳 償殯贇 擯 瀕顰 牝 鬢	彬(份)
빙	氷聘	憑騁 娉	
사	四巳士仕寺射謝師舍死思私絲司詞蛇捨邪賜斜似查寫辭社祀	泗唆竢 砂梭柶 糸梳紗 奢渣姿 徙獅寫 冩衙祠 嗣卸剚 死馹駛 俟鉐鯊 姒灺些 婆裟汜 楂樹 氾莎駛 奓篒 僿 俟馴 麝 籭蜡	
삭	削朔	數索爍搠 櫟槊	
산	山産散算	珊刪汕疝 祘涖霰酸 撒潸潸鏟 蒜 訕 孿 產 僝 劑 姍	
살	殺	薩 撒	
삼	三	參蔘杉衫滲參彡 森穇 鈠髮	
삼		挿澁釤颯 卅唼歃 鈒霅翣	插(挿)

한글	한문 교육용 기초한자 (2007. 8. 첨제)	인명용 추가 한자 및 허용 한자	
		별표1	별표2
상	上尙常賞商相霜想傷喪嘗裳像詳象床桑狀償	庠湘箱爽孀翔殤晌陽橡廂粻餉樣牀償顙	
새	塞	璽賽鰓	
색	色索	嗇穡塞漩濇	
생	生	牲甥省笙鉎	
서	西序書署徐庶敍緖署恕誓逝	抒舒瑞曙壻諝惰偦墅嶼犀筮絮揟架胥撕	敍(叙・敘)楼(栖・捿)嗓(顫)惰(怠)壻(婿)婿(胥)
석	石夕昔惜席析釋	碩奭汐晳柘鉐錫潟舃鼫矽	晳(晰)

한글	한문 교육용 기초한자 (2007. 8. 고제)	인명용 추가 한자 및 허용 한자	
		별표1	별표2
선	先仙鮮線善船選旋禪	扇 洗 琁 珖 璿 琒 嫙 銑 珗 嬋 愃 墡 膳 鐥 癬 腺 蘚 詵 敾 亘 煽 瑄 璇 暶 羨 線 渲 瑨 琁 筅	膳(饍)
설	雪說舌	設 泄 洩 屑 楔 槭 紲 蔎 契 偰 揲 撲 碟 稧 禼 鱈	卨(高)
섬		纖 暹 剡 殲 贍 閃 陝 孅 憸 摻 譫 銛	
섭	涉攝	燮 葉 變 欆 聾 躞 囁 鑷 顳	
성	姓性成城誠盛省聖星聲	娍 宬 猩 筬 腥 貹 胜 成 城 晟 誠	晟(晟・珹) 聖(聖)
세	世洗稅細勢歲	貰 笹 說 忕 涗 帨 繐 蛻	
소	小少所消素笑召昭蘇騷燒訴掃疏蔬	沼 邵 炤 韶 巢 遡 銷 塑 宵 騷 霄 曜 劭 瘙 搔 梳 穌 疎 箾 筱 綃 繅 繰 璅 篠 簫 蕭 瀟 嘯 嫐 愫 杼 溯 橚 玿 瑣 蛸 酥 魈 鮹	疏(疎) 穌(甦) 宵(霄) 遡(溯) 笑(咲)

한글	한문 교육용 기초한자 (2007. 8. 현재)	인명용 추가 한자 및 허용 한자	
		별표1	별표2
속	俗速續束 粟屬	涑謖溯遫	
손	孫損	遜巺飧	飧(飡)
솔	率	帥乺窣蟀	
송	松送頌訟 誦	宋淞悚竦鬆	
쇄	刷鎖	殺灑碎瑣	鎖(鎻)
쇠	衰	釗	
수	水手受授 首守誰須 壽樹愁修 囚需隨輸 遂垂搜帥 殊獸睡垂	洙琇銖粹穗繡隨袖嗽漱 隧蒐瘦綬膄蓚藪呷鋪 隋鷗竪雕溲隋瘦雎 叟售髓 嫂岫豎汀脺腰隨匯颼餿	壽(寿) 修(脩) 穗(穟) 岫(峀) 豎(竪) 雕(雕) 雎(鵰)
숙	叔淑宿孰 熟肅	塾琡璹夙潚菽 俶儵婌燗驌鷫	

한글	한문 교육용 기초한자 (2007. 8. 현재)	인명용 추가 한자 및 허용 한자	
		별표1	별표2
순	順純旬殉循脣瞬巡	洵珣荀筍錞淳諄醇昫眴盹肫栒楯珣詢盾馴恂洵洵栒楯	
술	戌述術	鉥絉	
숭	崇	嵩崧菘	
쉬		倅淬焠	
슬	瑟	膝璱蝨虱	
습	習拾濕襲	槢褶慴隰	
승	乘承勝升僧	丞繩蠅陞昇陹鬙	陞(阰)
시	市示是時詩施試始矢侍視	柴匙嘶媤葹偲諟媞尸屎屍蒔著翅猜毸絁緦罳翄翤豕鍉顋	枾(柿・杮)
식	食植息識飾	栻埴殖湜軾熄蝕媳	
신	身申神辛信新伸晨慎	紳莘薪迅訊侁呻娠宸燼腎藎頣蜃辰	

- 25 -

한글	한문 교육용 기초한자 (2007. 8. 개제)	인명용 추가 한자 및 허용 한자	
한글2		별표1	별표2
실	失室實	悉實	實(実)
심	心甚深尋審	沁瀋芯諶潯葚鐔	
십	十	什拾	
쌍	雙		雙(双)
씨	氏		
아	兒我牙芽雅亞餓	娥峨俄衙啊我訝鵝阿婀 鋨砑啞椏猗丫笌礒偓鄂 鷲	兒(児) 亞(亜) 峨(莪) 婀(娿)
악	惡岳	樂咢堮崿幄愕握渥鄂鍔顎鱷	
안	安案顏眼岸雁	晏按鞍鮟矸侒饌訐	雁(鳫) 案(桉)
알	謁	軋閼嘎揠空訐遏頞鴶	
암	暗巖	庵唵癌菴闇啽媕葊蓭腤 諳頷黯	巖(岩)

한글	한문 교육용 기초한자 (2007. 8. 개제)	인명용 추가 한자 및 허용 한자	
		별표1	별표2
압	壓押	鴨狎	
앙	仰央殃	鴦快柍昂印坱鞅	昂(昻)
애	愛哀涯	厓崕嘊埃挨碍隘靄暟瞹暚偀僾嚶曖皚	礙(碍)
액	厄額	液扼縊腋呝搤阨	
앵		鶯櫻罌鸚嚶鶯	
야	也夜野耶	冶倻惹椰爺若揶	野(埜) 揶(挪)
약	弱若約藥躍	葯蒻爚禴籥鶸龠侖	
양	羊洋養揚陽讓壤樣楊	襄孃漾佯恙攘敭暘瀁煬痒瓖禳穰釀椋揚颺驤	陽(昜) 揚(敭)
어	魚漁於語御	圄瘀禦馭齬唹淤飫	
억	億憶抑	檍臆繶	

- 27 -

한글	한문 교육용 기초한자 (2007. 8. 개제)	인명용 추가 한자 및 허용 한자	
		별표1	별표2
언	言焉	諺彦偃堰嫣彦讞郾齴齞	彦(彥)
얼		孼蘖登枿	蘖(蘗)
엄	嚴	奄俺儼厳曮罨醃闇广	嚴(嚴)
업	業	業嶫帮	
에		噎	
엔		円	
여	余餘如汝與予	歟璵礖餘茹輿好念舁	
역	亦易逆譯驛役疫域	晹繹嶧淢閾	
연	然煙研延燃燕沿鉛宴軟演緣	衍淵妍鳶椽捐挻撚縯燃嚥堧捐挻揅悁均掾嫣兗渷蠕臙涎絹椽因	煙(烟)妍(姸)娟(姢)硯(硏)兗(兗)軟(輭)
열	熱悅閱	說咽渷喧	

한글	한문 교육용 기초한자 (2007. 8. 개제)	인명용 추가 한자 및 허용 한자 별표1	별표2
염	炎 染 鹽	琰 艶 厭 焰 苒 冉 懕 庆 厴 壓 黶 魘	艷(艷)
엽	葉	燁 曄 暳 爗	
영	永 英 迎 詠 泳 營 瑩 影 映	渶 潁 瀁 瑛 盈 楹 鍈 瑩 鏖 嬰 浧 浧 纓 霙 贏 聨 咏 漆 纓	榮(栄・榮) 瀛(瀯) 映(暎)
예	藝 豫 譽 銳	叡 預 薵 芮 乂 倪 刈 曳 汭 濊 裔 睨 拽 蕊 枘 艾 盻 霓 堄 橤 穢 藝 晲 瞖 敱 嫕 詣 郳 鞔 惥 恚 預 鯢 譽 悟 顗 袂 浯 傲 謸 迓 熬 嗷 遨	叡(睿・叡) 藝(蓺・芸) 蕊(蘂)
오	五 吾 悟 午 誤 鳥 汚 嗚 娛 傲	伍 奥 旿 珸 晤 旻 筽 寤 俉 塢 墺 奧 嗷 澳 浯 牾 礎 迕 遨 熬 聱 謷	鼇(鰲)
옥	玉 屋 獄	沃 鈺	
온	溫	瑥 媼 穩 瘟 縕 蘊 馧 榅 褞 轀 韞 媼 慍 愠 昷 溫 熅 穩 昷 榲 氳	穩(穏) 醞(醖)
올		兀 杌 嗢 膃	

한글	한문 교육용 기초한자 (2007. 8. 현재)	인명용 추가 한자 및 허용 한자 별표1	별표2
옹	翁擁	雍雝甕饔壅滃邕喁廱癰	
와	瓦臥	渦窩窪蛙訛哇囮枙洼	
완	完緩	玩垸浣莞宛梡椀婉阮 刓 豌 䎝 脘	
		腕豌阮刓頑岏琓 盌	
왈	曰		
왕	王往	旺汪枉瀇迬	
왜		倭歪娃矮媧	
외	外畏	嵬猥偎崴碨隗	
요	要腰搖遙謠	堯耀僥凹拗窈饒繇邀曜耀嶢夭妖姚擾橈燒	
욕	欲浴慾辱	縟溽蓐褥	

한글	한문 교육용 기초한자 (2007. 8. 개제)	인명용 추가 한자 및 허용 한자		
			별표1	별표2
용	用勇容庸	溶鎔瑢	溶瑢埇蓉鏞 墉甬俑慂傭踊湧	鎔(熔) 涌(湧) 冗(宂)
우	于字右牛友雨遇尤郵愚偶優	佑祐芋玗盱偶麋	佑祐禹 芋玗 盱 耦 旰 邘 偶傭 慪憂 堣 扜 迂 俁 惆 鶣 祤 旴 孟 邘 盂 踽 孟 旺 耦 踽 鍝 棵 虞 窇	雨(冰)
욱		旭昱煜郁 彧 頊 勖 栯 稶		稶(稶)
운	云雲運韻	沄溳暈 耘 員 惲 標 貧 埍 標 韵		賞(萱)
울		蔚鬱乙菀		
웅	雄	熊		
원	元原願遠園怨援院	袁垣沍洹瑗 媛嫄愿苑宛 鋺 杬 爰冤 鶢 顯 源 淵 垣 沅 瑗 媛 愿 宛 鋺 杬 爰 冤 鶢 鶢 褒 援 爰 菀 鋺 邧 電 援 鑷 原 鴛 婉 茂 芫 嬽 婉	冤(寃) 員(負)

- 31 -

한글	한문 교육용 기초한자 (2007. 8. 개제)	인명용·추가 한자 및 허용 한자	
		별표1	별표2
월	月越	鉞刖粤	
위	位危為偉威胃謂圍衛委慰偽緯	尉韋瑋暐渭魏萎葦蔿蝟褘 韡骪	
유	由油西有唯遊遺幼幽惟乳維柔誘愈悠	侑洧宥庾兪楡瑜猶愉秞攸柚 猷裕鍮喩孺懦偸揄楢游癒瘉 臾萸諛諭踰蹂逾鮪 戫牖逌姷䌷婑	兪(俞) 濡(㵨)
육	肉育	堉毓儥	
윤	閏潤	尹允玧鈗胤阭奫贇昀荺鋆	閏(閠・閏) 胤(亂)
율	聿橘汨	嵂溧凓	
융	融	戎瀜絨狨	
은	恩銀隱	垠殷誾溵珢慇濦听璁听隱檃 檼訢憖檼濦蒑憠癮 讔鄞隱	誾(誾)

한글	한문 교육용 기초한자 (2007. 8. 현재)	인명용 추가 한자 및 허용 한자	
		별표1	별표2
을	乙	圪釔	
음	音吟飮陰 淫	蔭馨喑霪	
읍	邑泣	揖悒挹浥	
응	應凝	膺贗	
의	衣依義議 矣醫意宜 儀疑	倚誼毅擬懿椅毅儀 艤薿礒饐螘 劓	
이	二以已耳 而異移夷	珥伊易弛怡爾彛頤姨痍肄 苡荑貳媐杝 迤珆𦇁 迤羡貽 廙咿	彛(彝)
이		翊鎰溢謚	
인	人引仁因 忍認寅印 姻	咽湮絪茵蚓刃朄仞牣芒忔 廞禋戭堙夤氤 靷韌訒韌靷䋲 蚓絪氤牣 廞禋戭堙夤	韌(靭) 邯(嚎) 仁(忈‧忎)
일	一日逸	溢鎰馹佾劮泆軼	逸(逸)
임	壬任賃	妊稔恁荏託紝姙絍	妊(姙)

한글	한문 교육용 조한자 (2007. 8. 현재)	인명용 추가 한자 및 허용 한자	
		별표1	별표2
임	人	廿	廿(卄)
잉		剩 仍 孕 芿 膠	
자	子字自者姊滋慈紫恣刺	仔孕滋磁藉旨孜瓷茨煮炙雌 籽藉姉紫疵牸諮 莉鎍貲眦赭呰訾 好謩柘耔眵髭鸞萎 彩鮓 砟	姊(姉) 玆(茲)
작	作昨酌爵	灼汋勺嚼鵲焯綽鳥斫 柞 汋 酌	
잔	殘	屬棧潺剗驏 斬 杵	
잠	潛暫	箴岑簪涔蠶	潛(潜)
잡	雜	卡囃眨磼襍	
장	長章場將壯丈張帳裝奬墻 莊葬臟掌障腸	匠杖狀漳樟暲獎牆胖 漳獞瑋醬牆嬙戕 臟藏醬糚檣 長鄣鏘贓餦檣	將(将) 壯(壮) 莊(庄) 牆(墻) 奬(獎)

한글	한문 교육용 기초한자 (2007. 8. 개제)	인명용 추가 한자 및 허용 한자	
		별표1	별표2
재	才材財在栽再哉災	梓縡渽滓齋捚賤紎扗榟灾	
쟁	爭	錚崢諍琤鎗	
저	著貯低底抵	苧邸岨杵樗渚狙猪疽笛箸紵菹藷詛躇這雎褚柢氐 階	
적	的赤適敵寂摘籍賊跡積績	迪勣吊嫡怒狄炙翟荻謫迹鏑笛蹟樀赤	
전	田全典前錢展戰電傳專轉殿	佺栓詮銓塵壥廛攜甸畑煎竱娚畋廝傳剪塡奠荃牋箋餞磚廛顓栓俔顚戩揃旃栴氈湔澶鐫琠甎腆膞躔輾轉鄽鈿銓靛靦韉顫	
절	節絶切折竊	晢截浙癤岊	絶(絕)

한글	한문 교육용 기초한자 (2007. 8. 개제)	인명용 추가 한자 및 허용 한자		비고2
		비고1		
점	店占點漸	岾粘黏	霑鮎佔墊簟苫蔪蛅覘颭	點(点・奌)
접	接蝶	摺椄楪貼蜨鰈		
정	丁頂停井正政精情靜淨定貞精亭訂廷程征整齊濟	汀玎町呈圼晶鼎珵淀渟婷楨碇湞霆叮	偵湞挺綎艇諪打彰艇灯娗疔侹桯珽筳莛証酲遉	靜(静)
제	弟第祭帝製除諸題提堤制際齊濟	悌梯瑅劑啼臍薺醍	俤儕禔偙媞諸鍗隄 瓄蘦踶踶蹄	濟(済)
조	兆早造鳥助弔條照操租組調潮祖	彫措晁窕槽曺嘈漕嘲朝昭雕調繰耀鯛鵰	詔釣曹遭祖糟髞祚銚 找嶆皁操俎俎 阻鵟	曺(曹)袁(袞)

한글	한문 교육용 기초한자 (2007. 8. 현재)	인명용 추가 한자 및 허용 한자	
		별표1	별표2
족	足 族	簇 鏃 簇	
존	存 尊	拵	
졸	卒 拙	椊	
종	宗 種 鐘 終 從 縱	倧 琮 淙 棕 悰 綜 瑽 鍾 腫 椶 踪 柊 慒 樅 瘲	椶(棕) 踪(踪)
좌	左 坐 佐 座	挫 剉 痤 髽	
죄	罪		
주	主 注 住 朱 宙 走 酒 晝 舟 周 株 州 洲 柱 奏 珠 鑄	胄 湊 炷 註 皗 鉒 拄 紸 調 做 呪 嗾 廚 籌 紂 鼄 硃 嶹 燽 疇 澍 祩 調 綢 蔟 調 蛛 絑 調 幬 儔 霆 丟 侏 誅 躊 輳 酎 騆 鉒 疛 紬 妵 賙 睭 淍 霌 廚 傷 霆 酒 調 調 毷	酒(酒)
죽	竹	粥	

한글	한문 교육용 기초한자 (2007. 8. 헌제)	인명용 추가 한자 및 허용 한자	
		별표1	별표2
준	準俊遵	峻浚晙埈焌竣畯駿准濬雋儁 俊隼寯 樽鐏迿 蠢逡 皴 竴 埻 綧 罇 鐏 餕 儁 篤 純 㻐 (list of hanja)	準(准) 濬(㕣) 陖(峻)
줄		茁 迲	
중	中重衆仲	眾	
즉	卽	喞	卽(即)
즐		櫛 騭	
즙		汁楫葺戢	
증	曾增證症蒸	烝甑拯繒嶒矰	
지	只支枝止 之知地指 志至紙持 池誌智遲	旨沚址祉芝摯鋕脂咫枳漬砥搘趾 肢识芷蟄坻忯抵馶舐躓踬踟阯 禔祇识砥 鮨鷙 觗	知(恘) 智(曌)

한글	한문 교육용 기초한자 (2007. 8. 현재)	인명용 추가 한자 및 허용 한자	
		별표1	별표2
직	直 職 織	稙 稷 禝	
진	辰 眞 進 盡 振 鎭 陣 陳 珍 震	晉 瑨 津 搢 桭 榛 稹 禛 縉 臻 蓁 袗 跌 蔯 診 縝 填 賑 溱 殄 畛 疹 秦 縝 侲 鬒 抮 唇 枃 槇 蔮 儘 昣 濜 璡 眹 縝 贐	眞(真) 晋(晉) 珍(鉁) 瑨(瑨) 晉(晋) 盡(尽)
질	質 秩 疾 姪	侄 叱 喋 嫉 帙 桎 窒 膣 蛭 跌 迭 佚 垤 絰 耋	
집	集 執	什 潗 楫 鏶 潗 戢	潗(準)
징	徵 懲	澄 澂 瀓 瞪	
차	且 次 此 借 差	車 叉 瑳 侘 嗟 嵯 磋 箚 茶 遮 蹉 借 槎	
착	着 錯 捉	搾 窄 鑿 戳 擉 斲	

한글	한문 교육용 초한자 (2007. 8. 현재)	인명용·추가 한자 및 허용 한자	
		별표1	별표2
찬	贊 讚	撰 篡 燦 贋 饌 鑽 餐 攢 讚 價 纂 纘 燦 攬 劗 鼠	贊(賛) 纂(簒)
찰	察	扎 刹 擦 紮 扎	
참	參 慘	僭 塹 讒 讖 僉 塹 慙 嶄 斬	慘(慙)
창	昌 唱 窓 倉 創 蒼 暢	菖 沧 滄 敞 彰 廠 倡 倡 娼 槍 淌 踏 錠 鎗 閶 脹 搶	
채	菜 採 彩 債	采 埰 寀 砦 綵 蔡 琛 踩	
책	責 冊 策	柵 嘖 幘 磔 箐 蟻	冊(册)
처	妻 處	凄 悽 淒 萋 覷 郪	
척	尺 斥 拓 戚	陟 倜 刺 剔 擲 滌 脊 隻 慽 墌	摭(扸)
천	天 千 川 泉 淺 賤 踐 遷 薦	仟 阡 穿 喘 擅 玔 舛 釧 闡 韆 僐 俴 祚 荐 茜 辿 賎 倩 僢	感(墄)

한글	한문 교육용 기초한자 (2007. 8. 현재)	인명용 추가 한자 및 허용 한자		
		별표1		별표2
철	鐵徹	澈撤轍綴凸悊瞰綴啜掇歠		哲(喆) 鐵(鉄)
첨	尖添	籤斂詹甜幨忝櫼瀸		甜(話)
첩	妾	帖捷堞牒疊諜貼輒		
청	靑淸晴請廳聽	菁鯖圊晴鶄		靑(青) 淸(清) 晴(晴) 請(請)
체	體替遞滯逮	締諦切剃涕玼棣彘髰疐		
초	初草招肖超抄礎秒	焦蕉楚酢醋醮俏哨椒剿哨硝稍苕焦譙趠韶沼鈔		草(艹)
촉	促燭觸	囑蜀矗燭矚躅髑		
촌	寸村	时		村(邨)
총	銃總聰	叢蔥悤憁摠蓯葱鏦銃驄驄		聰(聡) 冢(塚) 總(総)

한글	한문 교육용 기초한자 (2007. 8. 고시)	인명용 추가 한자 및 허용 한자 별표1	별표2
촬	撮		
최	催	嗺摧榱確縗朘	
추	秋追推抽醜	楸鎚箠龝雛鰍錘鵻椎隆掫緻錐湫錥皺鄒僦瘳諏搥鶖篘萩捶諏鵴鷲麤	鮴(鰍)
축	丑祝畜蓄築逐縮	軸竺筑蹙妯舳蹜豖蹴	
춘	春	椿瑃	
출	出	朮黜秫	
충	充忠蟲衝	珫沖衷忡	蟲(虫) 沖(冲)
췌		萃膵揣瘁顀	
취	取吹就臭醉趣	翠聚娶炊脆驚橇毳	

한글	한문 교육용 기초한자 (2007. 8. 현재)	인명용 추가 한자 및 허용 한자	
		별표1	별표2
측	側測	仄惻厠戺	厠(厠)
층	層	層	
치	治致齒値置恥	熾峙雉馳侈嗤幟梔淄痔癡緇緻蚩鴟輜雉鯔陀鴟鵄	癡(痴) 稚(穉)
칙	則	勅飭敕	
친	親	櫬襯	
칠	七漆	柒	
침	針侵浸寢沈枕	琛鍼琴寢椹郴鋟駸	
칩		蟄	
칭	稱	秤	
쾌	快	夬噲	

한글	한문 교육용 기초한자 (2007. 8. 권제)	인명용 추가 한자 및 허용 한자	
		별표1	별표2
타	他打妥墮	咤唾楕拖柁舵駝陀馱鴕	橢(楕)
탁	濁托濯卓	拓度託侜踔琢擢鐸奪咤托柝橐	槖(橐)
탄	炭歎彈誕	吞坦灘嘆憚綻彈疸癱驒	
탈	脫奪	侻	
탐	探貪	眈耽噴忐酖	
탑	塔	榻傝塌搨	
탕	湯	宕糖蕩燙碭盪	
태	太泰怠殆態	汰兌笞胎跆颱鈦珆鮐脫	
택	宅澤擇	侘	
탱		撑撐牚	

한글	한문 교육용 기초한자 (2007. 8. 현재)	인명용 추가 한자 및 허용 한자	
		별표1	별표2
담		擔	
토	土吐討	兎	兔(兎)
통		嘷	
통	通統痛	桶 働 洞 筒 樋 笛	
퇴	退	堆 槌 腿 褪 頽 隤	
투	投透鬪	偸 套 妬 妒 渝 骰	
특	特	佟	
특		慝 忒	
틈		闖	
파	破波派播罷頗把	巴 芭 琶 坡 婆 擺 爬 玾 霸 罷 爸 跛 杷 婆 杷 巴 鄱	
판	判板販版	阪 坂 瓣 辦 鈑	
팔	八	叭 捌 朳 汃	

한글	한문 교육용 기초한자 (2007. 8. 현재)	인명용 추가 한자 및 허용 한자	
		별표1	별표2
패	貝敗	浿佩牌悖沛狽稗霸孛施珮霈	霸(覇)
팽		彭澎膨烹祊蟛蟚	
퍅		愎	
편	片便篇編遍偏	扁翩鞭騙匾徧偏緶艑萹蝙褊諞	
폄		貶砭窆	
평	平評	坪枰泙抨苹萍怦鮃	
폐	閉肺廢弊蔽幣	陛吠斃狴獘癈	
포	布抱包胞鮑浦捕	葡褒砲鋪佈匍匏咆哺圃怖暴泡疱脯苞蒲袍逋鞄	抛(拋)

- 46 -

한글	한문 교육용 기초한자 (2007. 8. 개제)	인명용 추가 한자 및 허용 한자	
		별표1	별표2
폭	暴幅	曝瀑 輻	
표	表票標漂	杓豹彪剽俵 慓瓢飄飆 髟 僄嘌嫖摽殍熛裱鏢鑣 髱 贆贆贆贆贆贆贆贆贆贆贆贆贆贆贆贆贆贆贆	飆(飇)
품	品	稟	
풍	風豊	諷 馮 楓 瘋	豊(豐)
피	皮彼疲被避	披陂 詖 骳 髲	
픽		腷	
필	必匹筆畢	弼泌 珌 祕 鉍 佖 馝 疋 鴄 駜 秘 韠 罼	
핍	乏	逼 偪	
하	下夏賀何 河荷	廈霞瑕蝦遐鰕呀嘏 遐 蕸 嚇 赮	廈(厦) 夏(昰)
학	學鶴	壑 謔 虐 嗃 狢 确 皬 鸗	學(学)
한	閑寒恨限 韓漢旱汗	翰澣瀚閒悍罕澖 鼾 邗 嫻 捍 暵 閈 駻 鷳 嫺	

한글	한문 교육용 기초한자 (2007. 8. 현재)	인명용 추가 한자 및 허용 한자	
		별표1	별표2
할	割	轄 瞎	
함	咸 含 陷	函 涵 喊 緘 鹹 菡 撼 檻 欌 闞	街(啣)
합	合	哈 盒 蛤 閤 閣 陜 匣 柙 榼 溘 盍	
항	恒 巷 港 項 抗	亢 沆 姮 伉 杭 桁 缸 肛 行 降 夯 炕 航 頏	姮(恒) 姐(嫦)
해	害 海 亥 解 奚 該	偕 楷 咳 垓 孩 懈 瀣 蟹 邂 駭 骸 咍 瑎 澥 祄 晐 嶰 獬	海(海)
해	核	劾 翮 覈	
행	行 幸	杏 倖 荇 涬 悻	
향	向 香 鄕 響 享	珦 餉 饗 麘 晑 曏	
허	虛 許	墟 噓 歔	
헌	軒 憲 獻	櫶 韗 憶 旧 巚 攇	

한글	한문 교육용 기초한자 (2007. 8. 현재)	인명용 추가 한자 및 허용 한자	
		별표1	별표2
헐		歇	
험	險驗	嶮 獫 玁	
혁	革	赫 爀 奕 焱 侐 洫	
현	現賢玄絃 縣懸顯	見 峴 弦 晛 泫 炫 玹 鉉 眩 睍 絢 縣 翾 誢	顯(顕)
혈	血 穴	子 頁 絜 趨	
혐	嫌		
협	協脅	俠 挾 浹 狹 莢 鋏 頰 冾 叶 埉	脅(脇)
형	兄刑形亨 螢衡	型 邢 洞 炯 瑩 瀅 馨 熒 瑩 荊 迥	迥(逈)
혜	惠慧兮	蕙 譓 憓 暳 蹊 醯 鞋 譓 匸 訡 傒	惠(恵)

한글	한문 교육용 기초한자 (2007. 8. 개정)	인명용 추가 한자 및 허용 한자 별표1	별표2
호	戶 乎 呼 好 虎 號 湖 互 毫 胡 浩 護	晧 皓 昊 淏 澔 岵 怙 祜 犒 琥 瑚 頀 頋 扈 鎬 滸 瑚 葫 蝴 糊 醐 縞 芦 豪 毫 濠 蠔 濩 迂	芐(芦) 浩(澔) 號(号)
혹	或 惑	酷 熇	
혼	婚 混 昏 魂	渾 琿 俒 顝 溷 焜 閽	
홀	忽	惚 笏 囫	
홍	紅 洪 弘 鴻	泓 烘 虹 鉄 哄 汞 訌 澒 篊 鬨	
화	火 化 花 貨 和 話 畫 華 禾 禍	嬅 樺 靴 澕 俰 嘩 譁	畫(畵)
확	確 穫 擴	鄭 攉 礭 碻	確(碻)
환	歡 患 丸 換 環 還	喚 奐 渙 煥 幻 桓 鐶 驩 宦 紈 鍰 圜 院 洹 寰 懁 擐 瓛 繯 鬟	

한글	한문 교육용 기초한자 (2007. 8. 현재)	인명용 추가 한자 및 허용 한자	
		별표1	별표2
활	活	闊 猾 蛞	闊(濶)
황	黃 皇 呈 況 荒	凰 堭 徨 媓 榥 滉 煌 璜 熀 幌 晃 喤 怳 慌 湟 潢 篁 簧 蝗 遑 隍 楻 惶 愰 耾 楻 榥 湟	晃(晄)
회	回 會 悔 懷	廻 恢 晦 檜 澮 繪 誨 賄 灰 匯 徊 洄 淮 獪 膾 茴 蛔 繪(絵) 會(会)
획	獲 劃	画 嚄	
횡	橫	鐄 澋 鈜 宖	
효	孝 效 曉	涍 爻 傚 哮 嚆 梟 淆 肴 酵 驍 俲 庨 虓 熇 烋 囂 崤 殽 餚 効 謤	效(効)
후	後 厚 侯 候	后 吼 喉 嗅 帿 逅 朽 煦 珝 酗 欨 芋 吽 呴 犼	厚(垕)
훈	訓	勳 焄 熏 薰 燻 鑂 暈 纁 煇 暈 曛 獯 蘍	勳(勛·勲) 熏(燻) 薰(蘍)
훌		欻	
훙		薨	

한글	한문 교육용 기초한자 (2007. 8. 현재)	인명용 추가 한자 및 허용 한자	
		별표1	별표2
훤		喧 煊 萱 愃 昍 烜 誼 諠 諼	
훼	毁	喙 毀 卉 燬 芔 虺	卉(芔)
휘	揮 輝	彙 徽 暉 煇 諱 麾 撝 翬	
휴	休 携	烋 庥 咻 隳 髹 鵂	
휼		恤 譎 鷸 卹	
흉	凶 胸	兇 匈 洶 恟 胷	
흑	黑		
흔		欣 炘 痕 很 掀 釁	
흘		吃 屹 紇 仡 汔 疙 迄 齕	
흠		欠 歆 鑫 廞	
흡	吸	洽 恰 翕 噏 歙 潝 翖	

한글	한문 교육용 기초한자 (2007. 8. 현재)	인명용 추가 한자 및 허용 한자	
		별표1	별표2
흥	興		
희	喜 稀 戱	姬 晞 僖 熺 嬉 憙 憘 暿 犧 曦 俙 譆 咥 唏 噫 媐 餙 爔 睎 熙 烯 烼 燨 欷 歖	熙(熙 · 凞) 姬(姫) 熹(熺) 戱(戲)
힐		詰 纈 襭 頡 黠	

주: 1. 이 한자는 이 표에 지정된 발음으로만 사용할 수 있다. 그러나 첫소리(初聲)가 "ㄹ"인 한자는 각각 소리나는 바에 따라 "ㅇ" 또는 "ㄴ"으로 사용할 수 있다.
2. 동자(同字)·속자(俗字)·약자(略字)는 별표 2의 ( )내에 기재된 것에 한하여 사용할 수 있다.
3. "示"변과 "礻"변, "++"변과 "艹"변은 서로 바꾸어 쓸 수 있다.
 예 : 福 = 福, 蘭 = 蘭

- 53 -